충무공 이순신, 골고다 언덕에 서다

충무공 이순신, 골고다 언덕에 서다

1판 1쇄 찍은날 2022년 7월 10일
1판 1쇄 펴낸날 2022년 7월 20일

지은이 정영섭
그린이 양만금
펴낸이 전영재
펴낸곳 **쿠북** (건국대학교출판부의 패밀리 브랜드입니다.)
등록 / 제 4-3 호(1971. 6. 21.)
주소 / 05029, 서울특별시 광진구 능동로 120 건국대학교
전화 / 편집팀_(02) 450-3891~2 영업팀_(02) 450-3893
팩스 / (02) 457-7202
홈페이지 / http://press.konkuk.ac.kr
e-mail / press@konkuk.ac.kr

책임편집 박명희
찍은곳 네오프린텍㈜

정가 17,000원

ISBN 978-89-7107-768-9 03990

충무공 이순신, 골고다 언덕에 서다

정영섭 저

쿠북

| 출항의 북소리 |

둥, 둥, 둥! 자, 이제 우리 충무공 이순신과 함께 한산도 수군의 본영에서 출항해 봅시다! 저 북소리가 바로 충무공이 직접 치고 있는 북소리입니다. 이순신은 오늘도 우리와 함께 있습니다. 그리고 우리가 지켜야 할 아름다운 이 강산과 저 푸른 바다를 가리키고 있습니다.

아름다운 한반도 금수강산은 복 받은 지역입니다. 자연경관뿐 아니라 백성도 정의롭고 우애롭습니다. 다만 지금은 역사의 모진 광풍으로 남과 북으로, 또 좌와 우로 나뉘었습니다. 그러므로 촛불집회는 이 강산을 사회, 공산주의로, 태극기집회는 자본주의로 끌어가려 합니다. 이러한 현상을 현재 '헬Hell조선'이라고도 부릅니다. 이 말에 근거가 없지도 않습니다. 우선 OECD 국가 중 우리나라의 출산율은 제일 낮고, 자살률은 제일 높습니다. 그리고 6.25 같은 동족상잔이 다시 발생한다고도 합니다. 정말 또 한순간에 전쟁이 나서 우리의 가족과 무수한 사람이 죽고, 가옥이 파괴된다면 어떻게 되겠습니까!?

그러나 이렇게 끔찍한 상황은 우리의 본모습도, 우리가 원하는 것도 아닙니다. 그러면 우리의 본모습은 무엇입니까? 한국인은 어질고 지혜롭습니다. 우리의 자랑스러운 체육인, 연예인, 학자들도 보십시오! 우리 한국인은 한반도의 공동운명체입니다. 그러므로 함께 같은 운명을 맞이했고, 또 앞으로 함께 개척해 나가야 합니다. 한국인은 이제 서로 소통하며 의롭고 우애로운 길로 나가야 합니다. 충무공 이순신이 이 길을 걸었고, 또 우리를 인도합니다.

430여 년 전 인간 이순신은 우리와 똑같이 이 강산을 누비고 다녔습니다. 그리고 군인으로서 북쪽의 여진과 남쪽의 왜구로부터 나라를 지켰습니다. 그가 없었다면 지금 한국은 왜구의 일부가 되어 있을 것입니다. 혹 이것을 원할 수도 있겠습니다만, 그러나 대부분은 지금 우리의 본모습을 찾아야 함을 알고 있습니다. 그리고 이 본모습의 하나가 바로 충무공 이순신입니다.

실제로도 한국인이라면 남과 북 그리고 정파와 종파를 초월하여 모두 충무공을 인정하고 있습니다. 한국인이 모두 한글을 사용하며 이를 창제한 세종대왕을 인정하는 것과도 같습니다. 한국 고유의 것이라고 무조건 모두 인정하자는 것이 아닙니다. 인류의 보편적 가치인 성경 사상과 일치해야 합니다.

이번 충무공과의 항해에서는 먼저 이순신의 인품을 관찰하고, 당시의 상황을 재구성하여 그와 동행해 볼 것입니다. 그가 어떤 사람이고, 어떤 상황에서 어떻게 행동했는가를 볼 것입니다. 그의 인품과 행위가 오늘도 한국인에게 귀감이 되기 때문입니다. 특히 청소년들, 또 실의에 빠진 사람들은 소중한 삶의 의미와 자신의 역할을 발견하게 될 것입니다. 정말 오늘의 한국인들이 충무공 이순신을 배우고 본받는다면 한반도는 반드시 본모습으로, '럭키Lucky 조선'으로 회복될 것입니다.

자, 출항의 북소리가 울립니다. 둥, 둥, 둥!

2022년 6월

정 영 섭

| 추천의 글 |

충무공 이순신에 관한 이 책의 발간에 즈음하여 먼저 저자에 대한 축하와 함께, 지식도 부족한 본인에게 추천의 글을 위임한 배려에 감사를 표합니다.

이 책에는 충무공 이순신에 대한 저자의 흠모와 열정이 담겨 있습니다. 저자는 한 신앙인, 교육자로 먼저 인간 이순신의 인품에 주목하고 있습니다. 그리고 당시 위태로운 상황에서 활약한 충무공의 삶을 조명합니다. 이러한 과정에서 아마도 저자의 피가 뜨거워졌고, 또 이 책으로 응고된 듯도 합니다.

원고를 읽으며 저술의 목적도 눈에 들어왔습니다. 아픈 과거를 지내고 힘겹게 현재를 살아가며 불확실한 미래로 나가는 한국인의 본모습을 찾아 회복하려는 것입니다. 내용으로는 예수님이 말씀하신 의義, 인仁, 신信의 관점에서 충무공의 인품 그리고 삶과 죽음을 관찰하고 오늘의 우리 한국인에게 귀감으로 제시하고 있습니다.

추천자 본인은 국가무형문화재 제29호 '서도西道소리'의 예능보유자 (고) 오복녀 선생님의 제자로서 현재 서도소리보존회 충북지회를 운영하고 있습니다. 서도소리는 〈수심가〉, 〈몽금포타령〉 등 황해도, 평안도 지역의 민요입니다. 북방의 거친 풍토와 사나운 이민족과의 갈등을 극복하며 굳세게 살아온 서도 지방의 생활감정이 담겨 있는, 소중한 우리 고유의 문화자산입니다. 금년 11월에는 충주에서 소리극

『이순신의 노래』를 공연할 예정으로 많은 관심을 부탁드립니다.

이순신 장군도 시와 음악을 즐기며 『난중일기』 등 많은 기록을 남겼습니다. 문무를 겸비한 무인으로서 붓과 활을 양손에 잡았습니다. 그리고 붓으로 글을 쓰며 평정심에 도달하고, 무아의 경지에서 활을 쏘며 아비규환의 전쟁터를 평정했습니다. 처절한 싸움터에서 가슴 찢기는 아픔도 감내하며 통곡했습니다. 그러나 끝까지 살신성인하여 나라와 백성을 지켜냈습니다.

예수님 또한 모진 박해 속에 골고다의 죽음으로 세상을 구하고 구원의 대로를 개통하셨습니다. 그 후 골고다는 의인의 죽음과 부활의 상징이 되었습니다. 그러므로 이곳에는 충무공의 죽음도, 생명도 깃들어 있습니다. 이것을 지적하며 저자는 현실에 분주히 쫓기는 현대인에게 의, 인, 신의 삶과 골고다에 이르는 길을 보여주려 합니다.

본인은 이 책이 모든 종파와 정파를 초월하여 하늘과 합일하여 의롭게 살아가려는 많은 분들에게 두루 공감되기를 바랍니다. 봄바람에 하얗게 흩날려 백 리까지 날아가는 민들레 홀씨처럼, 이 책도 멀리 퍼져 한반도 곳곳에 꽃으로 피어나기를 희망합니다. 개인주의가 팽배하며 서로 충돌하고 분열하는 사회 속에 서로 보듬고 하나 되는 대한민국의 길에 이 책이 한 작은 도움이 되기를 소망합니다.

2022년 6월 1일

서도소리보존회 충북지회 국악인 오희연

| 목차 |

【일러두기】

성경 책명 약자

구 약				신 약	
창:	창세기	전:	전도서	마:	마태복음
출:	출애굽기	아:	아가	막:	마가복음
레:	레위기	말:	말라기	눅:	누가복음
민:	민수기	사:	이사	요:	요한복음
신:	신명기	야렘:	예레미야	행:	사도행전
수:	여호수아	애:	예레미야애가	롬:	로마서
삿:	사사기	겔:	에스겔	고전:	고린도전서
룻:	룻기	단:	다니엘	고후:	고린도후서
삼상:	사무엘상	호:	호세아	갈:	갈라디아서
삼하:	사무엘하	욜:	요엘	엡:	에베소서
왕상:	열왕기상	암:	아모스	빌:	빌립보서
왕하:	열왕기하	옵:	오바다	골:	골로세서
대상:	역대상	욘:	요나	살전:	데살로니가전서
대하:	역대하	미:	미가	살후:	데살로니가후서
라:	에스라	나:	나훔	딤전:	디모데전서
느:	느헤미야	합:	하박국	딤후:	디모데후서
에:	에스더	습:	스바냐	딛:	디도서
욥:	욥기	학:	학개	몬:	빌레몬서
시:	시편	슥:	스가랴	히:	히브리서
잠:	잠언			약:	야고보서
				벧전:	베드로전서
				벧후:	베드로후서
				요일:	요한1서
				요이:	요한2서
				요삼:	요한3서
				유:	유다서
				계:	요한계시록

I

골고다 언덕과 우리들 인간의 이야기

1장

골고다: 세계의 배꼽

1

낙원의 상실

가. 아담의 고향

골고다Golgotha는 해골을 뜻하는 히브리어고, 라틴어로는 갈보리 Calvary다. 이것은 두개골 모양의 둥근 바위산으로 이스라엘의 시온산 위 예루살렘 성벽 동쪽에 있다. 예전에 사형 집행 장소였기 때문에 처형된 시체들이 이곳에 방치되어 정말로 해골, 유골들이 수북이 쌓여 있었다. 그러나 오늘날에는 의인의 죽음과 부활을 의미하는 현재 진행형의 상징이다.

불교에는 파고다Pagoda가 있다. 탑파塔婆라고도 하는데 붓다의 시신을 화장하고 남은 유골을 여러 지역에 나누어 보관하는 무덤이다. 그러나 한 사람의 유골이 얼마 안 되므로 여타 지역에서는 그 화장재를 쪼금씩, 쪼금씩 나누어 보관하고 있다. 그러므로 산 사람이 죽고 부활하는 골고다와는 성격이 하늘과 땅, 삶과 죽음만큼 다르다.

유대의 전승인 탈무드에 의하면 이 골고다가 최초의 인간 아담이 흙으로 빚어진 곳이다. 아담이 생기기 전에는 이곳도 부드럽고 고운,

풋풋한 '향기 나는 흙'으로 아름답게 덮여 있었다. 그러나 창조의 백미로 최후의 걸작을 완성하기 위해 이곳의 흙을 쓸어 모아 사람 아담을 만든 것이다. 그 후 오늘과 같은 쓸쓸한 바위산이 되었다. '아담'이란 이름도 흙을 뜻한다.

'사람이 된 흙덩이' 아담은 한동안 에덴이라는 낙원에서 부족함 없이 잘 지냈다. '에덴'은 기쁨이란 말이다. 실제로 아담은 땀 한 방울 흘리지 않고 얼굴 한번 찡그리지 않았다. 그러다 보니 종종 무료해졌다. 그러므로 그를 돕는 배필로 한 절세미인의 여자가 주어졌다. 이 둘은 처음에 낙원에서 행복하게 잘 살았다. 그런데 어느 날 아내인 여자가 그에게 과일 하나를 쑥 내밀었다. 모양과 색깔이 매우 좋아 눈길을 확 끌었고 침샘을 쿡 자극했다. 아담은 덥석 한 입 베어 먹었다.

아내 역시 신혼 초에는 상냥하고 헌신적이었다. 그리고 아담과 함께 동산 여기저기를 즐겁게 쏘다녔다. 그런데 언제부터인가 혼자 있는 시간이 많아지며 말수도 적어졌다. 또 어디론가 홀로 나다니기도 했다. 아담은 이러한 아내가 의아스럽기도 했다. 그러나 추궁하지 않았다. 아니 못했다. 사실 그에게도 모든 것이 '생전 처음'이라서 기쁨과 슬픔도 그리고 사람 간의 갈등도 아직 자신의 개념에 잡히지 않았기 때문이다.

그러던 어느 날 종일 보이지 않던 아내가 선악과라는 그 과일을 들고 온 것이다. 그런데 아담의 인식이 처음 눈을 떴을 때 그는 빛 속의 존재로부터 분명한 음성을 들었었다.

"선악을 알게 하는 나무의 실과는 먹지 말라!

네가 먹는 날에는 정녕 죽으리라!" (창 2:17)

그러므로 아내가 이 과일을 내밀었을 때 그의 마음에는 처음 갈등이라는 것이 일어났다. '먹을 것이냐, 말 것이냐!?' 그런데 아내인 이브는 이미 먼저 먹은 상태다.

처음에 아담은 그것을 먹지 않으려 했다. '먹지 말라! 먹으면 죽을 것'이라는 그 음성이 아직도 귓전에 분명하기 때문이다. 그러나 곧 다른 생각이 들어왔다. '아내는 죽을 것인데 너만 살려고 하느냐!?' 아담은 당혹스러워졌다. 사랑하는 아내를 혼자 죽게 할 수 없다는 생각도 들었다. 그는 혼란스러웠고 갑자기 두려워졌다. 두려움도 생전 처음 경험하는 것이다. 얼굴이 창백해지며 무릎과 함께 손끝이 떨리는 것도 처음이다. 이러한 상태로 그는 선악과를 덥석 한 입 베어 먹은 것이다.

만약 그가 암흑 속의 절대 고독과 절대 절망을 잠깐이라도 맛보았었더라면, 사지가 찢기고 심장이 터지는 아픔을 조금이나마 느꼈었더라면, 슬픔도 사치가 되는 지옥의 생생한 현장을 아주 잠깐만이라도 보았었더라면, 아마도 그는 선악과를 내밀었던 아내의 손을 거칠게 내쳤을 것이다. 그러나 아직 순진무구한 그는 당장 눈앞에 서 있는 아내를 그렇게 모질게 내칠 수가 없었다.

정작 그 과일은 들큼 시큼한 것이 별맛이 없었다. 그러나 그것을 삼킨 아담에게는 이미 새로운 세상이 펼쳐져 있었다. 우선 아내의 표정에 전에 안 보이던 권태와 짜증이 보인다. 그녀의 두 눈은 더 이상 비둘기 같지 않다. 얼굴에는 오만과 냉소 그리고 살기가 돋쳐 있다. 그것은 아담이 생전 처음 보는 악귀의 얼굴이기도 했다. 아담의 가슴 속 심장이 쿵 떨어지며 산산조각이 났다.

소스라쳐 놀란 그가 고개를 떨궜을 때, 그에게는 또 한 사내, 자신의 추악한 나체가 그대로 눈에 들어왔다. 경악한 아담이 다시 눈을 들어 주위를 살피니 평소의 평안은 어느새 사라지고 없다. 곳곳에 어두운 불안이 웅크려 있고, 그 속에는 날 선 위험들이 번득이고 있다. 그리고 한 마리의 까마귀가 전에 못 듣던 흉측한 소리를 내며 저 멀리 검은 숲으로 사라져 갔다.

순간 아담의 얼굴이 처음으로 심하게 일그러졌다. 그리고 그의 첫 통곡이 창자에서 터져 나와 들판과 숲을 넘어 저 하늘에 메아리쳤다. 그 후 아담은 모든 인간이 그렇듯, 땅을 치며 울고 불며, 싸우고 아파하며 살았다. 자식들도 서로 싸우고 죽였다. 사람이 많아지며 땅에는 살인의 핏물이 흐르고, 하늘엔 욕설과 저주가 사무치고 있다. 그 후 자신의 불순종으로 초래된 불행으로 아담의 마음은 매일 찢기며 무너져 내렸다.

그러므로 아담은 아내에게 죽음을 기필코 이기라는 '이브(=생명)'라는 이름을 주고, 살아 있는 동안 종종 홀로 이곳 골고다 언덕으로 왔다. 어렴풋한 옛 기억으로 자신의 인식이 처음 깨어난 곳이기 때문이다. 그리고 몸부림치며 하늘 아버지를 부르다 종내는 다시 한 줌의 '악취 나는 흙'으로 돌아갔다. 그 후 그의 후손들은 이곳을 '세상의 중심'이고 '세계의 배꼽omphalos'이라 부르고 있다.

세계의 배꼽이라 불리는 곳이 그리스의 델포이Delphoe라는 도시에 또 있긴 하다. 고대 그리스인들이 그들의 허구적 신화에 따라 그렇게 부른 것이다. 그러나 정말 이 시온산이 '세상의 중심'이라고 분명히 말할 수 있는 것은 성경에 그렇게 씌어 있기 때문이다.

> 여호와께서 시온을 택하시고 자기 거처를 삼고자 하여 이르시기를
> 이는 내가 영원히 쉴 곳이라.
> 내가 여기 거주할 것은 이를 원하였음이로다. (시 132:13-14)

> 여호와께서 시온을 건설하시고 그의 영광중에 나타나셨음이라. (시 102:16)

> 시온에 계시는 여호와는 위대하시고 모든 민족보다 높으시도다. (시 99:2)

현재의 예루살렘이 이 시온산 위에 건설된 것이다. 그리고 이 산의 한 언덕이 바로 골고다다.

하나님은 아담으로 인해 이곳을 잊으실 수가 없다. 아담이 처음 지음 받은 후 재롱을 부리던 것도, 또 하나님의 얼굴을 깊은 신뢰와 사랑으로 그윽이 바라보던 그 눈매도 잊으실 수가 없다. 밝고 맑은 마음으로 즐거워하던 아담이 정말 사랑스러웠다. 그는 과연 천지 만물의 으뜸이었고 진선미眞善美의 결정체였다. 하나님은 결코 그를 잊으실 수가 없다. 여인이 혹시 자기의 젖 먹는 자식을 잊는다 해도 하나님은 아담을 잊으실 수가 없다. 아니 잊지를 못하신다.

그러한 아담이 '아뿔싸!' 한순간에 하나님을 거역하고 떠난 것이다. 하나님은 크게 실망하고 낙담하셨다. 그리고 홀로 잠잠하실 수가 없어 하늘과 땅에 호소하신다.

하늘이여, 들어라! 땅이여, 귀를 기울여라!
내가 자식을 양육하였는데 그가 나를 거역하였다.
소는 그 임자를 알고, 나귀는 그 주인의 구유를 알건만
이스라엘은 알지 못하고, 나의 백성은 깨닫지 못하는구나!
슬프다~!
범죄한 나라요, 허물어진 백성이요,
행악의 종자요, 행위가 부패한 자식이로다!
그들이 하나님을 버리며 이스라엘의 거룩하신 이를 가볍게 알고
멀리하고 물러갔도다! (사 1:2-4)

하나님께서는 이렇게 거역하고 떠난 아담을 또 잊으실 수가 없다. 인간들도 자기 자식을 잊지 못하지 않는가!? 부모가 되면 자식이 돌아올 때까지 밤늦도록 대문을 잠그지 못하는 것도 그 때문이다.

실제 어떤 부모도 20년째 대문을 열어 놓고 밤을 지내고 있다. 왜냐하면 20년 전에 아들이 종적을 감추었기 때문이다. 당시 17세였던 지적장애 1급인 아들이 장애인학교에서 함께 수학여행을 갔다가 실종된 것이다. 인솔 교사가 잠깐 점심 먹는 사이 사라졌다고 한다. 실종 신고와 함께 즉시 주위와 인근 야산까지 샅샅이 뒤졌으나 찾지 못했다. 그 부모의 가슴은 새까맣게 타들어 갔다. 그 후 대한민국 전국 방방곡곡을 처절하게 돌아다니며 실종 전단을 배포했고, 그 집의 대문은 오늘도 밤낮으로 항상 열려 있다. (《연합뉴스》, 2021년 7월 31일)

하나님께서는 또 사랑하는 자식이 좌절과 낭패 속에 울부짖는 것을 들으실 수가 없다. 찌그러지고 패이고 완전히 망가져 버린 그의 얼굴도 보실 수가 없다. 경황 중에 제 아내를 혼자 죽게 할 수 없다고 금단의 열매를 먹고 죽음의 길에 들어선 그가 가련하기도 했다. 그러므로 하나님은 또 그가 다시 돌아올 수 있는 길을 어렵사리 마련하셨다. 그리고 오늘도 애타게 사랑하는 자식을 목 놓아 부르신다.

오라! 우리가 서로 이야기하자!
너의 죄가 주홍 같을지라도 눈과 같이 희어질 것이다.
진홍같이 붉을지라도 양털같이 희게 될 것이야!
너희가 즐겨 순종하면 땅의 아름다운 소산을 먹을 것이란 말이다. (사 1:18-19)

너희가 왜 더 불행해지려고 패역을 거듭하느냐!?
머리는 상처투성이고 마음에도 속병이 깊게 들었고,
발바닥에서 정수리까지 성한 곳이라곤 아무 데도 없구나!
모두 상한 것과 터진 것과 새로 맞은 흔적뿐이구나!
그런데도 그것을 짜내 씻으며 약을 발라 부드럽게 싸매지 못하는구나!
(사 1:5-6)

수고하고 무거운 짐 진 사람들아, 다 내게로 오라!
내가 너희를 쉬게 할 것이야!
나는 마음이 온유하고 겸손하니 나의 멍에를 메고 내게 배우란 말이다.
그러면 너희 마음이 쉼을 얻을 것이야!
내 멍에는 쉽고 내 짐은 가볍기 때문이다. (마 11:28-30)

이와 같이 사람들이 이제 돌아오면 하나님께서 받아 주시기로 한 것이다. 그래서 하나님은 아담의 아들인 아벨의 제사를 받으셨고, 하나님과 동행하던 7대손 에녹은 직접 하늘로 데려가셨다. 대홍수 때에는 하나님을 믿는 노아의 가족들을 구하셨다. 그리고 BC 1700년경 아담의 20대손인 아브라함에게 바로 이 장소, 골고다를 지시하시며 독자 이삭을 번제물燔祭物로 바치라 하셨다.

번제는 하나님께 드리는 제사의 한 방법이다. 먼저 번제물인 짐승의 목을 칼로 베고, 그 피를 제단의 사방에 뿌린다. 그리고 가죽을 벗기고 살을 저미어 내장과 함께 씻어서 제단 위에 올려놓고 완전히 태우는 것이다. 원래는 범죄한 인간이 직접 이렇게 죽어야 한다. 그러나 인간을 살리기 위해 짐승이 대신 죽는, 하나의 고육지책이라 할 수 있다. 아무튼 아브라함은 부인할 수 없는 하나님의 분명한 음성을 들었다.

> "네 아들, 네 사랑하는 독자 이삭을 데리고 모리아 땅으로 가서
> 내가 네게 일러 준 한 산 거기서 그를 번제로 드려라!" (창 22:2)

나. 제단 위로 올라간 이삭

모리아 땅은 예루살렘 지역이고, "일러 준 한 산"이 바로 시온산의 골고다 언덕이다. 유대의 역사가 플라비우스 요세푸스Flavius Josephus (ca. 37~100)도 그의 『유대 고대사』에서 아브라함의 이삭 번제에 관해 쓰고 있다.

아브라함은 평생을 살아오며 자신의 아들을 갖기 원했다. 그렇게 오랜 세월 아들을 구하다가 100세에 이르러서야 독자 이삭을 얻었다. 그러므로 이삭에 대한 그의 집착은 말로 표현할 수도 없었다. 물론 자기 목숨보다 더 사랑했다. 그런데 어느 날 하나님은 아브라함에게 바로 그 독자 이삭을 번제로 요구하셨다. 아브라함의 믿음을 확인하기 위해서였다.

아브라함은 몹시 당혹스러웠다. 음식이 목에 넘어갈 리가 없고, 밤에 잠도 오지 않았다. 그는 혼란스러웠고, 또 두려웠다. 두근대는 가슴을 힘겹게 누르며 생각에 생각을 거듭했다. 그리고 순종의 여부

가 하나님과 독자 이삭 중 하나의 선택임을 알았다. 그는 차라리 자기 자신을 제물로 드리면 좋을 것이라고도 생각했다. 그러나 하나님은 분명히 아들 이삭을 지명하셨다.

새벽 창밖에 여명이 밝아 올 때 그는 깊은 고뇌의 밤을 헤어 나왔다. 이삭을 드린다는 결론에 도달한 것이다. 모든 생물이 하나님의 섭리와 자비로 존재하므로 하나님을 전폭적으로 의지하는 것이 마땅하고, 불순종은 옳지 않은 것이다. 아브라함은 자신의 이러한 의도를 당시 이미 25세가 된 이삭 본인에게는 물론 아내와 하인들에게도 알리지 않았다.

이삭도 처음 이 번제 이야기를 들었을 때 여러 가지가 궁금했다. 번제의 목적과 의미는 물론, 사흘 길을 가야 할 만큼 집을 멀리 떠나야 하는 것도 이해할 수가 없었다. 그러나 번제의 제물에 대해서는 아무런 의구심도 없었다. 제단에 올릴 짐승들은 충분하기 때문이다. 아무튼 아버지를 깊이 신뢰하는 이삭은 바락바락 대들며 꼬치꼬치 캐묻지 않았다. 다만 제사를 드리는 당일 이삭이 번제에 쓰일 나무를 직접 등에 지고 그 장소에 가까이 이르러서야 물었다.

"아버지!"
"왜 그러느냐? 내 아들아."
"아버지, 불과 나무는 여기 있는데 번제할 어린 양은 어디 있나요?" (창 22:7)

잠시 후 아버지의 평소 침착한 목소리가 들려왔다.

"하나님은 없는 자들을 위해 넘치게 준비하실 수도 있고 이미 가진 자들에게서 빼앗을 수도 있는 분이시다.
그러므로 하나님만 전적으로 의지한다면 그가 친히 제물을 예비하실 것이다."

이삭은 마음이 놓였다. 아버지가 120세를 훨씬 넘게 살았으나 치매 증상도 두드러지게 나타나지 않았다. 드디어 제단을 쌓고 나무를 올려놓음으로 모든 것이 준비되었다. 그때 아브라함은 아들 이삭의 눈을 깊이 들여다보며 진지하게 말했다.

"아들아, 나는 너를 얻기 위해 수많은 기도를 드렸고,
너의 양육을 위해서도 기도했다.
나에겐 네가 어른으로 성장하는 것을 보는 것보다 더 큰 행복이 없었다.
그리고 나는 내가 죽은 후 나의 모든 소유와 통치권을 네게 넘기려고 했다.

그러나 내가 네 아비가 된 것도 하나님의 뜻이고,
또 너를 포기하는 것도 하나님의 뜻이다.
그러므로 하나님께 너를 바치는 것을 이해하고 용납하기 바란다.

내 아들아, 보통 사람들처럼 평범하게 세상을 살다 죽지 말고
네 아비보다 먼저 희생 제물로 만민의 아버지이신 하나님께 가도록 해라!
하나님이 너를 부르셔서 다른 사람들처럼 병이나 전쟁으로 죽지 않게 하시고
기도와 거룩한 예식 가운데 네 영혼을 영접하시어 자기 곁에 두려 하신다.
또 나의 노년에 너를 나의 후원자와 보호자가 되게 하실 것이라고 믿는다.
이러한 이유로 나는 너를 하나님께 드리는 것이다."

이삭은 처음 번제 이야기를 들을 때부터 뭔가 심상치 않음을 느꼈었다. 그렇다고 그 이유를 묻지 않았고, 더구나 거절은 하지 않았다. 이십 년 넘게 슬하에서 경험하는 아버지는 경건하고 신중한 분이다. 절대로 허튼 말 할 분이 아니다. 그뿐 아니다. 아버지에게 듣고, 또

자신이 직접 경험하는 하나님은 정말로 위대하시다. 그분의 절대 존엄이 하늘에 펼쳐져 있고, 매 순간 온 누리에 그분의 옷깃이 드리워 있음을 이삭도 인식한 것이다. 그러므로 번제물이 자기 자신이라는 말을 들었을 때 이삭은 주저하지 않았다. 오히려 신념에 찬 아들 이삭의 맑은 음성이 아비 아브라함의 막힌 가슴에 시냇물처럼 울렸다.

> "아버지, 만일 제가 하나님과 아버지의 결정을 거부하고
> 두 분의 기쁘신 뜻에 따르지 않는다면 태어날 가치조차 없었을 것입니다.
> 또한 설사 아버지께서 혼자 그렇게 결정하셨다 하더라도,
> 자식인 제가 순종하지 않는 것은 도리가 아닙니다."

이삭은 즉시 단 위로 올라갔다. 그리고 하늘을 향하여 반듯이 누웠다. 연로하신 아버지가 자기를 제단 위 화목에 주섬주섬 결박할 때는 잘 묶어지도록 몸을 움직여 도와드렸다. 아브라함은 만약의 실수에 대비해 묵묵히 아들을 단단히 결박하였다. 그리고 특별히 준비한, 예리한 칼을 꺼내 오른손에 잡았다. 그리고 지체 없이 왼손으로 그의 턱을 잡아 젖혀 흰 목이 길게 드러나게 했다. 순간 이삭은 아버지의 눈가에 얼핏 공허와 슬픔이 보이는 것 같아 얼른 두 눈을 감았다. 아브라함은 아들의 고통을 줄이기 위해 단번에 끝내야 한다고 마음먹었다. 그는 숨을 들이쉬며 칼 든 오른손을 천천히 들어 올렸다. 그리고 숨을 멈추고 목을 막 찌르려는 순간 하늘로부터 분명한 음성이 들려왔다.

> "아브라함아, 아브라함아, 그 아이에게 네 손을 대지 말라!
> 그에게 아무 일도 하지 말라!
> 네가 네 아들, 네 독자까지도 내게 아끼지 않았으니
> 내가 이제야 네가 하나님을 경외하는 줄을 아노라." (창 22:11-12)

순간 찬란한 광채가 제단을 휘감았다. 아브라함은 즉시 칼을 던지고 아들의 결박을 풀었다. 그러나 결박은 이미 풀어져 있었다. 힘차게 포옹하는 아버지와 아들의 눈물 어린 얼굴도 광채와 환희로 빛이 났다. 그때 뒤편에서 양의 울음소리가 들려왔다. 숲에 뿔이 걸린 한 숫양이 두 사람을 바라보고 있었다. 아브라함은 그 숫양으로 아들을 대신해 번제로 드렸다. 그리고 그 땅을 '여호와 이레Jehovah-jireh'라 불렀다. 이 말은 '하나님 여호와께서 친히 준비하신다'는 뜻이다.

아브라함의 이 믿음을 보신 하나님은 그와 그의 후손을 택하시어 하나님의 백성이 되게 하셨다. 그리고 '아브라함의 하나님, 이삭의 하나님, 야곱의 하나님'이라 칭함 받으시는 것을 마다하지 않으신다. 그뿐 아니다. 그 후 이것보다 더욱 놀랍고 큰 은혜를 인간에게 베풀어 주셨다. 그것은 인간이 정말 생각지 못한 큰 선물이다. 바로 '여호와 이레', 이 골고다 언덕에서 하나님의 독자인 예수 그리스도가 몸소 희생의 제물이 된 것이다. 그리고 이 예수를 인식하는 사람은 누구나 하나님을 알고 그의 자녀가 되는 것이다.

그 이름을 믿는 자들에게는 하나님의 자녀가 되는 권세를 주셨으니 (요 1:12)

'여호와 이레'라는 말대로 하나님께서 정말로 친히 제물을 준비하신 것이다. 제물이 된 예수는 둘째 아담으로서 자신의 몸을 드려 그간 폐쇄되었던 낙원의 대로를 다시 개통하였다. 낙원이 첫째 아담의 불순종으로 인해 현재 한국의 휴전선처럼 폐쇄되었기 때문이다.

예수는 인간의 구원을 위해 하나님께서 이 세상에 보내신 특파원이다. 한데 사람들이 하나님을 싫어하기 때문에 그의 아들도 싫어했다.

그리고 '웬 사기꾼이 하나 나왔다'고 생각했다. 그럴 수도 있겠다 싶은 것은 당시 예수는 지방의 깡촌 출신이었다. 거기다 정규교육을 받지 않았고, 대형 교회나 교파 같은 종교기관의 배경도 없었다.

그런 그가 약 삼십 세에 공개적인 포교 활동을 시작하여 많은 기적을 행하며 백성들의 환영을 받았다. 지금까지 예수처럼 말하고 행하는 사람을 보지 못했던 것이다. 백성들이 그를 환영했던 이유는 단지 그의 말과 기적 때문만이 아니었다. 그들은 예수가 이스라엘 민족의 구원자이기를 바랐던 것이다. 당시 유대국은 이방 국가인 로마의 속국이었기 때문이다.

2

억눌린 유대 민족

로마 지배하의 유대인들에게는 로마 질서를 거스르는 모든 행위가 곧 죽음을 의미했다. 그러나 유대인들은 원래 아브라함의 후예로서 하나님의 '선민'이라는 민족의 긍지가 매우 강하다. 그러므로 어느 이방 민족의 속국이 된다는 것은, 한민족이 왜구倭寇, 倭仇의 노예가 되는 것처럼, 있을 수도, 생각할 수도 없는 일이다. 그러나 현실은 어디까지나 현실이다. 이 모순된 현실에서 유대인들이 마음으로부터 로마에 승복하지 않는 것은 당연하다. 아무튼 정복자들에게는 유대인이 세계에서 가장 반역적인 민족으로 알려져 있다. 유대국 내에서는 종교인이 백성 위에 군림했고 백성들은 예나 지금이나 도처에서 억압을 받았다.

이 상황에서 예수의 출현은 백성들에게 큰 희망이었다. 그는 아무런 사회적 배경이 없었으나 주린 사람에게 양식을, 병든 사람에게 치유를, 죽은 사람에게 생명을 주며 천국을 선포했다. 그러므로 백성들은 그가 성경에 예언된 구원자 '메시아Messiah'이기를 기대한 것이다. '기름 부은 자'라는 메시아는 그리스어로 그리스도Christos이고 왕을 의미한다. 그리고 그가 정말 그리스도라면 외부의 정치 권력인 로마를 단숨에 물리치고 내부의 위선적인 종교 권력도 없애고 옛날 다윗왕 시대의 질서와 영광을 회복할 수 있는 것이다.

그러나 당시의 종교인들은 예수를 인정하지 않았다. 더 정확히 말해, 예수를 이해하지 못했고 이해하려고도 하지 않았다. 왜냐하면 그들이 하늘의 가치보다 땅의 가치, 하나님의 영광보다 사람의 영광을 더 선호했기 때문이다. 그러므로 예수를 시기하여 신성모독과 국가반역이란, 당시 천지간의 최대 최악의 죄목으로 통치 권력인 로마 총독 빌라도에게 고발하였다.

종교인들이 로마 총독에게 고발한 것은 예수를 합법적으로 손쉽게 죽이기 위해서였다. 자신들의 손에 직접 피를 묻히지도 않고, 백성들의 원성도 비껴갈 수 있는 것이다. 그러나 빌라도는 예수를 심문한 후 그가 무죄이고 종교인들의 시기에 의해 고발된 것을 알았다. 그래서 처음에 예수를 석방하려 했다. 그러나 종교인들은 집요했고, 결국 다음 한마디로 총독을 굴복시켰다.

"자기를 왕이라 하는 자는 황제를 반역하는 것이오!" (요 19:12)

당시의 절대주권자인 황제 치하에서 어느 누가 스스로 왕이라 한다면 그자는 물론 이를 동조하는 자도 살아남을 수 없다. 총독도 물론 예외가 아니다. 그러므로 빌라도는 재판관의 자리에 앉았으나 정의 대신에 자신의 목숨을 선택했다. 그리고 정의를 버린 것에 대한 책임 회피를 위해 물에 손을 씻는 연극을 연출했다. 그러나 이 연극으로 책임이 회피될 수 없음은 당연하다. 아무튼 종교인들은 의기양양한 미소를 날리며 승리의 쾌재를 불렀다.

종교인들의 의도는 적중하여 오늘까지 이르고 있다. 예수는 로마인에게 고난받아 처형되었고 종교인들과는 무관한 것으로 되어 있기 때문이다. 더구나 종교인들은 자신들의 무관함을 강조하기 위해 「사도신경」이라는 인위적인 고백서를 만들어 퍼뜨리고, 그때나 지금이나 의의 일꾼을 가장하며 대낯을 활보하고 있다.

예수는 본디오 빌라도에게 고난을 받으시고, (「사도신경」)

그러나 원래 "예수는 종교인 가야바에게 고난을 받으시고,"라고 해야 옳고 정확하다. 그러나 실제로는 살인의 진범이 아닌, 그 하수인인 빌라도의 이름만 되뇌게 하고 있는 것이다.

이와 같이 종교인과 정치인들의 야합에 의한 예수 처형은 불의가 의를 조직적으로 파괴한 대표적인 사례가 된다. 에덴동산의 아담처럼 개인 혼자서 어쩌다 범죄하는 경우가 아니다.

예수 처형은 자의적이고 주동적인 종교 집단과 타의적이고 추종적인 정치 집단에 의해 조직적으로 이루어진 것이다. 자의적인 주동 세력은 당시의 대제사장 가야바와 종교인들이고, 타의적인 추종 세력은 빌라도와 그의 병정들이었다. 이러한 구도하에 세례 요한도 처형된 것이다. 세례 요한을 죽인 주동 세력은 왕후 헤로디아와 그의 딸 살로메이고, 행동 세력은 헤롯왕과 그의 수하들이었다.

그런데 오늘도 의를 파괴하는 주동 세력인 종교인들이 종교의 옷을 입고 대낯을 활보하고 있는 것이다. 그러므로 예수가 당시에도 사악한 정치 권력자들보다 의롭게 꾸미고 다니는 종교인들을 더욱 책망하였다.

3

십자가의 고통

십자가형을 선고받은 사형수는 형틀인 십자가를 직접 메고 이곳 골고다에 와서 못 박혀 매달리게 된다. 이 형벌은 원래 고대 동방에서 사용하던 가장 고통스럽고 치욕적인 처형 방법이었다. 이것을 당시 로마가 도입하여 로마 시민이 아닌 타민족에게 적용하였다. 참수, 교수, 사약 등 죄수의 목숨을 속히 끊어주는 여타 수단들보다 더욱 효과적이라 판단했기 때문이다. 우선 죄수가 직접 받는 고통이 다른 처형 수단들보다 더 크다.

사형수는 먼저 병정들에게 조롱을 받으며 두 눈을 가린 채 얼굴과 온몸에 무자비한 구타를 당한다. 눈이 가린 채 맞으면 반사 신경에 의한 무의식적 보호 기능이 작용하지 않아 그 충격이 2~3배 더 크다. 곧 죄수의 눈이 시퍼렇게 멍들고, 눈꺼풀은 찢어지며 부어오른다. 아래위 입술도 터져 피가 흐른다. 머리와 얼굴에는 피와 함께 병정들이 저주하며 뱉은 누런 가래침이 흘러내린다.

이어서 'Cat-O'-Nine-Tails아홉 꼬리 고양이'라는 채찍으로 살가죽이 터지도록 무수히 맞는다. 세 가닥을 한 줄로 엮어서 모두 아홉 가닥인 이 채찍은 그 사이사이에 금속이나 뼛조각, 또는 유리 조각들을 끼워 넣은 것이다. 나무 손잡이에 달린 이 채찍의 길이는 보통 60~70cm이다. 병정들은 이 묵직한 채찍으로 사형수를 힘껏 내려친다. 때리는 병정들은 일종의 사디즘sadism의 가학행위를 합법적으로 마음껏 즐기는 것이다.

그 후 죄수는 거친 원목으로 투박하게 이어진 무게 70~80kg의 십자가를 어깨에 메고 약 800m 거리의 형장으로 나아간다. 그리고 형장에서 벌거벗긴 몸의 양손과 양발에 대못이 박혀 십자가에 매달린다. 그러면 몸이 아래로 처지며 양손이 찢어지고 체중이 쏠린 양다리와 양발의 고통도 상상을 초월한다. 그러므로 한동안 처절한 비명을 지르고 사지가 굳어지며 호흡도 어렵게 된다. 그러나 빨리 죽지도 않고 보통 이삼일을 넘어 일주일도 경과한다.

그동안의 고통과 갈증, 허기가 극심함은 물론 한밤의 냉기는 뼛속까지 침투한다. 뿐만 아니라 온갖 벌레와 짐승들이 피 흐르는, 무방비 상태의 신체를 갉아 먹고, 쪼아 먹고, 뜯어 먹는다. 그러므로 죄수는 제발 빨리 죽여 달라고 간청을 하게 된다. 그러면 곤봉으로 다리뼈를 부러뜨려 주기도 하지만, 반대의 경우는 발밑에 받침대를 마련하여 고통을 더 연장시키기도 한다. 죽은 후에도 며칠을 방치하여 온갖 벌레와 짐승들이 사체를 뜯어 먹게 했다.

주로 국가 반역자들에게 집행된 십자가형은 군중에 대한 전시효과도 크다. 여러 날 동안 공개된 장소에서 백성들이 그 끔찍한 처형과 죽어가는 과정을 지켜보면서 더욱 통치자에 대한 두려움을 느끼게 하는 것이다.

이러한 십자가형은 313년 기독교가 공인된 후 콘스탄티누스 대제에 의해 폐지되었다. 그리고 골고다 지역에는 예수의 죽음과 부활을 기념하는 '성묘교회the church of the holy sepulcher'가 세워졌다. 이 지점까지 예수가 십자가를 지고 온 800m 구간은 '고난의 길' 또는 '슬픔의 길Via Dolorosa'이라 명명되었다. 그 후 이곳은 기독교도들에게 엄숙한 순례의 장소로서 세계적인 명소가 되었다.

현재는 십자가와 골고다가 모두 상징적으로 사용되고 있다. 예수가 인류의 표상으로서 모든 사람에게 기준이 되기 때문이다. 십자가는 교회당의 표시기도 하지만 고난을 말하고, 골고다는 의인들의 죽음과 부활을 의미한다.

4

오늘의 십자가

예수는 자기를 믿는 사람들에게 직접 말한다.

"너의 십자가를 지고 나를 따르라!" (마 10:38, 16:24; 막 8:34; 눅 9:23, 14:27)

이것은 십자가의 고난을 받으며 결국 골고다에 이르러 죽으라는 것이다. 십자가의 행진이 골고다에 와서 멈추고 완성되는 것이다. 처참하고 끔찍하지만, 또 지극히 영광스러운 곳이다. 그러므로 골고다에 이르지 않는 십자가는 가짜 십자가라 할 수 있다.

예를 들어 예수를 믿는다는 사람이 십자가를 지고 골고다에 이르지 않는 경우다. 종교인들이 자신의 부귀공명을 추구하는 것도 그렇다. 이들은 신도들의 헌금을 모아 자신의 재산을 쌓고 조직을 거느리며 부귀와 권세를 누린다. 노후에는 교회와 재산을 자기 자식들에게 물려주고 평안히 죽어 호화 묘에 묻힌다.

국가권력은 선거나 혁명에 의해 교체되고, 기업은 상호 경쟁과 소비자 선택에 의해 교체된다. 그러나 교회는 국가 감독 밖의 지하경제이고 외부감사도 없는 음성조직이다. 마치 음지에 생긴 웅덩이 같아서 부패의 개연성이 크다. 또한 이러한 부패는 대부분 은폐되어 있다. 그러므로 장기간 은밀히 누적돼 오다가 '오대양 집단 자살', '세월호 침몰' 등과 같은 사건으로 표출되기도 한다. 그러나 신도들은 종교인에게 양처럼 잠잠히 순종해야 한다. 그렇지 않으면 교회를 대적하는 마귀로 지목되어 압박을 받는다. 중세 때에는 장작더미 위에서 화형을 당했다.

그러나 세상에는 실제 삶에서 십자가의 길을 가고 골고다에 이른 사람들이 있어 왔다. 세례 요한도 그 한 예다. 그는 광야에서 메시아의 도래를 전파하였으나 당시 종교인들의 배척을 받았다. 결국 투옥되어 유대 왕 헤롯의 생일잔치 때 감옥에서 참수되었다. 목 베어진 그의 머리는 소반에 얹어져 공주와 왕후에게 전달되었다. 그러므로 광야 생활과 옥중 고난이 그의 십자가이고, 왕의 생일잔치 자리는 그의 골고다가 되었다.

초대교회의 스데반 집사는 예루살렘 공회에서 예수를 증거하였고, 종교인들은 그를 성 밖으로 끌어내 돌로 쳐 죽었다. 스데반에게는 살벌한 분위기 속에서 예수를 증거한 것이 십자가이고, 돌 맞아 죽은 장소가 그의 골고다에 해당한다. 당시 현장에는 사울이란 한 청년 바리새인이 이 투석형을 적극 지원했었다. 그러나 후에 그도 회심하여 사도 바울이 되었고, 또 복음을 적극적으로 전파하다가 로마에서 참수되었다. 그는 로마 시민이었기 때문에 십자가형이 아닌 참수형을 받았으나 그 역시 예수를 믿어 십자가의 길을 걸었고 그의 골고다에 이르렀다.

시몬 베드로를 비롯한 예수의 열두 제자들 역시 험한 십자가의 길을 걸었고 그들의 골고다에 도달하였다. 이렇게 골고다에 이르는 십자가 행렬은 313년 기독교 공인까지의 속사도 시대 그리고 15세기부터 시작된 종교개혁의 소용돌이 속에 지속되어 20세기 한국에까지 이어졌다. 서울 마포의 절두산 순교성지와 양화진 선교사묘원도 그 흔적이다.

이러한 십자가 행렬에 힘입어 2020년 세계 인구 중 약 34%가 기독교인으로 집계되었다. 기독교 문화권인 서구에서는 한때 90% 정도가 기독교인이었고, 한국의 경우는 약 20%로 알려져 있다. 과연 곳곳에 교회의 십자가 첨탑이 많이 보이는 것도 같다. 그러나 실제로 한국의 신자는 인구 중에 아직 절대 소수이고, 그 수도 이미 나날이 줄어들고 있다.

기독교인이 아닌 일반인들도 의롭게 살고 의롭게 죽을 때 십자가와 골고다의 개념이 적용될 수 있다. 예수의 십자가와 골고다는 의義, 인仁, 신信의 본체로서 인간의 생명과 생존의 근거가 되기 때문이다. 그러므로 일반 사람들도 의, 인, 신을 위하여 살고 목숨을 버리면 그들의 십자가와 골고다에 해당하는 것이다.

이러한 예로 우선 그리스의 철학자 소크라테스(BC. 470~399)가 언급될 수 있다. 그는 자신의 부귀와 안위를 추구하지 않고 고난스럽게 의로운 길을 갔다. '너 자신을 알라!'는 그로 인해 유명해진 경구이다. 그러나 백성들의 신망이 커짐에 따라 그 역시 당시 권력층의 시기를 받아 재판에 회부되었다. 법정은 그에게 사형을 선고하고 사약을 내렸다. 그는 흔쾌히 그 사약을 마시고 죽었다. 그러므로 그의 고난과 죽음이 그의 십자가와 골고다에 해당할 수 있다.

한반도에서는 신라시대 법흥왕 때 이차돈異次頓(506~527)이라는 이십 세의 젊은 승려가 참수되어 순교했다. 그의 목이 베어지는 순간 젖과 같은 흰 피가 뿜어져 나왔다고도 한다. 그는 당시의 어두운 사회를 불교로 밝히려 하였으나 당시의 권력층도 그를 박해하여 처형했다. 그러므로 이차돈의 고난과 죽음도 그의 십자가와 골고다에 해당한다. 고려 말의 충신 정몽주鄭夢周(1337~1392)의 경우도 '임 향한 일편단심'을 품고 나아간 것이 그의 십자가이고, 철퇴를 맞아 죽은 개성의 선죽교가 그의 골고다가 된다.

충무공 이순신李舜臣(1545~1598)과 동시대 사람인 김덕령金德齡(1567~1596), 정문부鄭文孚(1565~1624) 등은 나라를 위해 의병이 되어 많은 왜적을 물리쳐 백성들의 신망을 받았다. 그러나 왕은 이들을 질시하여 하옥시켜 고문했다. 이때 고문으로 죽은 김덕령과 정문부 역시 옥 속에서 골고다에 이른 것이다. 그리고 이순신의 경우도 1598년 11월 19일 노량해전에서 전사함으로 그도 골고다 언덕에 섰다. 골고다에 이른 그들의 길은 또 모두 험한 십자가의 길이었다.

2장

참인간이란?

1

'참인간'의 자질

사람의 인품을 가늠해 보는 기준들이 있다. 모든 사람에게 적용되는 보편적인 가치로서 짐승과 구별되는 인간의 자질이기도 하다. '사람다운 사람' 또는 '참인간'의 조건이라 할 수 있고, 선인과 악인을 구분하는 기준도 된다.

그러므로 문화와 문명이라는 것도 이 '참인간'의 자질에서 비롯되고, 다시 이 자질을 촉진하는 것이라야 한다. 따라서 아무리 발달한 문명이라 해도 이 자질이 결여되었다면 무의미하고, 실제로는 유해한 것으로 마땅히 폐기되어야 한다. 실제로 역사적으로 많은 문명들이 외부의 영향으로 또는 스스로 와해되어 폐기되어 왔다.

오늘에 남아 있는 불가사의의 기괴한 고대유적들도 이렇게 폐기된 문명들이 아닌가 생각된다. 예를 들어, 이집트의 피라미드를 비롯하여 아틀란티스 문명, 페루 남부의 나스카 라인, 태평양 이스터 섬의 모아이 석상, 폼페이 섬의 난마돌 유적 등등이다.

한 사람의 경우도 그가 부와 권력과 지식을 소유했다 해도 '참인간'

의 자질이 부족하면 무가치하고, 오히려 재앙이 되고 만다. 이 재앙은 종종 개인의 차원을 넘어 국가 사회, 나아가 전 세계에 불행을 가져오게 된다. 이러한 정확한 사례가 16세기 왜구의 도요토미 히데요시豊臣秀吉(1536~1598)와 20세기 나치Nazi 독일의 아돌프 히틀러Adolf Hitler(1889~1945)이다.

왜구는 현재 외교적으로 일본日本, Japan이라 불리고 있는데 원래 13세기부터 한반도와 중국 연안에서 약탈하고 살인하던 천하의 악독한 무리들이다. 왜倭는 이들의 고유 명칭이고, 여기에 도둑 구寇) 또는 원수 구仇의 글자가 따른다. 나치Nazi는 제1차 세계대전 후 독일에서 등장한 민족사회주의Nationalsozialism의 약칭이다.

가. 도요토미와 히틀러

먼저 히틀러의 경우를 보면, 그는 어릴 적 권위적이고 폭력적인 아버지에게서 세무공무원이 되라고 강요받았다. 아버지 자신이 세무공무원이었다. 그러나 이에 대한 자질도, 의지도 없는 히틀러는 마음속에 증오와 반항심을 키워 갔다. 그러한 그가 또 개인적으로 유대인들에게 좋지 않은 경험들을 하게 되자 극단적인 유대인 혐오자가 되었다.

첫째 경험으로는 유방암에 걸린 그의 어머니가 어느 유대인 의원에게 치료를 받았었다. 그로 인해 히틀러는 유대인 의원이 자기 어머니의 유방을 주무르는 것을 자주 보며 자랐다. 그러나 어머니는 치유되지 않았고, 그는 결국 10대에 어머니와 아버지를 모두 잃고 유산과 고아연금으로 생활했다.

둘째, 그에게 사랑하는 한 애인이 생겨 젊은 그의 심장은 첫사랑의 감격으로 마구 뛰었다. 그런데 그녀가 히틀러를 떠나 한 유대인 남자에게로 가버렸다. 부모도 없는 젊은 히틀러는 자기 여자를 유대인에게 빼앗겼다는 상실감과 굴욕감에 치를 떨었다.

셋째, 히틀러 자신은 성적 불량으로 학교를 정식으로 졸업하지 못했다. 그 후 한 미술학교에 지원했으나 이 학교의 입학도 자격 미달로 불허되었다. 입학을 불허한 심사위원은 공교롭게도 또 유대인이었다.

그 후 그는 떠돌이 화가가 되어 거리를 배회하다가 반유대주의와 민족주의에 심취하며 정치운동에 참여하였다. 노동당에 입당한 그는 유창한 언변으로 요직에 올랐고, 독일 나치당Nazi(National Sozialistische Deutsche Arbeiterpartei, 독일 민족사회주의 노동당)에서 승승장구하여 끝내 독일의 총통이 되었다.

그 당시 제1차 세계대전에 패한 독일은 막대한 전쟁배상의 부담과 사상 초유의 대인플레이션으로 절망적인 상태였다. 생산시설 대부분이 파괴되었고 사회기강도 무너졌다. 이때 히틀러는 패전과 빈곤의 원인이 내부의 적인 유대인이라 주장하며 독일의 발전을 위하여 6백만 명의 유대인을 학살하고, 그들의 재산을 몰수했다. 나아가 이웃나라들을 침범하여 제2차 세계대전의 재앙을 몰고 왔다.

그러다가 세계대전의 말기 나치 독일에 패색이 짙어지자 그는 권총으로 먼저 자기의 젊은 부인을 쏘아 죽이고 자신도 쏘아 자살했다.

히틀러는 말과 선동의 재주와 엄청난 부와 권력을 소유했었다. 그러나 '참인간'의 자질이 없어 악마의 하수인이 되었고, 국가와 인류에 엄청난 불행을 가져왔다. 그로 인한 제2차 세계대전에서 6천만 명의 인명이 살상되었다.

이러한 히틀러를 적극 지지한 동맹국이 바로 지금 일본이라 하는 왜구였다. 왜구 역시 이웃 나라들을 침략하여 무고한 사람들을 무수히 죽였다. 왜구는 나치 독일과 같이 악성 전염병 같은 나라다. 환경이 조성되면 언제든지 치명적인 병균이 증식되어 주위에 확산되며 학살을 몰고 온다. 가장 가까운 이웃인 한반도가 가장 큰 피해자였다.

왜구의 악행은 13세기 해적질에서 시작되어 그 뿌리가 깊다. 이러한 사회에서 도요토미가 배출되었다. 그 자신은 친부가 일찍 죽어 의부의 학대를 받았다. 이를 피해 가정을 탈출하여 한 영주의 가신이 되었다. 그 후 영주의 눈에 들어 주요 직책도 맡았다. 왜소하고 원숭이를 닮은 그의 외모로 인해 영주로부터 '원숭이', '대머리 쥐'라는 별명도 얻었다. 그 영주가 살해된 뒤에는 자신이 영주가 되었고, 1590년에는 그동안 지속되던 국내 영주들 간의 분쟁을 종식시켰다. 도요토미豊臣란 거창한 이름도 이때 왜구 왕이 내려준 별명이다.

국내의 싸움은 일단 봉합되었으나 영주들의 군사력은 여전히 막강했다. 그리고 이들 승자들에게는 영지의 보상이 이루어져야 했고, 동시에 패자들의 불만도 해소되어야 했다. 그리고 그동안 사육된 중다한 칼잡이 무리들도 어떻게든 관리되어야 했다. 도요토미는 이 국내 난제를 해결하기 위해 이웃 나라를 침략하기로 했다.

그러나 이웃 나라 침략의 근본 이유도 도요토미와 그의 추종 세력들에게 '참인간'의 자질이 없었다는 것이다. 이들은 사람의 몸만 제압하면 그 사람의 마음과 정신도 소유할 수 있다고 생각한 것이다. 실제로 왜인들은 육체적으로 제압당하면 마음과 혼을 모두 바치는 족속이기도 하다.

이 도요토미가 현재 왜구 내부에서는 아직도 위대한 영웅, '동양의 나폴레옹'으로 추앙받으며 그의 침략 정신이 높이 고양되고 있다. 이러한 사실이 현재 독일에서 히틀러가 철저히 부정되고 있는 것과 정반대되는 형상이다.

전쟁 후 독일은 침략의 부당성을 인식하고 이웃 나라들에게 철저한 자기 부정의 모습을 보여주었다. 그러므로 이웃 나라들은 현재 독일이 다시 히틀러 같은 인물을 배출하여 재앙을 몰고 오지 않을 것이라 믿고 있다. 그러나 왜구의 경우는 그렇지 않다. 언제 다시 도요토미 같은 악귀를 길러내 이웃 나라들을 파괴할지 모른다. 1900년대 초반의 한반도 재침략도 그 실례다. 현재는 소강상태이지만 도요토미의 악귀가 언제 다시 등장하여 인류의 평화와 역사를 파괴할지 모르는 일이다.

'참인간'의 자질이 결여되었던 것은 당시 조선의 지배층도 마찬가지였다. 악하고 둔한 왕과 포악한 관리들이 백성을 억압한 것이다. 부패한 조정에 공의는 실종되었고, 조정에 대한 백성의 불만은 팽배했다. 만약 왜구의 침략이 없었더라도 왕조 스스로 무너졌을 것이다. 아무튼 당시 조선은 왜구라는 악성 전염병에 무방비로 노출되어 있었다.

나. 의, 인, 신

'참인간'의 자질은 한마디로 선善의 내용으로서 시대와 지역, 종교와 사상, 신분과 지위를 초월하여 모든 사람에게 적용된다. 그리고 사람의 인품을 가늠해 보는 기준이 된다. 많은 덕목들이 거론될 수 있으나 기본적인 것 3개로 압축하여 의義, 인仁, 신信으로 정리될 수 있다. 이것은 예수가 유대의 파멸을 앞두고 종교인들의 위선을 폭로하며 제시한 것이다.

> "율법학자들과 바리새파 사람들이여, 그대들 위선자들에게 화가 임할 것이오!
> 그대들은 박하와 회향과 근채의 십일조는 드리면서
> 율법의 더 중요한 의와 인과 신은 저버렸소!" (마 23:23)

이것은 인간의 본분이고 성경의 기본 사상으로서 구약성서에도 언급되어 있다.

> "여호와께서 네게 구하는 것은 오직
> 정의를 행하며 인자를 사랑하며
> 겸손하게 네 하나님과 함께 행하는 것이 아니냐!?" (미 6:8)

그러나 당시 의, 인, 신을 저버린 유대 종교인들은 예수의 준엄한 경고를 들어야 했다.

> "성전은 파괴되고 그대들은 멸망할 것이오!"
> (마 24:2, 16-21; 막 13:2, 14-19; 눅 21:6, 20-24)

그런데 당시 유대국은 이미 로마의 속국이었다. 다만 로마의 관용

정책에 따라 고유의 종교를 유지하고 있었다. 그러므로 유대는 주권 없는 껍데기 나라였고, 성전 역시 법궤가 없는 껍데기 건물에 불과했다. 성전의 법궤는 이미 BC 587년 유대왕국이 바벨론에게 정복될 때 사라져 오늘까지 그 종적을 알 수 없다. 이러한 상태에서 유독 종교인들이 득세하여 하나님의 영광 아닌 자신들의 영광을 추구하여 전능자를 대적하며 백성을 억압했다.

당시의 왕과 관리들도 불의하고 부패한 것은 말할 필요도 없다. 어쩌면 이들 정치인들의 부패가 종교인들보다 더욱 컸을 수도 있다. 그럼에도 불구하고 예수는 정치인들보다 유독 종교인들에게 준엄한 경고를 보냈다. 왜일까? 그것은 유대국이 실질적으로 종교인이 지배하는 신정神政국가였고, 또 국가와 개인에게 종교가 정치보다 더욱 치명적인 영향을 주기 때문이다.

2

유대의 멸망

과연 예수의 경고와 같이 AD 70년 로마 장군 디도Titus의 군대가 다시 유대를 점령하며 예루살렘 성전도 철저하게 파괴하였다. 성전은 돌 하나 돌 위에 남지 않고 무너져 그 형체도 없이 사라졌다. 로마 병정들이 성전을 이렇게 완전히 파괴한 이유는 돌들 사이에 들어 있던 금붙이를 찾아내기 위해서였다. 그 후 성전 터에는 이슬람 사원이 세워졌고, 오늘도 이 사원의 둥근 금빛 돔(지붕)이 그 자태를 뽐내고 있다.

디도는 이어서 유대의 지도자들을 모조리 죽이고 나머지 유대인을 모두 유대 땅에서 추방했다. 그 후 유대인들은 세계를 유랑하며 다른 민족들로부터 혹독한 핍박을 받았다. 나치 독일에 의한 홀로코스트 Holocaust도 그 한 예다.

세계를 떠돌던 유대인들은 나치 독일이 패망한 후 1948년에야 비로소 현재의 이스라엘 국가를 세울 수 있었다. 그들은 2천 년이란 장구한 세월 동안 세계를 떠돌며 오매불망 그리워하던 본토로 돌아온 것이다. 사람들은 이러한 이스라엘의 건국을 역사의 기적이라고 한다. 돌아온 그들은 이제 그들의 성전도 다시 세우려는 의도가 없을 수가 없다. 그러면 그것이 제3 성전이 될 것이다. 디도 장군이 파괴한 성전이 이미 헤롯 성전이라 하는 제2 성전이었기 때문이다.

원래는 예루살렘 성전에 법궤와 함께 히브리 민족의 여호와 신이 임재하였고, 제사장들은 엄격한 규례에 따라 제사를 드렸다. 만일 이를 위반하면 제단의 불로 즉시 죽임을 당했다. 대제사장 아론의 두 아들인 나답과 아비후도 규례에 위배된 불로 분향을 드리다 갑자기 하늘의 불에 삼켜 죽은 일이 있었다.

그러므로 로마 병정들이 성전에 난입할 때 유대 종교인들은 그들도 하늘의 불로 즉시 통구이 바비큐가 될 것으로 생각했다. 그래서 불이 떨어져도 안전할 만큼 멀찍이 물러나 두 눈만 빠끔히 내놓고 한참이나 숨죽이고 바라보았다. 그러나 어찌 된 일인지 하늘에서 불이 떨어지지 않았다. 로마군들은 멀쩡했고 거침없이 성전을 부수고 방화하며 금촛대, 금 기명 등 성전의 온갖 보화들을 무차별 약탈했다. 그리고 돌 하나도 돌 위에 남겨 놓지 않았다. 유대 종교인들은 망연자실했다. 그들은 자신들의 불신과 타락 때문에 여호와의 신이 이미 성전을 떠났다는 사실을 몰랐다. 만약 신이 떠나지 않았더라면 이 종교인들이 먼저 나답과 아비후처럼 바비큐가 되었을 것이다.

그렇지만 종교인들이 그전에 의와 인과 신을 저버리지 않았었더라면 성전과 유대국은 온전했을 것이다. 그러므로 유대국뿐 아니라 세상의 모든 나라가 유지되는 기본 조건이 바로 의와 인과 신을 지키는 것이다. BC 1900년경 이스라엘 사해 남쪽에 있던 소돔과 고모라라는 성읍들도 의인 10명이 없어서 하늘의 불로 멸망했다. 당시 이 두 도시가 존속할 수 있었던 최소의 조건은 바로 의인 10명이었다.

3

뼈와 살과 정신

예수는 수많은 덕목들 중에 의, 인, 신 3가지를 언급했다. 그런데 왜 1개나 2개가 아니고, 또 4, 5, 6……개도 아니고 하필 3개인가?

그것은 숫자 3이 가지는 독특한 의미와 연관될 수 있다. 3은 '3층천인 하늘의 수'이고, 4는 동, 서, 남, 북과 같이 '땅의 수'라고 한다. 그리고 3과 4의 합이 7, 또 곱은 12로서 성경 세계에서도 특별한 의미를 갖는다. 그러나 여기서 숫자 3만을 살펴보면 3은 (A) 완전성과 (B) 안전성을 의미하고, 또 (C) 한 목적을 위한 통합성인 삼위일체三位一體의 원리와 상통하고 있다.

(A) 숫자 3의 완전성은 종종 일상생활에서도 확인된다. 예를 들어, 우리는 무언가 중요한 일을 할 때면 '삼세번' 또는 '삼세판'이라고도 한다. '만세 삼창', '주여 3창' 그리고 장례에도 '삼일장'이 있다. 삼고초려三顧草廬, 작심삼일作心三日, "3살 버릇 여든까지 간다", "서당 개 3년에 풍월 읊는다" 등등 성어와 속담들도 있다. 예수는 30대에 3년간의 공생애를 살았고, 마귀로부터 3번 유혹을 받고, 죽은 후 3일만에 부활하였다.

(B) 숫자 3의 안전성을 이해하기 위해서는 물건을 받치는 3각대를 생각할 수 있다. 먼저 1각대나 2각대는 스스로 설 수가 없고, 3각대 이상이라야 서서 물건을 받칠 수가 있다. 그런데 4각대 이상의 받침대는 모든 다리의 안전과 균형을 확보하는 것이 매우 어렵다. 그러나 3각대는 어떤 지형에서도 안전성을 유지할 수가 있다. 그러므로 실제로 토기에 3족三足 토기가 있다. 카메라의 받침대 그리고 그림 그릴 때 그림판을 올려놓는 이젤도 3각대이다. 사람이 늙으면 지팡이를 짚는 이유도 3족이 되어 안전성을 높이려는 것이다.

(C) 한 목적에 통합되는 삼위일체의 원리도 우리의 현실 속에서 적잖이 찾아볼 수 있다.

① 과거, 현재, 미래 또는 어제, 오늘, 내일이라는 3단계의 시간개념, ② 탄생, 삶, 죽음이라는 생명의 3단계, ③ 처음, 중간, 끝 또는 초, 중, 고라는 발전의 3단계, ④ 상, 중, 하 3층의 하늘 구조; 천상, 지상, 지하라는 3층의 공간구조, ⑤ 결론을 도출하는 삼단논법, 또 승부를 결정하는 가위바위보 게임, ⑥ 고체, 액체, 기체라는 물질의 3종류, ⑦ 1인칭, 2인칭, 3인칭의 인칭구도, ⑧ 성부, 성자, 성령의 삼위일체 하나님, ⑨ 하늘, 땅, 사람을 의미하는 삼신일체사상: 출산, 육아를 돌본다는 삼신할머니 또 태양 속의 삼족오三足烏, ⑩ 과거 영의정, 좌의정, 우의정이라는 삼정승 제도, ⑪ 현재 민주국가의 삼권분립 제도, ⑫ 세계 여러 나라들의 3색 국기 등등이 모두 3요소로 되어 있다.

이제 의, 인, 신을 성부, 성자, 성령이라는 삼위일체에 대비해 본다면 ① 의는 성부, ② 인은 성부의 사랑을 실천하는 성자, 그리고 ③

신은 성부와 성자의 뜻을 이루게 하는 성령에 해당한다.

의, 인, 신은 사람의 신체에 비유하여 뼈와 살과 정신에도 대비된다. ① 의가 몸의 틀을 형성하는 뼈대, ② 인이 몸을 움직이는 근육, 그리고 ③ 신이 행위에 대한 의지라 할 수 있다. 의, 인, 신은 또 사람 마음의 3요소라는 지知, 정情, 의意와도 연관된다. ① 지적인 판단으로 의를 행하고, ② 정적인 감각으로 인을 베풀고, 그리고 ③ 의지적 결단으로 신념을 품는 것이다. 그러므로 이들 중 어느 것 하나가 없어도 정상적이 될 수 없다.

4

계명들

의와 인과 신은 인륜의 기본이기도 하다. 그러므로 동서양의 모든 민족이 강조하고 있다. 기독교뿐 아니라 불교, 유교 등 타 종교들에서도 으뜸 되는 가치다. 더구나 이 덕목들이 실천되도록 계명들이 만들어졌다. 불교의 오계五戒, 유교의 오륜五倫, 그리고 기독교의 십계명이 그것이다.

이 계명들은 인간사회의 질서다. 자연법칙이나 교통질서와 같아서 반드시 있어야 하고, 또 누구나 지켜야 한다. 지키지 않으면 자신과 사회에 폐해가 발생한다. 예를 들어, 사람이 높은 곳에서 떨어지거나 불속에 들어가면 자연법칙에 따라 죽게 되고, 또 교통질서를 어기면 교통사고가 발생하는 것과도 같다. 이와 같이 살인, 절도, 불륜 등 계명을 어기는 행위들은 사회질서에 대한 훼손으로 자신과 사회를 황폐하게 한다.

불교의 오계는 다음과 같다.

(1) 살생하지 말라.

(2) 도둑질하지 말라.

(3) 간음하지 말라.
(4) 거짓말하지 말라.
(5) 술 마시지 말라.

유교의 오륜은 올바른 인간관계를 규정하고 있다.
(1) 부모와 자식(父子有親)
(2) 임금과 신하(君臣有義)
(3) 남편과 아내(夫婦有別)
(4) 어른과 아이(長幼有序)
(5) 친구들(朋友有信) 간의 올바른 도리다.

이들 오계와 오륜은 또 오상五常이라는 인간 본성을 실천하기 위한 구체적인 방안이라 한다. 오상이 바로 인仁, 의義, 예禮, 지智, 신信으로서 의, 인, 신에 예와 지가 추가된 것이다. 그러니까 예수는 오상에서 핵심적인 것 3개를 지적했다고도 할 수 있다.

이 오상을 오전五典이라고도 하며 다시 오행五行에서 비롯되었다고 한다. 오행은 화火, 수水, 목木, 금金, 토土로서 우주 만물을 생성시키고 변화시키는 근원이라 한다. 그리고 이들의 기氣를 받아 사람도 태어나며 오상을 부여받는다는 것이다. 이 오상을 삶에서 실현하는 것이 바로 오계와 오륜이다. 이것이 인격적인 창조주 하나님을 알지 못하는 불교와 유교의 사상이다.

이에 비해 기독교에는 십계명이 있다.
(1) 나 외에 다른 신을 두지 말라.
(2) 우상을 만들지 말라.

(3) 하나님의 이름을 망령되이 부르지 말라.
(4) 안식일을 거룩하게 지켜라.
(5) 네 부모를 공경하라.
(6) 살인하지 말라.
(7) 간음하지 말라.
(8) 도둑질하지 말라.
(9) 거짓증거하지 말라.
(10) 네 이웃의 소유를 탐내지 말라.

예수는 이 십계명을 두 계명으로 압축했다.

(1) 네 마음을 다하고 목숨을 다하고 뜻을 다하여 주 너의 하나님을 사랑하라.
(2) 네 이웃을 네 몸같이 사랑하라.
이 두 계명이 모든 율법과 선지자의 강령이다. (마 22:37-40, 막 29-31, 눅 10:27)

(1)은 하나님을 향한 수직적인 것으로 십계명의 (1)~(4)를 포괄하여 하나님의 의義를 위한 것이다. 그러므로 하나님을 모르는 불교, 유교 등 여타 종교에는 예수의 이 첫째 계명이 없다.

(2)는 사람 상호 간의 수평적인 것으로 십계명의 (5)~(10)에 해당하며 이웃에 대한 인仁과 관련된다. 그러므로 이 둘째 계명은 유, 불교의 계명들과 비슷하고 비교도 된다. 즉 거짓되지 말며 폭력과 탐욕과 음욕의 노예가 되지 말라는 것이다.

이러한 첫째와 둘째 계명을 아우르는 것이 신信(믿음)이다. 믿음은 바라는 것들의 실상으로 의와 인을 행하는 동인과 추진력이 되기 때문이다. 모든 계명은 사람의 행위를 규제한다. 그런데 사람에게는 행위 이전에 마음이라는 것이 있다. 마음이 작용하지 않는 행위는 강요된 것이거나 위선일 수 있다. 그러므로 먼저 마음을 다스리는 것이 관건이다. 예수는 종교인들에게서 이러한 위선을 폭로한 것이다.

위선의 예들도 우리 주위에 많다. 자녀들이 노부모를 마음으로 존경하지 않으며 억지로 모시는 경우다. 이것은 부모에 대한 봉양이 아니라 학대가 된다. 또 남자가 여자를 마음으로 사랑하지 않으며 농락하는 경우다. 이것은 음란과 방탕이다. 그러므로 예수는 행위 이전에 사람의 마음에 사랑을 호소하며, 이것이 모든 계명의 핵심이라고 한다.

사람이 짐승과 다르고, 더구나 짐승보다 우월하다고 감히 말할 수 있는 것도 사람이 사랑할 수 있기 때문이 아닌가!? 그러므로 사랑하지 않는 사람은 짐승보다 못한 존재가 되고 만다.

Ⅱ

충무공 이순신의 인품

1장

의: 의로움

1

'내가 옳으냐, 네가 옳으냐?'

의義, righteousness는 양심에 견주어 본 도덕적 원칙으로서 인간이 지켜야 할 올바른 도리이다. 마땅한 삶의 길이고 정의justice, 공의, 옳음right으로도 표현된다. 이렇게 말로 표현하는 것은 참 쉽고 분명한 것 같다. 그러나 현실에서는 무엇이 정말로 의로운 것인지 불분명한 경우가 많다.

예를 들어, 난파선에서 소수의 사람만 구할 수 있을 때 누구를 구하는 것이 의로운가? 자본주의가 정의로운가, 사회주의, 공산주의가 정의로운가? 여당이 정의로운가, 야당이 정의로운가? 등등 사회적으로 무엇이 참 정의인지 분명하지 않다. 개인들도 서로 다투고 있다. '내가 옳으냐, 네가 옳으냐?' 가정에서 부부와 형제들이, 시장통에서 사람들이 시끌벅적하게 싸우는 것도, 각 나라의 정치인들이 떠들어대는 것도 모두 자기가 옳다는 것이다. 아무튼 사람들은 '정의를 위하여' 침 튀기는 논쟁을 하고, 또 피 튀기는 싸움도 한다.

그렇다고 싸움은 나쁜 것이니 싸움을 하지 말고 정의도 찾지 말라고 할 수는 없다. 싸우더라도 사람은 반드시 정의를 찾아 실천해야만

한다. 왜냐하면 정의가 없는 사회는 존재의 의미도, 가치도 없고, 어차피 존속할 수도 없기 때문이다. 그렇기 때문에 법을 만들어 강제로라도 실천하게 하는 것이다. 비록 침 튀는 논쟁과 피 튀는 싸움을 해도 정의는 실현되어야만 한다. 오히려 정의를 위하여 피를 흘리고 목숨을 버리는 것은 숭고한 일이다. 정의는 사람의 생명보다 귀중한 것이다. 그런데 정의는 하나님의 성품이고, 하나님은 사람들에게도 정의를 행하라 명하시며 또 정의로 세상을 심판하신다고 한다.

> 의와 공의가 주의 보좌의 기초라. (시 89:14)

> 하나님이 그의 백성을 공의로 판단하시며
> 주의 가난한 자를 정의로 재판하시니 (시 72:2)

> 오직 정의를 물같이, 공의를 마르지 않는 강같이 흐르게 하라! (암 5:24)

> 그의 행하시는 일이 존귀하고 엄위하며 그의 의가 영원히 서 있도다. (시 111:3)

의로운 예수는 불의한 인간들에게 무참한 죽임을 당하며 홀로 외롭게 기도를 드렸다.

> 의로우신 아버지여, 세상이 아버지를 알지 못하여도 나는 아버지를 알았습니다. (요 17:25)

가. 불의한 나라들

정의는 모든 인간의 지향점이어야 한다. 개인의 삶 속에 의가 없다면 정상적인 사람이 아니고, 짐승보다 못하다. 마찬가지로 한 나라에 정의가 실종되었다면 그것은 짐승들의 집단이고 인간사회가 아니다. 그리고 이러한 인간사회는 존속할 수도 없다.

그 본보기가 우선 성경에 소개된 소돔과 고모라다. 이 두 도시는 BC 1700년경 이스라엘의 사해 남쪽에 있었다. 이곳의 토양이 비옥하여 많은 사람들이 모여 살았다. 그러나 그중에 의로운 사람은 단 10명도 되지 않았다. 결국 하늘에서 내리는 유황과 불로 멸망당했다. 그리고 AD 70년 유대국 역시 예수의 지적대로 의를 저버리고 불의한 나라가 된 결과 로마에게 점령당해 초토화되며 나라도 사라졌다.

1500년대 후반의 조선도 불의한 나라가 되어 왜국으로부터 수모를 당해야 했다. 이때 천우신조로 이순신이 등장하여 가까스로 나라의 패망을 면할 수 있었다. 그러나 400여 년이 지나며 조선은 다시 불의한 나라가 되어 주권을 잃고 왜국의 노예가 되었다. 1945년 불의했던 나치 독일과 왜국이 패망하였으나 그 후 공산국가들의 침략으로 한반도는 두 조각이 났다. 현재의 북한도 나라라고는 하지만 정의가 부재하여 몰락이 임박한 것 같다.

불의하여 망하는 나라들은 존립에 필요한 최소한의 의에 미달한 것이다. 물론 세상에는 100% 의로운 나라도, 그러한 사람도 없다. 그러나 믿음과 노력으로 의를 행하며 의롭다고 인정받은 사람들은 있었다.

나. 의로운 사람들

최초의 인간 아담은 불순종으로 인해 의를 상실했고 에덴동산에서 추방되었다. 그 후 그의 후손들은 의의 회복을 위해 피의 제사를 드려야 했다. 불의의 결과가 죽음이기 때문에 죽음의 피가 반드시 흘러야 하는 것이다. 그러나 사람이 다시 살기 위해서 사람을 대신하는 희생제물의 피를 흘리는 것이다. 아담의 둘째 아들인 아벨이 양의 피로 제사를 드려 의로운 사람이라는 증거를 얻었다.

노아는 대홍수 때 방주를 만들어 그의 가족과 인류를 구원하였다. 그는 아담의 10대손으로 "의인이고 당대의 완전한 사람"이었다. 다시 노아의 10대손인 아브라함은 원래 의인이 아니었다. 그러나 그가 하나님을 믿고 독자 이삭을 바치는 결단을 통해 의인이라는 인정을 받았다. 아브라함과 동시대에 동방 우스란 지역에 욥이란 사람이 살았다. 이 욥은 '아브라함의 하나님'은 몰랐으나 창조주이신 하나님을 알았다. 그리고 온전하고 정직하여 악에서 떠나 하나님을 경외한 의인이었다.

신약에는 예수의 육친 아버지인 요셉이 의인이라 기록되어 있다. 그는 정혼했던 마리아의 혼외 임신을 크게 문제 삼지 않고 조용히 끊으려 했다. 그러나 하늘의 계시를 받고 그녀를 아내로 맞이했다. 예수의 부모가 된 그들은 아기 예수의 정결예식을 위해 성전을 방문했다. 성전에는 마침 시므온이란 노인이 있었다. 시므온은 의롭고 경건한 사람으로서 산헤드린의 회장이었고, 사도 바울의 스승인 가말리엘의 아버지이기도 하다. 그는 평생 오매불망 이스라엘의 구원을 기다려 왔다. 그런 그가 아기 예수를 보는 순간 성령의 계시로 메시아의 출현을 인식한 것이다. 아기 예수를 품에 안은 그는 평생의 감격과 기쁨의 눈물로 하나님을 찬양했다.

> 나의 눈이 주의 구원을 보았사오니
> 이는 만민 앞에 예비하신 것이요,
> 이방을 비추는 빛이요,
> 주의 백성 이스라엘의 영광이나이다. (눅 2:30-32)

이로부터 30여 년 후 예수가 십자가에 못 박혀 죽고 그의 몸은 십자가에서 내려졌다. 그러나 처형이 갑자기 이루어져 장례 준비가 되어 있지 않았고, 사체를 안치할 무덤도 없었다. 이때 아리마데의 요셉이란 사람이 용기 있게 나서서 빌라도에게 청하므로 예수의 몸을 새 무덤에 안치할 수 있었다. 그는 공회 의원으로서 선하고 의로운 사람이었다.

무덤 속의 예수는 3일 만에 부활하고 40일 후에 승천하였다. 그리고 예수교회가 세상에 등장하여 부흥하기 시작했다. 그때 가이사랴라는 성읍에 고넬료라는 로마 장교가 있었다. 가이사랴는 현재 이스라엘의 수도 텔아비브의 북쪽 50km 지점에 있는 지중해 연안의 항구도시다. 고넬료는 물론 이방인이었다. 그러나 그는 의인이고 경건하여 온 집안이 하나님을 경외하고 항상 기도하며 백성을 많이 구제하였다. 그러던 그가 어느 날 계시를 받고 욥바(=텔아비브)에 있던 베드로 사도를 청하여 온 가족이 세례와 성령을 받았다.

이처럼 시대와 민족의 구분을 넘어 창조주 하나님을 인식하고 경외하는 사람들이 있다. 한반도에도 '여호와 하나님', '아브라함의 하나님'이란 명칭은 몰랐으나 창조주 하나님을 '하늘, 하늘님, 하느님' 등으로 부르고 기도하며 의를 행한 사람들이 있었다. 충무공 이순신도 여기 속한다. 노산 이은상李殷相(1903~1982) 선생은 충무공이 '조선의 노아'라고도 한다. 노아의 방주가 홍수에서 인류의 생명을 보존했듯이 이순신의 거북선이 왜적의 침략에서 조선을 보존했다는 것이다.

이처럼 충무공 이순신은 왜적을 무찌른 수군 장수일 뿐 아니라 욥과 고넬료처럼 하나님을 경외하는 의인이었다. 단순히 싸움에서 이긴 장수 그 이상이다. 정확히 말해서 당시 조선을 보존했던 것은 그의 거북선이라기보다 그의 의로움이었다. 그러므로 오늘의 한국인도 계속하여 의의 역사를 써나가기 위하여 이순신의 인품에 더욱 주목할 필요가 있다.

다. 이순신, 넬슨, 카이사르

이순신은 의를 위해 살았고, 또 의를 위해 죽었다. 무인으로서 정직하고 근면하게 자신의 임무에 충실했다. 부하들을 돌보며 그들의 사기를 높여 모든 전투를 승리로 이끌었다. 그리고 바쁜 진중 생활에서도 소상한 보고서인 장계狀啓를 왕에게 올렸고 지인들에게는 문안 편지를 보냈다. 그뿐 아니라 자기 성찰을 위하여 매일 일기까지 썼다. 그가 쓴 『이충무공 난중일기 및 서간첩 임진장초李忠武公 亂中日記 및 書簡帖 壬辰狀草』는 1592년 1월부터 1598년 11월 그가 죽기까지 7년간 2,539일의 기록이다.

영국의 넬슨Horatio Nelson(1758~1805) 제독은 프랑스 나폴레옹의 침공을 저지하고 영국을 구했다. 군사력이 적보다 열세였으나 역시 군졸들에게 사기를 불어넣어 승리했다. 부하들의 잠재력을 끌어낸 그의 능력을 '넬슨 터치The Nelson Touch'라고도 한다.

넬슨은 전투에 앞서 유서를 쓰며 전의에 불을 지폈다. 전투 후에는 항해일지를 썼다. 그 자신은 뱃멀미를 했고, 전투 중에 오른쪽 눈을 잃었고, 또 오른팔을 절단하기도 했다. 그리고 트라팔가르해전Trafalgar 海戰에서는 왼쪽 어깨에 적탄을 맞아 결국 목숨을 잃었다. 생전에 그는 혼외로 딸을 낳아 구설수에도 올랐으나 현재는 영국을 빛낸 100인 중 10위 안에 들어 있다. 1805년 10월 21일, 그는 마지막 항해일지를 썼다.

> 새벽녘에 적의 연합함대가 눈에 들어왔다.
> 내가 섬기는 하나님께서는 나의 조국에, 또 유럽 전반에
> 위대하고 영광스러운 승리를 허락하소서!
> 그리고 어떠한 실수도 이 승리를 훼손하지 않게 하옵소서!

기원전 로마의 율리우스 카이사르Julius Caesar(BC 100~44)는 『갈리아 전기Gallia 戰記』를 썼다. 이 전기는 카이사르가 서유럽 갈리아 지역에서 BC 58년부터 51년까지 전쟁을 지휘하며 라틴어로 쓴 보고문이다. 군사전술, 전투상황 외에 적국의 환경문화 등에 대해서도 간결하고 우아한 문체로 기록하였다. 그러므로 이 책은 그 문학적 가치를 인정받아 현재 세계 각지에서 라틴어 교재로 사용되고 있다.

상황에 따른 그의 촌철 표현들도 유명하다. 예를 들어, 소아시아 지역에서 힘든 싸움을 이긴 후에는 "왔노라, 보았노라, 이겼노라Veni,

Vidi, Vici!"는 세 단어로 승리의 벅찬 감격을 전달했다. 로마로 진격하기 위해 루비콘강을 건너며 마음의 초조와 번민을 한마디로 정리했다. "주사위는 던져졌다Alea iacta est." 그러나 카이사르는 권력을 위해 당시 공화정을 무너뜨리고 독재자가 되었고, 결국 정적들에게 암살당함으로써 생을 마감했다. 그는 고통 중에 죽으면서 한 젊은 암살자에게 "브루투스, 너마저!?Et tu, Brute!?"라는 말도 남겼다. 브루투스는 그가 친아들처럼 키운 청년장교였다. 하여간 그는 군인으로서 그리고 문장가로서의 업적에서는 이순신 못지않게 탁월하다.

이순신은 극도의 궁핍 속에서 불의한 임금과 조정의 횡포에도 끝까지 충성심을 지켰다. 그리고 최악의 조건하에서 23전 23승 전승이라는 위업으로 나라를 구하고, 자신은 적탄에 맞아 운명을 달리했다. 그러므로 이순신의 삶과 죽음은 더욱 의롭다고 할 수 있고, 그의 헌신과 희생 그리고 남긴 글은 어느 경우보다 값지고 더욱 큰 감동을 준다. 두레교회의 김진홍 목사는 그의 아침묵상에서 『난중일기』를 성경 외의 필독서로 추천하고 있다. 한국의 불평하는 기독교인들과 분쟁하는 교회들이 예수를 몰랐던 이순신의 삶에서 본받을 바가 있기 때문이다.

2

모난 돌이 정 맞는다

이순신은 어느 지위에 있든지 원칙과 공정을 준수했다. 자신에게 불리해도 불의와 타협하지 않았다. '우리가 남이가?', '좋은 게 좋은 거!'라는 소위 사회적 관행에 따르지 않은 것이다. 오히려 너무(?) 정직하여 '모난 돌이 정 맞는다' 식의 불이익을 당하기도 했다.

이순신은 28세에 정기적인 과거 시험 무과에 처음 응시하였다. 대부분 20대 초반에 응시하는 관례에 비하면 늦은 나이다. 거기다 말이 넘어져 낙마하는 통에 다리가 부러졌고 과거에 불합격되었다. 그 후 다시 4년 뒤인 1576년 2월, 남보다 10년이나 늦은 늦깎이로 재응시하여 29명 중 중간 정도인 12등으로 합격하였다. 성적도 분명히 뛰어난 수준이 아니다. 합격 후 다른 동기생들이 이런저런 인맥과 뇌물로 소위 '꿀 보직', '노른자위 보직'으로 속속 발령받아 갔다. 매관매직이 성행한 시대이기도 했다. 그러나 남들은 어쨌거나 순신은 아무런 공작도 안 했고, 발령도 받지 못했다. 그러므로 주위 사람들이 염려 아닌 염려를 해 주기도 했다.

"자넨 끌어주는 사람도 없나? 부탁할 사람도 없냐고!?

아, 왜 아무개, 아무개를 안다고도 했잖아!?
답답하기는…… 쯧쯧"

그러나 순신은 자신의 의지와 성품에 따라 금품을 싸들고 지인들을 찾아다니며 청탁하지 않았다. 하늘의 절대자에 대한 믿음으로 천리天理를 따르기 때문이다.

한 해가 다 끝나는 12월이 되어서야 함경도 동구비보童仇非保란 곳에 최말단 종9품의 권관으로 발령을 받았다. 구비는 큰 산의 굽이를 말하고, 보는 당시의 군 전초기지를 뜻한다. 이곳은 오지의 대명사인 삼수갑산三水甲山 바로 그 지역이다. 백두산에서 멀지 않은, 조선의 북쪽 끝 가장 후미진 벽지로 산세가 험하고, 겨울 추위도 길고 심하다. 물론 기방도 기녀도 없다. 동시에 유배지로도 유명한데, 더구나 이곳의 유배자들은 대다수 살아 나오지 못했다. 그래서 "삼수갑산을 가더라도 먹고나 보자!"라는 속담도 생겨났다.

이와 같이 초라한(?) 순신의 초창기 모습을 보고 그를 아는 지인들, 예를 들어 유성룡이나 원균을 포함한 선배, 동료 군관들이 그를 대수롭지 않게 여겼을 수 있다. 그러나 순신 자신은 모든 일을 하늘에 맡기고 오직 임무에 충실하였다. 깊은 산의 적막 속에 그는 책을 읽고 깊이 생각했다. 자연의 삼라만상과 인간 역사의 흐름을 관찰했다. 그런 그에게 하늘로부터 감동과 계시가 임한 것이다. 이러한 것들이 그로 하여금 경박스러운 인간사회의 희비애락을 더욱 초탈하게 했다.

가. 정 맞기 1: 한양 훈련원에서

함경도 동구비보에서 임기를 마친 34세의 이순신은 1579년 2월 서울의 훈련원 종8품 봉사奉事로 임명되었다. 훈련원은 일종의 교육부대로서 군사들의 교육과 훈련 그리고 인사에 관한 사항을 관장하였다. 이곳에서 이순신의 임무는 군졸들의 행동기록을 조사 검토하여 승진자와 탈락자의 명단을 제출하는 것이었다. 그러면 상급자가 이를 확인하여 승진 여부를 결정한다. 당시의 직속상관은 정5품의 병부정랑 서익徐益(1542~1587)이란 선배 장교였다. 순신보다 나이가 세 살 연상인 그는 패기만만한 장수로 군, 관계의 인맥도 넓다.

어느 날 서익은 자신의 친지 한 사람을 승진자 명단에 포함시킬 것을 순신에게 지시했다. 당시 신분사회에서는 이러한 정실인사가 관행이기도 했다. 현재 대한민국에서도 세습되는 개신교 대형 교회에서 다반사로 일어나고 있다.

이번 경우에도 원칙과 규정에 따른다면 거론된 사람이 탈락되어야 한다. 이순신이 다시 검토해 보아도 결과는 마찬가지였다. 순신은 좌우간 결단을 내려야만 했다. 도도히 흐르는 관행의 물결에 조용히 따를 것인가? 아니면 거스를 것인가? 누구에게 물을 수도 없다. 젊은 군관 순신은 홀로 남모르는 갈등에 빠졌다. 안면몰수하고 곧이곧대로 규정을 준수할 것인가, 아니면 인화 단결을 위해 융통성을 발휘할 것인가? 밤하늘 저 멀리, 별처럼 떠 있는 정의라는 것을 차갑게 따를 것인가, 아니면 매일 얼굴을 맞대고 동고동락해야 하는 직속상관의 요구에 따듯하게 부응할 것인가?

순신은 밤하늘을 올려다보았다. 무수히 많은 별이 빛난다. 유성이 흐르고 반짝이는 별들은 노래를 한다. 태고에 시작된 별들의 합창은 오늘도 순신의 귓전에 맑은 시냇물 소리처럼 울리고 있다. 그리고 광활한 천지를 운행하시는 조물주의 숨결이 귓가를 스치는 듯했다.

'하늘님이시여, 천지와 역사의 주인이시여,
땅 위의 나라들과 임금들은 흥하고 망하며 흘러가고 있나이다.
이 나라, 조선의 백성을 굽어보아 주소서!
저희에게 평화와 번영을 허락하소서!
제게 부여된 임무를 충실히 수행하게 하옵소서!
그런데 충실한 임무 수행이란 어떤 것인가요?
어떻게 해야 임무를 충실히 수행할 수 있는 것인가요?'

순신은 인간 역사에서 끊임없이 부침하는 나라들의 운명을 보았다. 나라가 부패하면 무엇보다 백성들이 고통을 받으며 결국에는 왕과 나라 모두 망했다.

부패란 무엇인가?
법과 정의를 무시하고 개인들이 임의로 행하는 것 아닌가!?
그렇다면 하늘과 나라의 명을 받은 나, 군관 이순신의 길은 어디에 있는가?

날이 밝자 말단 군관 이순신은 직속상관인 서익에게 규정을 들어 인사 청탁의 지시에 따를 수 없다는 보고서를 올렸다.

아래 있는 사람을 이유 없이 끌어올리면在下者越遷
마땅히 승진되어야 할 사람이 천거되지 못할 것이니則應遷者不遷,
이것은 공정하지 못하고 법을 바꿀 수도 없습니다是非公也 且法不可改也.

초짜 부하 군관의 예상치 못한 항명에 서익은 내심 적잖이 놀랐다. 그리고 말보다 주먹이 먼저 나가고, 칼부터 빼 드는 무골의 기질에 따라 왈칵 분노가 치밀었다.

'아니 이놈이, 지금 무슨 말을 하는 거야, 못하겠다고?
감히 내 말을 거역하겠다고!?
새로 온 새까만 말단 주제에, 뭐? 못한다고!?
허 참, 어이도 없어라!'

서익은 순신을 불러들였다. 그리고 위엄 있게 의자에 팔을 괴고 앉아 뜰아래 서 있는 종8품의 이순신을 부릅뜬 눈으로 쏘아보았다. 그러면 보통 하급자들은 지레 겁을 먹고 부들부들 떨며 당황해 한다. 그러나 이놈은 다르다. 미동도 없이 서 있는 그는 마치 태산이 내려와 자리를 잡은 듯하다. 짐승이나 싸움꾼들은 정작 싸우기 전에 서로 냄새를 맡으며 먼저 기세 싸움을 한다. 백전노장 서익의 기세도 보통이 아니다. 한데 이 천하의 서익이 자신도 모르게 마른침을 삼켜야 했다.

아무튼 순신의 입장은 확고했고 태도 변화의 여지도 보이지 않았다. 그렇다고 해서 야심 찬 군관 서익도 투박한 감정을 그대로 쏟아내는 위인은 아니다. 그는 분노를 억누르고 평소의 차분한 음성으로 간단히 결론을 지었다.

아, 그런가!?
알겠네, 뭐, 없던 일로 하지.
그만 가 보게!

역시 잔뜩 긴장했던 순신의 등에도 한줄기 진땀이 흘러내렸다. 전쟁터에서 적군을 퇴치하거나 범법자를 체포하는 것도 쉬운 일이 아니다. 그러나 평소 가만히 있는, 누구나 다 아는 규정을 지키는 일도 그 못지않게 어렵다는 것을 젊은 군관 이순신이 새삼 경험했다. 아무튼 의외로 쉽게 수긍한 것 같은 상관 서익의 태도에 우선 안도의 숨이 절로 나왔다. 예를 올리고 물러 나오는 순신의 마음은 허탈했다.

그러나 자신이 능멸당했고 사람들 앞에 체면이 깎였다고 생각하는 서익의 속마음은 정말 없던 일로 할 수가 없다. 실제로 뒷얘기 좋아하는 사람들 중에 "정5품이 종8품에게 굴복당했다"라는 뒷소문이 훈련원을 중심으로 쉬쉬하며 나돌았다. 분노한 서익의 마음속에는 욕설과 저주가 서로 꼬리를 물고 맴돌았다.

'뭐, 공정치 못하다!? 법을 바꿀 수 없다!?
아, 제깟 놈이 뭐야!?
군대에서 하라면 하는 것이고, 까라면 까는 것이지!
한데 내가 승진을 약속했던 그 사람에겐 뭐라 변명하지? 이것 참……
네 이놈, 순신이, 두고 보자!
네가 그렇게 공정하고 원칙을 준수한다고!?
오냐! 그래! 어디 두고 보자!'

과연 그의 첫 번째 보복은 이순신이 부임한 지 8개월 만에 면직되는 인사 조처로 이루어졌다. 그때나 지금이나 말단 장교가 소정의 임기를 무탈하게 마치는 것이 정상이고 바람직하다. 조선시대의 기본법전이라 할 수 있는『경국대전經國大典』에도 일단 봉사 직책을 맡으면 2년의 임기를 채우게 되어 있다. 그러므로 순신의 조기 퇴출은 예외적이다. 그럼에도 불구하고 이순신에 대한 사회적 평판이 모두 나쁜 것만은 아니었다. 드러내놓고 말은 하지 않지만, 시궁창의 오수처럼 악취 나는 적당주의 사회에서 그의 꿋꿋한 기개는 바위틈에 흐르는 맑은 샘물 같기도 했다.

나. 정 맞기 2: 발포 만호 시절

다시 무보직으로 1년을 지나고 이듬해인 1580년 7월 이순신은 전라좌수영 관할인 발포의 수군만호水軍萬戶에 임명되었다. 발포는 현재 전라남도 고흥반도 남쪽 도화면의 해안지역이다. 그러니까 이번 임지는 조선반도 남쪽 끝 벽지다. 그러나 앞바다에는 다도해의 아름다운 풍경이 펼쳐져 있다. 만호는 현재의 중령에 해당하는 종4품의 관직이다. 그러니까 지난해의 종8품에서 무려 8계급이 상승한 특진이다. 아마 이번에도 다른 적임자들이 머나먼 남쪽 끝 오지(?)로의 부임을 좌천이나 귀양이라 생각하며 기피했을 수도 있다. 그러나 이순신은 그 위치가 어디건 나라의 명이라면 지옥의 끝이라도 달려갈 마음이었다.

만호는 외침에 대한 방어와 안전을 책임지는 지역 사령관이며 비교적 자유롭고 어느 정도 재량권을 행사할 수도 있다. 아무튼 이순신의 바다와의 첫 만남이기도 했다. 직속상관은 전라좌수사 성박成鎛이었다.

그러나 이곳에서도 상관과의 갈등이 불거졌다. 발포 관사에는 오래된 아름드리 오동나무가 자라고 있었다. 수십 년 풍상을 이겨온, 높이 10m 이상 되는 우람한 나무였다. 원래 오동나무는 빨리 자라 재질이 가볍고 연하여 가공이 쉽다. 그러나 잘 틀어지지는 않고, 습기에 강하고 불에도 잘 타지 않는다. 더구나 무늬가 아름다워서 장롱, 경대

등 고급가구, 그리고 특히 거문고, 가야금 등 악기의 재료로 사용되고 있다. 왜구들은 이것으로 나막신을 만들어 신었다. 아무튼 이 나무를 칭송하는 가사도 있다.

오동은 천년을 늙어도 가락을 잃지 않고桐千年老恒藏曲,
매화는 일생 추워도 향기를 팔지 않는다梅一生寒不賣香.

오동추야梧桐秋夜 달 밝은데 님 생각이 절로 나고,
오동추야梧桐秋夜 달이 밝아 오동동梧桐動이냐!?

어느 날 만호 순신이 관사에서 집무에 열중해 있을 때 한 전령이 앞에 와 섰다.

"아뢰오, 좌수사께서 말씀하시길 저 오동나무를 베어 보내라 하셨소."
"저 오동나무를??? 무엇에 쓴다 하시더냐?"
"저것으로 좌수사 영감의 거문고를 만든다 하오."
"뭐, 거문고라!?"
"그렇소, 거문고의 재료로는 오동나무가 제일 아니오니까!?"

순간 순신은 멈칫하지 않을 수 없었다. 그대로 명을 내려 나무를 베어 보낸다면 좌수사는 물론 앞에 서 있는 전령도 만족할 것이다. 그리고 앞으로의 대인관계도 매끄러울 것이다. 지난번 서울 훈련원의 서익에게 경험했던, 그러한 불편한 관계는 다시 재연되게 하고 싶지 않다. 그러나 신임 만호 순신의 마음은 또다시 남모르는 갈등에 빠졌다.

'이 오동나무는 관사의 뜰에 있는 나라의 물건 아닌가!?

엄연히 공물이고 백성들의 재산인데, 아무리 좌수사라 하더라도
사사로운 용도로 베어 갈 수는 없는 것 아닌가!?
또 지금까지 관리들이 관청이나 서원의 나무들을 사사로이 채벌하여
불이익을 당하고 사회적으로 문제된 일들도 있지 않은가!?
과연 이처럼 지위와 직급을 이용해 공물과 공금이 임의로 유용된다면
나라의 근본이 무너지고, 결국 어떻게 되겠는가!?'

이번에도 순신은 외롭게 좌우간의 결단을 내려야 했다. 그러나 이번의 결단 역시 '누이 좋고 매부 좋은' 사회적 관행을 거스르는 것이었다.

"이보게, 전령, 가서 좌수사 영감께 아뢰게!
이 오동나무는 나라의 공물일세此乃公家物也.
그리고 여러 해 동안 자라 왔네栽之有年.
이것을 하루아침에 사사로이 베어버릴 수는 없네一朝伐之不以公而以私可乎.
가서 그렇게 잘 말씀을 올리게!"

보고를 받은 좌수사 성박 역시 분노가 끓어올랐다. 그러나 이 문제를 더 이상 추궁할, 또 추진할 명분도 없다. 그러나 그의 분노는 이순신에 대한 험담으로, 그리고 훗날 인사평가에서 부정적인 영향으로 나타났다. 아무튼 오동나무 사건은 이렇게 끝났지만 이에 대한 뒷소문도 조용히 퍼져 나갔다.

오늘도 발포마을에는 실제로 한 노거수가 서 있고, 그 나무 아래에는 '이충무공 머무시던 곳'이란 비석이 세워져 있다. 이 나무가 혹 그 오동나무의 적통 후예인지는 모르나 이곳을 찾는 충무공의 유적 답사객들은 어쨌든 반가워한다.

그러나 2년 전 서울 훈련원에서 맺어진 이순신과 서익과의 악연은 이곳 전라도 발포까지 이어졌다. 서익이 군기경차관이라는 임시 검열관으로 임명되어 발포로 내려온 것이다. 벼르던 원수를 외나무다리에서 만난 것이다. 이순신은 고양이 앞에서 구석에 몰린 쥐의 신세다. 직속상관인 좌수사 성박도 결코 공정하거나 우호적이지 않았다. 그리고 서익은 성박의 동의하에 정말로 규정과 원칙을 철저하게 심층 확대 응용 원용하여 군기 상태 불량이라는 결론을 조정에 보고했다. 이순신은 즉시 파직되어 1년 8개월 만에 또다시 불명예 퇴직을 당했다. 서익은 성박과 함께 쾌재를 부르며 새삼 자신들의 존재감에 대한 뿌듯한 자부심을 느꼈다.

이와 같이 조기 파직된 이순신은 얼마 후 훈련원에 다시 복직되긴 했으나 부친 이정李貞의 사망으로 아산 자택에서 삼년상을 위한 휴직에 들어갔다.

다. 정 맞기 3: 녹둔도 둔전에서

부친상을 마친 이순신은 1586년 1월 다시 함경도로 배치를 받았다. 이번에는 조선반도의 북동쪽 끝부분인 경흥 조산의 만호가 된 것이다. 조산 만호는 녹둔도鹿屯島의 둔전을 함께 관리했다. 녹둔도는 두만강 하구에 있는 외딴섬으로, 여의도의 4배 크기이며 땅이 비옥하여 당시 군량 확충을 위한 둔전으로 개간되었다. 이곳이 현재는 러시아의 영토로 되어 있다. 조상이 물려준 땅을 후손들이 두 눈을 멀뚱멀뚱 뜨고서 거저 빼앗긴 것이다.

당시 가을 수확 철이 되면 여진족의 약탈이 잦았다. 그러나 이를 지켜야 하는 조선의 군졸은 턱없이 부족했다. 그래서 이순신은 직속 상관인 함경북도 병마절도사(북병사) 이일李鎰(1538~1601)에게 상황에 대한 소상한 설명과 함께 군사 충원의 불가피성을 수차례 건의하였으나 매번 묵살되었다.

이듬해 가을 조선 군사들은 대부분 언덕 위에서 벼를 거두고 있었다. 그리고 소수의 초군이 섬 하부의 목책을 지키고 있었다. 그때 여진의 병력이 들이닥쳤다. 중과부적의 경황없는 상황에서 이순신은 왼쪽 허벅지에 화살을 맞고도 분투하여 적장들을 죽이고 끌려가던 조선 백성 60여 명을 구출하였다. 그리고 녹둔도가 적의 수중에 떨어지는 것을 막았다. 그러나 조선의 피해도 적지 않았다. 조선 초군 10여 명이 전사했고 백성 160여 명이 피랍된 것이다. 북병사 이일은 이 사건을 일방적 패전으로 규정하고 이순신을 참수하여 상황 판단에 대한 자신의 오류를 덮으려 했다. 그러나 이순신은 의연하고 당당했다. 양심에 전혀 거리낌이 없기 때문이다.

> 이것은 그동안 제가 올린 보고서들입니다.
> 조정에서 이 내용을 안다면 제게 물을 죄가 없다고 할 것입니다.
> 저는 사전 보고서를 올렸고, 예고된 상황이 발생했을 때는
> 힘써 싸워 적을 물리쳤고 우리나라 사람들을 되찾아왔습니다.
> 그럼에도 패배로 단정하는 것은 있을 수 없는 일입니다.

전쟁과 지략에 있어서 이순신이 중국의 제갈공명에 비견됨은 재론의 여지가 없다. 과연 이순신의 지혜와 해박한 병법 지식으로 보아 그의 보고서는 완벽했을 것이다. 이번 사태에 대해서도 분명한 사전

조짐과 높은 발생 가능성, 침략군의 규모, 시기, 경로, 또 이에 대비할 최소한의 아군 수, 그뿐만 아니라 대비하지 않을 경우의 피해 상황까지도 정확하게 제시했을 것이다.

그러나 북병사 이일은 이순신의 보고서들을 제대로 읽을 경황이 없었다. 변방의 지휘관으로서 나름대로 분주했고 저녁이면 술과 여흥으로 하루의 피로를 풀었다. 설혹 읽었다 하더라도 상황이 이해되지 않고, 그 심각성도 느끼지 못했을 것이다. 그러므로 그동안 무대책으로 일관했고, 지금도 할 말이 없다. 그러나 이번의 엄중한 사태를 간단히 없던 일로 할 수도 없다. 누군가는 책임을 져야 한다. 그렇다고 한 조선 장수의 목을 자기 임의로 벨 수도 없는 노릇이었다. 결국 순신을 하옥시키고 조정에 자기의 소견서를 올렸다.

이에 당시의 왕 선조는 단순 패배가 아니라 하며 "이순신에게 장형을 집행한 후 백의종군으로 다시 공을 세우게 하라!"는 명을 내렸다. 왕에게는 북쪽 한 변경의 일에 아무런 감흥도 일어나지 않는다. 단지 소모품에 불과한 신하들을 관리하여 자신의 안전만 도모하면 된다. 그러므로 당장 한 장수의 목을 베어 버리는 것은 손실에 불과하다. 그렇다고 아주 없던 일로 하여 변방지휘관의 사기를 꺾을 필요도 없다. 신상필벌의 관행과 자신의 권위도 지켜져야 한다.

그래서 선조가 내린 결론이 이순신에 대한 장형과 백의종군이었다. 신하 장수들의 건강상태에 대해서는 더욱 아무런 관심이 없다. 결국 이순신은 화살 맞아 뚫린, 피고름 엉긴 다리에 다시 옥리로부터 모진 장형을 맞고 첫 번째 백의종군의 몸이 되었다. 이때 순신의 신체는 망가져 타고난 건강은 쇠하기 시작했다.

3

"자족하기를 배웠노니"

이순신은 근면 검소했고 자신의 분수를 알아 자족할 줄 알았다. 그가 충청 병사의 군관이 되어 홀로 관사에서 생활할 때 그의 방에는 옷과 이불만 있을 뿐 다른 아무것도 없었다. 휴가를 얻어 부모님을 뵈러 귀향할 때에는 반드시 남은 양식을 양곡 관리 담당자에게 돌려주었다. 입신양명을 위해 권력 실세들과 의도적으로 가까이하는 일도 당연히 없었다.

> 어떠한 형편에든지 나는 자족하기를 배웠노니
> 비천에 처할 줄도 알고, 풍부에 처할 줄도 알아
> 모든 일, 곧 배부름과 배고픔과 풍부와 궁핍에도 처할 줄 아는
> 일체의 비결을 배웠노라. (빌 4:11-12)

가. 낯선 중매인의 방문

한양 훈련원에서 면직되기 전 이순신에게 한 낯선 중매인이 찾아왔다. 그는 당시 병조판서 김귀영金貴榮의 한 서녀庶女를 순신의 소실로

중매하기 위해 온 것이다. 김 판서는 명망 있는 대신으로 후에 우의정을 지내기도 하였다.

한데 그의 이 딸은 적자가 아니므로 당시 신분사회에서 양반댁의 정식부인으로 출가할 수는 없다. 이러한 적서 차별에 의해 서얼들은 보통 태생적 열등의식에 빠질 수 있으나 그녀는 천성이 밝고 사랑스러웠다. 또한 그녀의 미모가 뛰어나 장안의 남정네들이 군침을 삼키고 있는 참이었다. 병조판서는 자기의 사랑하는 이 딸을 인품이 반듯한 사람에게 출가시키기를 원했던 것이다.

병조판서는 정2품으로 현재의 국방부 장관에 해당한다. 그러므로 조선의 군인, 특히 말단 군관이라면 앞으로의 승진을 위해서도 그의 사위가 되는 것을 마다할 리가 없다. 미인도 얻고 출세도 보장받아 '꿩 먹고 알 먹는' 행운이기도 하다. 아무튼 이순신도 자기에게 우호적인 판서에게 먼저 고마운 마음을 갖지 않을 수 없었다. 그러나 순신은 매사에 신중했다.

> 혼인은 가정을 이루는 인륜대사 아닌가!?
> 나에겐 이미 현숙한 정실부인 방씨와 소실 오씨
> 또 자녀들도 있지 않은가!?
> 그리고 현재 내 수입으로 현재의 식구를 부양하는 것도 벅차지 않은가!?
> 더구나 권세가의 집에 의지하고, 또 출세도 하려는 것은 부끄러운 일 아닌가!?

이번에도 순신은 결론을 내려야 했다. 그것은 다시 자신의 양심과 순리를 따르는 것이다. 상대방의 호의를 거절하는 그의 태도 역시 정중했다.

"말직인 소인을 찾아 주시어 감사합니다.

그러나 소인의 입장을 분명히 말씀드려야 하겠습니다.

제겐 이미 자녀들을 낳아 기르는 본처와 소실이 있습니다.

그럼에도 제가 또, 더구나 판서 어른의 사위가 된다고 하는 것은

결국 말직인 제가 출세를 위해 권세가에 의탁하는 것이라 볼 수도 있습니다

吾初出仕路오초출사로 豈宜托跡權門謀進耶개의탁적권문모진야.

죄송하지만 판서 어른께 이러한 소인의 충심을 잘 말씀드려 주시기 바랍니다."

이 말을 전해 들은 병조판서 역시 이순신에 대한 자신의 판단이 옳았음을 알고 그를 더욱 신뢰하게 되었다. 이 경우에 적용되는 말이 있다. "영웅이 영웅을 안다."

나. 문중 어른의 초청

발포 만호에서 무고히 파직되었을 때 이순신은 억울하고 분하여 당장 어디 가서 한풀이라도 하고픈 심정이었을 것이다. 그러던 참에 마침 당시 이조판서였던 율곡 이이李珥(1536~1584)가 이순신의 성품을 듣고 유성룡柳成龍(1542~1607)을 통해 만나기를 원했다. 율곡은 덕수 이씨로 순신과 같은 문중이고, 순신보다 아홉 살이 많았지만 항렬로는 먼 조카뻘이 된다. 그리고 이조판서는 관리들의 인사를 담당하는 정2품의 높은 벼슬로서 관계에서 영향력이 크다.

유성룡은 현재의 서울 중구 인현동인 건천동(마른 내)에서 이순신, 또 원균元均과도 함께 어린 시절을 보낸 고향 친우이기도 하다. 이순신보다 세 살 많고, 순신의 바로 위 형 요신堯臣과 동갑이다. 그리고 율곡의 뜻을 전할 당시 유성룡은 임금께 조언을 올리는 사간원이란

관청에 근무하고 있었다.

"이보게, 여해汝諧, 그간 어떻게 지냈는가?
부모님과 댁내 두루 평안하시고?
율곡 어른께서 자네를 한번 보았으면 하시네."

여해는 이순신의 이름 대용으로 쓰는 자다. 순신에게는 자신의 상황과 심정을 토로할 절호의 기회이기도 했다. 그러나 이때도 순신은 다시 신중하게 생각했다.

'나는 지금까지 나라에 충성하기 위해 분투해 왔고,
또 무엇보다 양심에 따라 의로운 길을 가려고 했다.
그런데 의로움이란 무엇일까?
내가 율곡을 만나는 것이 전혀 부도덕한 일은 아니다.
그럼에도 나의 마음이 기쁘지 않고, 오히려 불편한 것은 왜일까?
만나게 되면 나의 근황과 진로에 대한 이야기가 나올 것이다.
그런데 누구든지 자기 주관이 있는 사람이라면
자신의 진로를 한 유력자에게 의탁하는 것은 부끄러운 일 아닌가!?
그렇다! 내가 율곡 어른을 뵙더라도 다음에 뵐 일이다.'

순신은 다정한 친형과도 같은 유성룡에게 자신의 속내를 이야기했다.

"서애西厓 형, 바쁜 중에도 이 아우를 생각해 주어 고맙습니다.
판서 어른께도 고마운 마음입니다. 그분을 찾아뵙고 인사도 올려야지요.
그러나 제가 그분을 뵙더라도 그분이 벼슬 주는 대신으로 계실 때는 아닙니다.
서애 형은 이 아우를 이해하시겠지요!?"

서애는 유성룡의 호다. 유성룡은 어려서 함께 자라며 순신의 정직함과 지혜로움을 이미 알고 있었다. 그가 『징비록』에 다음과 같이 이순신을 묘사하고 있다.

> 순신의 인품은 말과 웃음이 적고, 용모는 단아하여舜臣爲人 寡言笑 容貌雅飭 마치 수양하며 근신하는 선비와 같으나 가슴엔 담력이 있다如修謹之士 而有中膽氣.

다. "그 화살통, 내게 줄 수 없겠나?"

이순신은 힘이 세고 몸이 빨라 무인의 자질을 타고났다. 자신도 이를 알고 무인이 된 것이다. 그는 팔 힘도 세고 무엇보다 활쏘기를 좋아했다. 그의 장인인 방진方震 또한 무인으로 뛰어난 궁수였다. 아직 총이 없던 당시에는 활이 무기 중에 으뜸이었다. 먼 거리의 적을 비교적 적은 힘으로 그것도 순식간에 제압할 수 있기 때문이다. 침착하고 집중력 또한 뛰어난 그의 성격에도 맞았다. 그래서 그는 시간만 나면 홀로, 또 다른 사람들과 함께 활쏘기를 했다. 청명한 날뿐 아니라 눈, 비, 바람 속에서도, 또 어두운 저녁에도 그의 단련은 줄기차게 이어졌다.

활시위에 화살을 걸고 과녁을 노려볼 때면 무아의 경지에 이른다. 걱정도 근심도, 불평불만의 아우성도 사라진다. 희로애락의 물결도 잔잔해진다. 부드러운 바람이 얼굴을 스치면 마치 어머니의 손길과도 같다. 그리고 온몸과 마음이 과녁에 집중된다. 순간 화살은 이미 목표에 당도해 있다. 사냥 중에 화살을 맞고 퍼들거리는 토끼나 노루를 볼 때면 기쁨보다 슬픔이 앞서지만 냉혹한 현실에서 다시 다음 표적을 찾아야 한다.

그 결과 이순신은 주몽과 이성계에 버금가는 명궁수가 되었다. 알에서 태어났다는 주몽은 일곱 살 때부터 활을 자유자재로 다뤘다고 한다. 이성계는 강 건너 있는 왜적들의 왼쪽 눈만 쏘아 맞혔다고 한다. 이순신 전문가들에 의하면 그의 명중률이 80%로 십중팔구라 할 수 있다.

그런 그에게는 화살통이 하나 있었다. 활에 일가견 있는 이순신이 아마도 직접 도안하여 제작한 것 같다. 우선 소가죽 재질이 견고하고, 어깨에 간편하게 멜 수도 있어 들판을 달리며, 또 말 등 위에서도 편리하게 화살을 꺼내 쏠 수가 있다. 거기다 모양과 문양도 멋져서 활 쏘는 사람이라면 누구라도 탐낼 만한 것이었다.

훈련원에 복직된 이순신이 어느 날 습관적으로 활터에 나와 있었다. 그때 그곳에는 역시 활 애호가인 병조판서 유전柳琠 대감이 함께 있었다. 그런데 그가 순신의 화살통을 보자 눈을 번득이며 자기에게 줄 것을 요청했다. 정식으로 뜸을 들이며 진지하게 요청한 것이 아니라 활터의 호쾌한 분위기에 누구라도 부담 없이 찬사를 곁들여 한번쯤 해 볼 수 있는 말이기도 하다. 성격이 활달한 무인들의 경우는 더욱 그렇다.

"여보게 젊은 군관, 자네의 전통箭筒 하나 좋구먼!
아주 멋져, 멋지단 말이야!
한데 그것 내게 줄 수 없겠나?"

주위 사람들은 빙그레 웃으며 호기심 어린 눈으로 두 사람을 곁눈질했다. 그러나 막상 순신의 입장에서는 높으신 대감의 말씀을 완전히 무시하거나 함께 그냥 웃어넘길 수도 없다. 보통사람은 이것을 기회 삼아 전통을 주고 판서와 친밀한 우호관계를 맺을 수도 있다. 순신에게도 전통이 아무리 좋더라도 집착의 대상이 될 수는 없다. 그러나 그 순간 순신의 마음속엔 다시 벼린 칼 같은 분별감이 번득였다. 잠시 후 온화하면서도 단호한 음성이 미소 띤 순신의 입에서 공손하게 흘러나왔다.

"대감, 그렇게 좋게 보아주시니 광영이옵니다.
이 전통 하나 드리는 것은 소인에게 전혀 어렵지 않사옵니다.
하오나……
하오나 세간 사람들은 대감께서 이것 받으시는 것을,
또한 소인이 이것을 대감께 드리는 것을 어떻게 생각할는지 모르겠습니다.
혹 서로 뇌물을 수수했다는, 불순한 구설수에 오를까 두려운 것입니다."

오랜 세월 관계를 누벼온 판서 유전 역시 즉시 상황 파악이 되었다. 그리고 또한 분명한 태도로 미련 없이 상황을 종결하는 그의 입가에도 신뢰와 친근의 미소가 번졌다.

"과연, 그대의 말이 옳도다!"

빙그레 웃으며 두 사람을 곁눈질하던 주위 사람들의 얼굴에도 안도의 미소가 번졌다. 의가 살아 숨 쉬면 사람의 마음이 평안해지기 때문이다.

4

전라좌수사가 되다

가. 늘어진 소불알에 눈 폭풍이

1591년 왜구의 조선에 대한 대규모 침략의 징후가 뚜렷해졌다. 그러나 조정의 당파 간 의견은 엇갈렸고, 왕의 입장 또한 애매했다. 그러나 좌의정 유성룡은 사태의 심각성을 인식하고 47세의 이순신을 왕에게 천거하여 2월 종3품의 전라좌수사로 임명했다. 당시 조선은 바다에서의 침략을 대비하여 경상 좌, 우도, 전라 좌, 우도, 충청도 그리고 경기도에 각각의 수영을 운영하였다. 전라좌수영은 본부가 있는 여수를 비롯하여 5관關(순천, 흥양, 광양, 낙안, 보성)과 5포浦(사도, 여도, 녹도, 방답, 발포)의 행정구역으로 구성되어 있었다.

그때 이순신은 종6품의 정읍 현감이었으므로 무려 여섯 단계를 뛰어넘는 파격 승진이었다. 따라서 파벌과 신료들의 반발이 당연했다. 그러나 왕은 비상시국에 대비한 특단의 조치라 하며 그들을 무마했다. 이 발탁은 조선 전체는 물론 왕 자신을 위해 천운이기도 했다. 어떤 사람은 조선을 사랑하시는 하나님의 섭리라고 한다.

아무튼 지휘관이 된 이순신은 의를 위한 자신의 의지를 더욱더 새롭게 했다. 의로움은 이제 자기 개인의 차원을 넘어 부대 전체에 살아 숨 쉬어야 한다. 이것은 전라좌수영의 장졸들도 종래의 타성에서 깨어나야 함을 의미했다. 그러나 이것은 또 그들의 불만과 불평을 야기하기에 충분하기도 했다. 특히 당시 수영의 기존 인적 구성도 단순하지 않았다.

무엇보다 각 구역을 관장하는 예하 장수들의 직급과 연령이 대부분 이순신보다 많거나 같았다. 예를 들어 광양 군수 어영담魚泳潭은 13년, 낙안 군수 신호申浩는 6년, 녹도 만호 정운鄭運은 2년 연상이었고 모두 무과 선배들이다. 그러므로 좌의정의 줄을 타고 갑자기 상관으로 나타난, 별 볼 것 없는 어린 후배에 대하여 친밀감보다 먼저 거부감이 들었을 것이다. 또한 이제까지 안일한 병영생활에 익숙했던 병사들도 불평하며 의식, 무의식적으로 저항할 수 있다. 이것이 어쩌면 한여름 축 늘어진 소불알에 갑자기 눈 폭풍이 닥친 것 같기도 했다. 그러나 그날 이후 전라좌수영의 분위기는 계절의 변화처럼 쇄신되어 갔다.

우선 예외 없는 징집과 가혹할 만큼의 엄정한 군기, 그리고 강도 높은 군사적 맹훈련으로 부대는 잠에서 깨어나 실전 태세를 갖추기 시작했다. 이순신은 여기에 그치지 않았다. 보유된 군선과 무기들을 정비, 제조 확충하고 전쟁 물자들을 조달하고 비축했다. 그뿐 아니다. 지금까지 '있지도 않은' 거북선이란 전투선을 자료를 뒤져 새로 설계하여 만들었다. 다른 사람들이 '있는' 배도 정비하지 않고 유사시에 무용지물로 만드는 것과 정말 대비된다. 이순신이 거북선의 첫 운항과 시험 발사에 성공한 것이 1592년 4월 12일로 왜적이 부산 앞바다에 모습을 드러낸 바로 하루 전이다.

이순신 본인의 근면에 대해서도 더 말할 것이 없다. 깊은 상처와 장형으로 찢기고 부서진 몸에는 기운이 썰물처럼 빠지며 밀물처럼 피로가 밀려왔다. 그러나 엄격한 군기를 선도함에는 추호의 빈틈이 없었다. 세기의 명장 이순신에게는 임박한 왜란이 분명하게 감지되었기 때문이다. 그의 망막에는 이미 악귀 왜적들이 살벌한 칼춤을 추었고, 고막에서는 그 악귀들의 찢어지는 고함 소리가 울렸다. 그러므로 누워 쉬어야 한다는 부하들의 권고도 일축했다.

"적과의 결전이 눈앞인데 장수 된 자가 어찌 누울 수 있는가!?"

과연 4월 13일 오후 삼십여만 명의 악귀 왜적들이 부산 앞바다에 들이닥쳤다. 정작 이 지역의 방어책임 수군은 경상 좌, 우수영이었으나 이곳의 수사들은 보유했던 군선들을 모두 내버리고 그대로 뺑소니를 쳤다. 그리고 이순신의 전라좌수영에 출전 명령이 당도한 것은 열흘도 더 지난 4월 27일이었다. 명을 받은 전라좌수군은 담당 지역을 넘어 경상도 거제도의 옥포, 당포, 한산도 등지의 왜적들을 차례로 쳐 무찔렀다. 그리고 조선 바다의 효과적인 방어를 위해 수영을 동쪽으로 이동해 경상남도 통영의 한산도로 옮겼다. 다음 해 8월, 왕 선조는 이순신을 삼도수군통제사로 임명했다.

나. 지휘관의 대의를 세우다

이순신은 이제 공식적으로 조선 수군 전체와 나라를 위한 대의를 실천해야 한다. 대의란 무엇인가? 그것은 민의民意고 백성의 안위다. 그는 공동체의 관리와 화합을 위하여 운주당運籌堂이라는 지휘소를 건립했다.

운주당은 그러나 엄숙한 지휘소라기보다 독서실이고 열린 소통의 공간이다. 지위와 신분을 초월하여 군졸과 백성 모두에게 개방되어 있다. 밤낮 언제든지 군대뿐 아니라 개인과 사회의 모든 문제를 자유롭게 이야기한다. 딱딱한 군례보다 부드러운 분위기 속에 대화가 진행되며 술잔도 기울이고 바둑도 둔다. 그러면서 피아彼我의 상황, 복잡한 남해안과 섬들의 지형, 기후와 조류 등에 대한 정보도 나누고, 또 사람들의 마음이 부드러워지고 하나 되는 곳이다.

운주運籌라는 말이 연구하고 계획한다는 뜻이다. 주籌가 옛날 셈할 때 쓰던 막대기로 셈과 계획을 의미한다. 오늘의 한국인들도 전자계산기가 나오기 전에는 주판籌板을 사용했었다. 기업, 관공서 등의 회계업무에 주판이 필수적이어서 많은 사람들이 주판을 열심히 연습하기도 했다. 실수가 많은 사람에게는 '주책籌策이 없다'고도 한다. 그래서 이순신은 주책을 얻기 위해 운주당에서 함께 머리를 맞대고 대화하며 연구했던 것이다.

또한 이순신은 엄정한 신상필벌로 대의를 세웠다. 특히 백성에 대한 군졸들의 행패를 엄히 징계하였다. 직무유기, 명령 불이행 등 근무태만도 엄격하게 다스렸다. 군문에서 도망하거나 자발적으로 적을 도와준 경우는 사형에 처했다. 1592년 1월 16일부터 1598년 9월 23일까지 약 7년간 그의 『난중일기』에는 114회, 『임진장초』에는 6회의 징계 사례가 적혀 있다. 이 중 징역, 감금 외 곤장이 39회, 사형은 26회였다. 그러니까 매 분기 1명을 처형한 셈이다. 도망병은 끝까지 추적하여 그의 목을 베어 장대에 높이 매달았다. 1592년 5월 3일 첫 출전을 앞두고 탈영하여 빽소니친 여도 군관 황옥천黃玉千이 그 첫 본보기였다.

그러나 3개월에 한 명꼴로, 그간 대면하던 부하들, 가족이 딸린 사랑하는 부하들의 멀쩡한 목을 쳐야 했던 이순신의 마음은 어떠했을까!? 농부가 자신이 기르던 소를 도축하며 느끼는 감정 그 이상임에는 틀림이 없었을 것이다.

동시에 이순신은 부하들의 전공을 하나도 빠지 않고 소상히 기록하여 반드시 보상이 이루지게 했다. 보상에는 벼슬이나 승진을 위한 제도적인 보상과 물품을 하사하는 상품적 보상이 있다. 이러한 보상에 대한 기록이 『난중일기』에 107회, 『임진장초』에 18회로 모두 125회 남아 있다. 그런데 매회의 보상 대상자들이 다수이므로 개별 보상 건수는 더욱 많아 지금 보상자 모두를 정확히 헤아릴 수는 없다.

만일 합당한 보상이 이루어지지 않으면 그 공적을 다시 추적 열거하며 재차 장계를 올렸다. 그중에 충무공과 한글 이름이 같은 방답 첨사 무의공武毅公 이순신李純信(1553~1610)을 위한 2차 장계에 다음의 내용이 있다.

> "방답 첨사 이순신은 변방 수비에 온갖 힘을 다했고,
> 전란이 일어난 뒤에는 더욱 부지런히 힘썼습니다.
> 네 차례나 적을 무찌를 때 반드시 앞장서서 공격했습니다.
> 특히 당항포 전투에서는 왜장을 쏘아 벤 공로가 뛰어납니다.
> 다만 적을 죽이기에 전력하고 목을 베는 일에는 힘쓰지 않았으므로
> 그 연유를 들어 별도로 장계를 올렸었습니다.
> 하오나 이번 포상의 글 중에 홀로 순신의 이름이 들어 있지 않은바
> 모든 사람들이 놀라고 있습니다." (1592년 9월 11일)

전투 중에는 싸우지 않고 이미 죽어버린 적들의 목만, 심지어는

죽은 조선 백성의 목을 베어 자신의 전공으로 보고하는 파렴치한 군졸들도 있었다. 그러나 방답 첨사 순신은 그렇지 않고 정말 힘을 다해 앞장서 싸웠다는 것이다.

왜구의 조총은 그 위력이 대단하여 군사가 다가가기도 전에 총에 맞아 죽으니 속수무책이었다. 그러므로 충무공은 왜구의 것을 능가하는 조선 조총을 자체 개발하였다. 당시는 장인匠人을 천시하던 신분사회였으나 왕에게 올리는 보고문에 장인뿐 아니라 함께 참여한 종들의 이름도 빠짐없이 언급하고 있다. 이 종들은 가문이 없으므로 성도 없다. 그래서 이름만 적혀 있다.

신의 군관 훈련 주부 정사준이
① 대장장이 이필종과 ② 순천의 노비 안성,
③ 피란하여 본영에 있는 김해의 사찰 노비 동지,
④ 거제의 사찰 노비 언복 등을 거느리고 정철을 두들겨 조총을 만들었습니다.
총신이 정교하고 총알의 힘이 조총과 똑같습니다.
총구멍에 불을 붙이는 기구가 조금 다른 것 같으나 며칠 안으로 완성됩니다.
……. ……. …….
그러므로 군관 정사준과 대장장이 이필종 등에게 특별히 상을 내리시어
감격하여 열심히 일하게 하고,
모두 서로 다투어 만들게 함이 좋을 것으로 사료됩니다.
삼가 갖추어 임금님께 글을 올려 아뢰옵니다.
(1593년 8월, 절도사 신하 이순신)

전투 후에는 신분과 계급의 차별 없이 모두의 전과를 소상하게 보고했다. 부상한 병졸들도 정성을 다해 치료하게 했다. 전사한 장병들의 시체들은 일일이 보전하여 각각 제 고장에 보내 장사하게 했다.

신이 타고 있는 배의 정병 김말산, 우후선의 방포 진부 장언기,
순천 1선의 사부이며 사삿집 종 배귀실,
순천 2선의 격군이며 사삿집 종 막대와 보자기 내운석,
보성 1선의 사부이며 관청의 종인 기이, 흥양 1선의 전장이며 관청의 종인 난성,
사도 1선의 사부이며 진무인 장희달, 여도선의 사공이며 토병인 박고산,
격군 박궁산 등은 철환에 맞아 죽었으며 …….
여도선의 사부 석천개, 유수 선유석 등은 화살에 맞았으나 중상에 이르지 않았습니다.

죽은 사람의 시체는 각기 그 장수에게 명하여 별도로 소선에 실어서
고향으로 보내 장사 지내게 했는데
그들의 처자들은 휼전에 의하여 시행하시옵소서.
중상에 이르지 아니한 사람들은 약물을 지급하여 충분히 치료하도록
각별히 신칙했으며 여러 장수들에게
'한 번 승첩했다 하여 소홀히 생각하지 말고 군사들을 위무하고
전선을 다시 정비해 두었다가 변보를 듣는 즉시 출전하되,
처음과 끝을 한결같이 하도록 하라!'고 엄하게 신칙하고 진을 파했습니다.
(『임진장초』: 『난중일기』의 부록 2, 임진왜란 중 주요 전투 및 전과에 대한 보고)

임진년인 1592년 9월 1일, 부산포의 적선 150여 척을 부수며 승리한 날 돌격장이었던 충장공 정운鄭運(1543~1592)이 전사했다. 아끼던 장수의 죽음에 이순신은 크게 슬퍼하며 직접 제문을 지어 그의 넋을 위로했다.

인생이란 반드시 죽음이 있고,
삶에는 반드시 천명이 있나니
사람으로 한번 죽는 것은 진실로 아까울 게 없건마는
…….
네 차례나 큰 승첩을 아뢴 것이 모두 누구의 공이던가!?
머지않아 종묘와 사직을 회복할 수 있었음에도

뜻밖에 하늘이 보우하지 않아 갑자기 흉탄을 맞았네!
…….
그대 같은 충의야말로 고금에 드물거니
나라 위해 던진 그 몸 죽어도 살았도다! (『이충무공전서』)

1594년 1월 21일에는 부하 장수를 임명하여 시체 214구를 매장했다고 적었다. 1595년 7월 14일에는 죽은 부하들의 제사를 위해 녹도 만호 송여종에게 쌀 두 섬과 함께 직접 지은 제문을 주었다.

윗사람을 바라보며 상관을 섬겨 그대들은 직무를 다하였건만
나에게는 부하를 위로하고 사랑하는, 그러한 덕이 모자랐도다.
그대 혼들을 한자리에 부르노니 여기에 차린 제물을 받으오시라! (『이충무공전서』)

다. 투명 방정한 사생활

이순신은 당시 남존여비의 봉건적 풍속에서 여성에 대한 시각에 놀랄 정도로 왜곡됨이 없었다. 오히려 이상하리만큼 여성을 존중하였다. 성적으로 문란해질 수밖에 없는 전쟁 상황에서도 여성에 대한 도리에 전혀 미흡함이 없었다. 다른 장수들은 군선에서도 여자들과 동침하였다. 그러나 이순신은 성적 본능에 매우 금욕적이었고, 사생활 역시 투명하고 방정했다. 7년의 전쟁 기간 여성관계에 대한 흔적이 없다. 여성에 대한 올바른 예우와 몸가짐은 생명의 모태인 여성을 진정으로 사랑하며 존중하는, 의로운 행위다.

그러나 이순신에 관한 글에 '관노와 잤다'는 이야기가 돌기도 했다. 사실은 관노, 그것도 남자 관노의 집에서 잔 것이지 여자 관노와 함께

동침을 한 것이 아니었다. 인조 때 동부승지를 지낸 최유해崔有海(1588~1641)가 장군에 대하여 쓴 「행장行狀」이란 글에도 밝히고 있다.

> 이순신은 전시에 여색을 가까이하지 않았다.

이순신의 조카 이분李芬(1566~1619)은 『이충무공행록』이라는 최초의 이순신 전기를 집필했다. 이분은 이순신의 맏형 희신羲臣의 아들로서 문과 과거에 급제한 후 이 행록을 남겼다.

> 공은 진에 있을 때, 여자를 가까이하지 않았다.
> 매일 밤 허리띠를 풀지 않고 잠을 잤으며, 겨우 2~4시간의 잠을 자고,
> 언제나 사람들을 불러 날이 밝을 때까지 묻고 의논하였다.
> 또한 먹는 것은 아침저녁 5, 6홉뿐이었다.
> 지켜보는 사람들이 적게 먹고 일을 많이 하는 것을 깊이 걱정했다.
> 공은 정신력이 다른 사람들보다 더 강해서
> 때로는 손님과 한밤중까지 술을 아주 많이 마시고도
> 새벽닭이 울 때면 반드시 일어나 촛불을 밝히고,
> 글이나 책을 보거나 전략 전술을 강론했다.

그뿐 아니다. 여성을 남성보다 인격적으로 비하하지도 않았다. 어느 날 동료 관료들과 함께 활을 쏘고, 명나라 장수들을 접대하게 되었다. 그런데 관리들이 여자들로 하여금 음식을 나르게 하였다. 그러나 이순신은 이것을 용납하지 않았다. 뿐만 아니라 그 담당자들을 처벌까지 하고 일기에도 적었다.

> 아침에 비가 뿌리다가 저녁녘에 개었다.
> 충청 수사 및 순천 부사, 발포 만호 등이 함께 와서 활을 쏘았다.

수루 방의 도배를 마쳤다.
경상 수사의 군관과 색리들이 명나라 장수를 접대할 때에
여자들에게 떡과 음식물을 머리에 이고 오게 하였다는 일 때문에 처벌했다.
(1594년 8월 4일)

1597년 2월, 조선의 왕은 이순신을 파직하고 서울로 압송케 하여 하옥시켰다. 그리고 후임 통제사로 원균을 임명했다. 새로 임명된 원균은 즉시 이순신 편이라 생각되는 사람들을 모두 쫓아냈다. 그리고 운주당은 이중 울타리로 안팎을 차단하여 부하들을 멀리하고 군사 전략과도 담을 쌓았다. 그리고 여인들과 술을 마시며 주색에 탐닉하였다. 그러므로 소통과 전략을 도모하는 운주당運籌堂은 여색과 음주를 탐하는 운주당雲酒堂으로 전환되었다. 유성룡은 『징비록』에 다음과 같이 적었다.

처음 원균이 한산도에 부임하고 나서
이순신이 시행하던 여러 규정을 모두 변경하고
이순신을 보좌하던 군졸들과 그의 신임받던 사람들을 모두 쫓아버렸다.
특히 이영남(李英男)은 자신의 전일 패전 상황을 자세히 알고 있으므로
더욱 미워했다.
……. ……. …….
원균은 자기가 사랑하는 첩과 함께 운주당에 기거하며 이중 울타리로
운주당의 안팎을 막아버렸다. 여러 장군들은 그의 얼굴 보는 것이 드물어졌다.
또 술을 즐겨 마셔 날마다 주정을 부리며 화를 내고,
형벌의 집행에도 법도가 없었다. 군중들이 가만히 수군거렸다.
"만일 왜놈들을 만나면 우리는 달아날 수밖에 없다."
여러 장군들도 서로 원균을 비난하고 비웃고. 또 두려워하여
군사 일을 제대로 보고하지 않게 되고
그의 호령 역시 부하들에게 시행되지 않았다.

2장

인: 인애함

1

그대는 사랑을 아는가?

인仁, mercy은 사랑, 자비로도 표현된다. 그리고 의義와 같이 인仁도 실천되어 타인에게 전달되어야 한다. 이웃을 이해하고 포용하며 그의 필요를 채워 주어야 한다. 단지 미래를 약속한 청춘남녀뿐 아니라 친지들, 또 스쳐 지나가는 길거리의 사람들에게도 사랑은 실천되어야 한다. 사회 전체, 나아가 인류 그리고 자연에 대해서도 사랑이 실현되어야 한다. 그런데 사랑도 말은 쉬워도 실천은 어렵다. 현실에서 정말로 무엇이 사랑인지, 어떻게 하는 것인지 불확실하다. 사랑의 개념이 불명확하고, 또 그 대상과 상황에 따라 각각 다른 형태로 나타나기 때문이다. 현실에서 본인은 '사랑의 마음'으로 행동했는데 이것이 거부되거나, 오해되는 경우에는 난처해진다. 청춘남녀가 연애할 때도 어떤 몸짓이나 말투 하나로 곧잘 서로 오해하고 잠을 못 이룬다. 물론 부부간, 친구 간에도 오해에서 비롯된 싸움이 자주 일어난다. 그래서 어떤 사람은 오해를 사건 말건 그냥 내버려 둔다고 한다. 그러면 자연히 해결된다는 것이다. 일방적인 짝사랑도 사람을 슬프게 한다. 러시아의 대문호 투르게네프도 비아르도란 한 기혼녀인 음악가를 짝사랑했다고 한다. 그러나 그녀는 미동도 없었고, 그는 그러한 그녀의 주의를 평생 맴돌며 해바라기처럼 바라만 보다가 그만 죽고 말았다.

이성 관계뿐 아니라 인간 모두가 평생 그토록 번민하는 것도 결국 사랑의 개념이 불확실하기 때문 아닌가!? 그토록 외롭고 목마른 것도 실은 사랑이 메말랐기 때문 아닌가!? 사랑이란 것이 있기는 있는가, 어디서 어디까지가 사랑인가, 현실에서는 사랑을 감지하기가 어렵다. 사랑을 전파하는 종교인들에게서도 그렇다. 그렇다고 해서 "사랑은 없다!"고 선언하며 완전히 무시해도 안 될 것 같다. 왜냐하면 사랑 없는 사회가 짐승의 무리가 아닌가!?

의義의 경우는 계명이나 법규를 만들어 어느 정도 강요할 수 있다. 그러나 사랑은 법으로 강요할 수도 없다. 도덕과 윤리라는 것이 있으나 강제사항은 아니다. 사랑은 냉철한 판단보다 맑은 이성과 따듯한 감성에서 나오기 때문이다. 그러므로 사랑은 애매하기도 하다. 사랑을 어떻게 규정하고 어떻게 실천해야 하는가? 이것이 결국 모든 인간의 고민이고 풀어야 한 과제이기도 하다. 성경은 말한다.

> 하나님은 사랑이시라. 우리도 서로 사랑하는 것이 마땅하도다. (요일 4:8-11)

유교에서도 인仁이 오상에서 으뜸 되는 개념이다. 불교는 한 걸음 더 나아가 인을 강조하기 위해 그 내용을 둘로 쪼개어 자비慈悲란 말을 사용한다. 자慈는 사랑의 마음으로 중생에게 낙樂을 주는 것이고, 비悲는 연민의 마음으로 중생의 고苦를 없애주는 것이다. 아무튼 인애가 모든 덕德의 근본이고 이를 실천하면 사회 평화가 이루어진다고 모든 종교가 말한다. 이를 다시 인체에 비유한다면, 의라는 뼈대가 몸을 지탱하고, 이것을 인이라는 근육이 덮어 사람의 풍모를 이루며 이웃을 포근하게 감싸 안는 것이다.

2

전쟁터에 피는 사랑

가. 왜적으로 위장된 조선 백성

충무공 이순신은 의롭고 동시에 인애한 사람이다. 원래 전장의 한 무부로서 적만 제압하면 되었으나 그는 백성의 안위를 생각했다. 백성을 살리는 것이 왜적을 죽이는 것만큼 중요하다고 생각했다. 원래는 평소에 세금을 징수하며 생사여탈권을 행사하는 왕과 조정이 백성의 안전을 보장해야 한다. 그러나 이들은 먼저 빼소니를 쳐버렸다. 그러므로 백성들은 왜적의 소유가 되어 그들의 소모품으로 전락했다.

임진년 4월 13일 오후 부산 앞바다에 여유롭게 무사히 정박한 왜적은 다음 날 너무도 쉽게 부산진을 점령했다. 그리고 그곳을 조선 침략의 근거지로 삼고, 즉시 조선의 여자들을 위안부로, 남자들은 잡역부와 방패막이로 동원했다. 조선 남자들을 방패막이로 전투에 투입할 때는 왜적의 옷을 입혀 외관상 왜적과 구별이 되지 않았다.

그러므로 이순신의 입장에서는 이들 모두를 무차별 살육할 수 없는 것이다. 그중에는 불가피하게 포로가 된 사람들도 있기 때문이다.

그러므로 전투에 임할 때면 특별히 조선 백성의 구출을 위한 명령을 하달했다. 당포에서 왜적을 쳐부수고 그 결과를 왕에게 보고하는 장계에 다음 내용이 있다.

> "왜적에게 붙잡혀 있던 우리나라 사람을 찾아 구출해 오는 일은
> 왜군의 목을 베는 것과 다름없는 공로입니다.
> 그러므로 왜선을 불태울 때는 특별히 살펴 조선인을 찾아내고, 조사하여
> 절대로 함부로 죽이지 말 것을 각별히 분부하였습니다." (1592년 6월 14일)

나. 전쟁에 쫓기는 조선 백성

이순신은 마을에 남아 있는 백성들의 안위도 생각했다. 전투 중에 적선을 부수고 왜군을 공격하면 다급해진 왜적들이 배를 버려두고 마을로 도망하는 경우가 있다. 그럴 때면 적당한 수의 배를 남겨 두게 했다. 왜냐하면 왜군들이 타고 돌아갈 배가 아주 없는 경우에는 이판사판으로 다시 마을로 올라가 우리 백성들에게 더 큰 해를 입힐 것이 분명하기 때문이다.

> 왜선들을 거의 모두 격침하자 살아남은 왜적들이 모두 육지로 도주했습니다.
> 그런데 그 산골에는 우리의 많은 백성들이 숨어 있었습니다.
> 이때 만약 모든 왜선들을 완전히 파괴한다면 궁지에 몰린 왜적들이
> 우리 백성들을 마구잡이로 살육할 것이 분명합니다.
> 그러므로 잠시 1리쯤 물러나와 밤을 보냈습니다. (1592년 7월 15일)

전투가 끝난 후에는 집 잃고 쫓기는 피난민들을 위로하며 곡식을 주어 안전한 곳에서 생계를 잇게 했다. 다음은 1592년 6월 초의 당포

해전을 보고하는 장계다.

"무릇 앞뒤로 적을 무찌를 때, 남해 동쪽 웅천 등
7~8개 고을의 노인과 남녀 피란민 무리가 산골에 숨어 있었습니다.
이들은 조선군이 적선을 추격하는 것을 지켜보면서,
다시 살길을 얻었다고 생각했습니다. 모든 사람들이 기뻐하였고,
그동안 왜적들이 이동하고 정박한 곳을 자세히 알려주었습니다.
그러나 그들의 상황은 매우 비참하고 눈물겨웠습니다.
이들에게 왜선에서 징발한 쌀과 베 등의 물건을 공평하게 나누어주어
삶에 도움이 되게 하였습니다." (1592년 6월 14일)

그리고 집 잃고 떠도는 백성들에게 안전하게 살 수 있는 터전을 마련해 주기도 했다. 쫓기는 피난민들이 돌산도라는 섬에 들어가 살 수 있도록 왕에게 다음과 같은 장계를 올리기도 했다. 돌산도는 전라좌수영이 주둔한 여수 동남쪽에 있으며 한반도에서 10번째 큰 섬이다.

"영남에서 피란한 백성이 전라좌수영까지 흘러와 200여 호에 이릅니다.
각각 임시로 살게 하여 간신히 겨울을 났습니다.
그러나 상황이 참담하고 구호할 물자나 다른 구제 방법이 없습니다.
'전란이 끝나면 본도 영남으로 돌아가라!'고 말은 했지만
당장 눈앞에서 굶어 죽어가는 모습은 차마 볼 수가 없습니다.

이전에 접수했던 공문 중에
'여러 섬에 피란할 수 있고 또한 둔전을 할 만한 땅이 있으면,
떠도는 백성이 들어가 살아도 편리할지 참작하여 시행하라'고 하셨습니다.
그러므로 신은 피란민이 들어가 살 만한 곳을 생각해 보았사온데
돌산도만 한 곳이 없었습니다.
그 섬은 전라좌수영 본영과 방답 사이에 끼어 있고,

산이 겹겹이 둘러싸여 있어 적이 들어올 길이 막혀 안전합니다.
그리고 지형은 넓고 평평하며 토양도 비옥합니다.
그러므로 떠도는 백성에게 설명하여 점차 들어가 살게 하여
방금 봄갈이를 할 수 있었습니다.

그런데 임금님께 둔전 경영을 위한 장계를 올렸을 때
이전의 어사 홍종록과 감사 윤두수 등이
'목장 있는 곳에 나라가 필요한 말을 키우는 정책에 방해가 된다'는
반대의견을 올렸습니다. 그러하오나 지금은 나랏일이 어렵고 위태로운 중에
백성은 살 터전을 잃었습니다. 그러므로 의지할 곳 없는 백성이 들어가
비록 농사를 지어도 특별히 말 사육에 해를 끼칠 것이 없습니다.
그렇게 할 수 있다면 말을 기르고 백성도 구할 수 있어
양쪽 모두 유익할 듯합니다.
외람된 생각이오나 삼가 갖추어 임금님께 글을 올려 보고합니다."
(1593년 1월 26일)

이와 같이 이순신은 백성의 구제를 위해서도 그때그때 조정에 소상히 보고하며 건의도 했다. 그러나 둔한 왕은 이러한 행위를 반역행위로 의심하였다. 민심을 훔치고 근거지를 마련하여 자기를 대적하려 한다는 것이다. 반대 당파 역시 이러한 의심을 두둔하여 자기 당파의 입지를 강화하려 했다. 위의 장계에서도 어사 홍종록과 감사 윤두수 등이 말 사육을 위해 백성 구제를 반대하는 것은 이순신을 억제하여 자기 당파의 존재를 드러내려는 구실에 불과한 것이다.

이순신이 이러한 조정의 속내를 간파하지 못한 것이 아니다. 그러나 그는 진정한 사랑의 사람이었다. 당장 굶주리며 목자 없이 유리하는 백성을 그대로 버려둘 수가 없는 것이다.

구원군으로 조선에 온 명나라 군인들도 백성을 무시하며 괴롭혔다. 치외법권을 누리는 그들에게는 조선의 군율이 적용되지도 않았다. 그럼에도 이순신은 이를 묵과하지 않았다. 명나라 장수와 군인들을 설득하여 그들이 스스로 행동을 삼가며 조선 백성을 보호하게 했다.

이순신은 종교인이 아니며 예수를 몰랐고 성경도 읽지 못했다. 그러나 종교인들이 외면하고 기피하는 '사마리아인의 이웃 사랑'을 실천했던 것이다.

사마리아는 예수 당시 종교인들에게 차별받던 지역으로 그곳 사람들도 멸시를 당했다. 그런데 어느 날 여행 중에 외진 산길에서 강도를 만나 심하게 다친 사람을 한 사마리아인이 발견했다. 그는 풍족한 사람이 아니었으나 자신의 비용으로 그를 돌봐주었다. 그러나 그전에 동일한 장소를 지났던 종교인들은 이 강도 만난 사람을 못 본 체하고 그냥 지나갔었다. 이들 종교인들은 매우 경건한 사람들로서 그냥 지나간 데에는 그들대로의 이유가 있었을 것이다. 그러나 예수는 이 사마리아인의 선행을 이웃 사랑의 모델로 제시하였다.

> 누가 강도 만난 자의 이웃이 되겠느냐? 가서 너도 이와 같이 하라!
> (눅 10:36-37)

이순신 역시 고통받는 사람들과 한마음이 되어 그들과 함께 슬퍼하고, 함께 기뻐했다. 천기를 살피고 고대하던 비가 내리면 백성과 함께 기뻐하였다.

> 비가 계속 내려 사람들이 바라는 바를 크게 채워 주었다. (1592년 2월 22일)

늦게 큰비가 장대같이 내렸다. 비는 하루 종일 그치지 않았다.
냇가와 도랑에 물이 불어 가득 찼다.
농사짓는 사람들이 바라던 것이니 다행이고, 또 다행이로구나.
(1592년 5월 6일)

오후 2시경 비가 내렸다. 농사에 대한 백성들의 기대감이 살아났다.
(1592년 5월 21일)

다. 피난민의 손을 잡는 통제사

1597년 8월 파직되었던 이순신이 다시 삼도수군통제사로 임명받아 전라도 임지로 내려가고 있었다. 길에는 왜적에 쫓겨 고향을 잃은 피난민들의 긴 행렬이 꾸물거렸다. 이순신의 눈에는 눈물이 어려 그 행렬이 더욱 출렁거렸다. 그 자신은 고문으로 인해 찢기고 깨어져 아픈 몸이었으나 말에서 내려 친히 그들의 손을 잡고 위로의 말을 했다.

당시 사회에서는 높은 관리가 낮고 천한 백성을 보고 말에서 내리는 것(下馬), 그들의 손을 직접 잡는 것(握手), 그리고 말을 건네는 것(開諭) 모두가 파격적이고 반체제적이다. 왕에게 반역하기 위해 민심을 훔치는 작업이라 오해받을 수 있다. 오늘의 정치인들도 선거철만 되면 자신의 출세를 위해 시장통 상인들의 손을 잡으며 자신을 홍보한다. 그러나 이순신에게는 출세하려는 연극이 아니었다. 시대와 신분을 뛰어넘는 인간 본연의 사랑이 충무공의 가슴에서 뜨겁게 작용한 것이다. 그는 일기에 적었다.

맑다. 아침을 먹고 길을 떠나 옥과현에 도착했다.
피난민들로 길이 가득 찼다.
남자와 여자가 서로 부축하고 가는 모습을 차마 눈 뜨고 볼 수가 없었다.
말에서 내려 위로하며 알아듣게 타일렀다. (1597년 8월 5일)

라. 기강 속의 부하 사랑

이순신의 이웃 사랑은 부하들에 대해서도 마찬가지다. 추상같이 엄정한 기강과 규율 속에 진정한 배려가 병영의 일상생활 곳곳에 나타났다. 당시 조정은 수군에게 아무런 물자도 지원하지 못했다. 그러므로 이순신은 왜적과 치열한 전투를 벌이며 동시에 부하들의 의식주 문제도 스스로 해결해야 했다.

병사들이 입을 옷을 만들고 마실 물을 위해 우물을 팠다. 둔전을 일구어 곡식을 재배하고 채소를 길렀다. 바다에서는 물고기를 잡으며 해산물을 채취하고 소금을 구웠다. 그들 중 일부를 육지에 내어다가 필요한 물자와 교환하였다. 이러한 일들을 위해서도 이순신은 현장에 나가 일일이 점검하고 확인했다. 그리고 현장에서도 보통의 장교들처럼 위세를 부리는 것이 아니라 병졸들을 격려하며 위로했다.

삼도 군사들에게 술 1,080동이를 마시게 했다. (1594년 4월 3일)

재목을 끌어 내리러 가는 군사들 1,283명에게 특별히 밥을 먹였다.
(1595년 9월 2일)

3도 활꾼과 잡색군雜色軍(당시 정식 군대 외에 따로 향리, 노비, 천민 등 일반백성들로 조직한 일종의

예비 군대)들을 먹이면서 종일 여러 장수들과 함께 취하기도 했다. (1595년 중추절)

새벽에 송희립을 보내서 견내량의 적선들의 움직임을 알아보게 하였다.
오늘 저녁 청어 13,240두름(1두름=20마리)을 곡식과 바꾸기 위해
이종호가 받아갔다. (1595년 11월 21일)

순천의 제2선과 낙안의 제1선의 군사를 점검하고 내보냈으나
바람이 불순하여 떠나지 못하였다.
황득중과 오수 등이 청어 7천여 마리를 싣고 왔으므로
헤아려서 김희방의 무곡선에 넘겨주었다. (1595년 12월 4일)

아침에 옷 없는 군사 17명에게 옷을 주었다.
한 벌씩 더 주었다. (1596년 1월 23일)

경상 수사가 쑥떡과 초 한 쌍을 보내왔다.
낙안과 녹도들을 불러서 쑥떡을 먹였다.
새 곳간에 지붕을 이었다.
얼마 뒤 강진康津이 보러 왔기에 위로하고 술을 주었다.
저녁에 물을 부엌가로 끌어들여 물 긷는 수고를 덜게 했다. (1596년 2월 14일)

여러 장수들이 모여 회의를 하고 그대로 들어가 앉아 위로의 술잔을 네 순배 돌렸다.
몇 순배 돌아간 뒤 경상 수사가 씨름을 붙인 결과 낙안 임계형이 일등이었다.
밤이 깊도록 즐거이 뛰놀게 했는데 그것은 내 스스로 즐겁게 하자는 게 아니라
다만 오랫동안 고생하는 장수들의 수고를 풀어주자는 것이었다. (1596년 5월 5일)

경상 수사가 술병을 들고 와서 활 10순을 쏘았다.
경상 수사가 잘 맞혔지만 김대복이 첫째를 했다. (1596년 6월 13일)

오늘, 새로 우물 파는 데에 가보았다. 경상 수사도 왔다.

샘의 수맥이 깊이 들어가고 근원도 길었다.
오후에 돌아와 활 3관貫(=30발)을 쏘았다. (1596년 7월 24일)

1595년 8월에는 조정의 우의정 이원익李元翼이 체찰사로 명을 받아 그 일행과 함께 한산도를 시찰하였다. 체찰사는 외침이나 내란 등 비상시에 특별히 임명되어 군대를 지휘하던 벼슬로서 재상이 겸임하였다. 체찰사 일행은 시찰 후에 그냥 돌아가려고 했다. 이때 이순신이 말했다.

"대감께서 모처럼 도성인 한양에서 이곳까지 오셨다가
군사들을 위로하시는 일 없이 그냥 돌아가시면 군사들이 섭섭하게 여길 것입니다."
"그 말이 옳긴 하오. 허나 내가 미처 준비해 오지 못했으니 어찌할지 모르겠소."

현실적으로 당시 전란 상황에서 조정과 백성 모두 궁핍한 것이 사실이다. 또한 한산도 수군의 규모가 이삼십도 아닌 수천 명에 이르는 터에 조정의 대감이라도 마음은 있어도 처음부터 엄두가 날 수 없다. 그러나 이러한 상황을 또 모르는 통제사가 아니다. 이순신의 부드러운 음성이 이어졌다.

"소인이 미리 준비해 두었사오니 대감께서는 명령만 내리시면 됩니다."

이원익은 크게 기뻐하며 그 뜻을 따랐다. 곧 소 30여 마리를 잡는 성대하고 유쾌한 잔치가 베풀어졌다. 그날 27일 일기에 이순신은 적었다.

군사 5,480명에게 음식을 먹였다.

후에 이원익은 감탄하며 충무공을 칭송했다.

과연, 이 통제사는 참으로 큰 인물이더라!

이순신은 군사들의 의식주뿐 아니라 그들의 감정도 살폈다. 전투가 없는 기간에는 진중에서 오락을 즐기게 했다. 장기나 바둑 외에 종정도從政圖 같은 놀이도 하게 했다. 종정도는 윷과 같이 말을 던져 그 숫자에 따라 계급이 올라가는 일종의 윷놀이다. 그러나 이러한 날들은 예외 없이 일기가 불순하여 전투가 없고, 다른 일도 없는 날이기도 했다. 사랑하는 가족을 떠나 낯설고 외딴섬에 떨어져 천하에 흉악한 왜적과 싸워야 하는 군졸들의 마음은 쓸쓸할 수밖에 없다. 그 마음을 살피어 그들을 위로한 것이다.

마. 명나라 수군 장수 진린

이순신의 의롭고 인애한 성품은 조선 백성뿐 아니라 조선에 지원군으로 온 명나라 군졸들에게도 동일하게 나타났다. 명나라군은 명분상으로는 지원군이지만 실제로는 점령군과 다름이 없었다. 힘 있는, 큰 나라의 '하늘 같은 황제'를 대리하여 먼 길 마다치 않고 작고 약하고 후진 나라, '더럽고 무지하고, 서로 속이고 싸우고 죽이는, 야비한 사람들의 나라'에 왕림했으니 그 뻗치는 위세는 짐작하고도 남음이 있다. 그 앞에서 굽실대는 조선 왕의 비굴한 얼굴도 눈앞에 보이는 듯하다. 이에 따라 명나라 군졸들의 횡포 역시 당연한 듯했다.

명나라는 임진년에 전황 파악과 자국의 안전 여부를 타진하기 위해 이미 스스로 출병했었다. 그 후 조선 왕의 간청으로 공식적으로 군대를 파견했다. 이때 명나라 장수 마귀, 유정과 함께 진린陳璘(1543~1607)이란 수군 장수가 왔다. 진린은 명량해전 이후 5천의 명나라 수군을 이끌고 이순신함대에 합류하였다.

중국 광둥성 출신인 그는 19세에 관직에 오른, 패기만만한 장수로서 이순신보다 두 살 위다. 한데 이 진린이 좀 별난 사람이다. 우선 그의 생김새가 야수나 산도둑같이 흉측하여 혐오감을 주었고, 또 그의 성격이 다혈질에 불같이 사납고 더러웠다. 그가 성질을 부릴 때는 마치 악귀의 화신 같기도 했다. 그러므로 자기 고향에서도 그가 다니는 길에는 사람은 물론 모기조차 그를 피했다고 한다.

저희는 심히 사나워 아무도 그 길로 지나갈 수 없을 만하더라. (마 8:28)

그런 그가 처음 조선 왕궁을 방문했을 때도 공손하기는커녕 마구 횡포를 부렸다. 그는 자신에 대한 조선의 대접이 부실하다 질책하며 이상규李尙規라는 조선 관리의 목을 개처럼 밧줄로 묶어 말에 매달아 끌고 다녔다. 목이 옥죄인 이상규는 비명도 지르지 못하고 얼굴이 피투성이가 된 채 끌려다니다가 죽음에 이르기 직전 풀려났다. 진린은 이러한 광경을 보고 당황해하는 조선 왕과 대신들의 얼굴 표정을 즐겼다.

이러한 사람이 조선 수군과 합류한다고 했을 때 유성룡을 비롯한 조선 관리들은 수군의 앞날을 염려하며 이순신에게 특별한 주의를 당부했다. 그러나 이순신으로서는 명나라 지원군의 장수인 만큼 그를 마땅히 예우해야 한다.

진린의 부대가 도착하는 날 이순신은 푸짐한 환영 만찬을 준비하여 그들이 배부르게 먹고 만족하게 했다. 그러나 과연 그 후 진린은 수시로 조선 수군을 간섭하고 견제하며 전투를 저지했다. 1598년 9월에 올린 이순신의 장계도 이러한 내용을 담고 있다.

"신이 수군을 정비하고 바다에 나가 기회를 포착하여 적을 소멸하려 하지만 매번 진린 도독의 제재를 받고 있어 안타깝기 그지없습니다."

얼마 후 조선과 명의 연합 수군이 출전하여 왜적을 무찔렀다. 전투 후의 전과를 확인한 결과 조선군은 왜적의 수급 40개를 획득했으나 명군의 노획물은 하나도 없었다. 이에 대해 진린은 자기 부하들에게 불같은 화를 뿜어냈다. 자신의 전공이 있어야 체면도 서고 명나라 황제의 인정도 받을 수 있기 때문이다. 이때 이순신은 왜적의 수급 40개를 모두 진린에게 양보하여 그의 선공이 되게 했다. 그러므로 아무리 포악한 사람이라도 이러한 배려를 받으면 강팍했던 마음이 어느 정도 풀어질 것이다.

그러나 명군의 조선 백성에 대한 횡포는 수차의 간곡한 청원에도 불구하고 줄어들지 않았다. 그러므로 어느 날 이순신은 조선 백성들에게 다른 곳으로 이주할 것을 명하고 그 준비를 하게 했다. 그리고 백성들과 함께 조선 수군의 본영도 해체하기 시작했다. 갑작스런 이러한 행동에 의아해진 진린이 그 연유를 물었다.

"도대체 무슨 일이오?"

"귀국의 군대는 우리 백성을 보호하기 위해 이곳에 왔습니다.
우리는 명나라 군대를 하늘같이 믿었습니다.

그러나 귀국 군인들의 약탈이 심하여 이제 떠나려는 것입니다.
또 나의 백성들이 떠나므로 이 소장도 함께 떠나려 합니다."

이 말을 들은 진린은 이순신을 극구 만류하였고, 더구나 명군에 대한 모든 통제권을 이순신에게 위임하였다. 그 후 명군의 백성에 대한 횡포는 거짓말같이 사라졌다.

이러한 사례들 외에도 진린이 함께 생활하며 직접 경험하는 이순신은 정말로 의외의 사람이었다. 결국 포악스런 진린도 이순신의 인품에 마음으로 깊이 탄복하게 되었다. 진린 역시 거친 세상을 힘겹게 살다 보니 자신도 모르게 포악해진 것이다. 그러던 그가 홀연히 한 살아 있는, 맑은 샛별 같은 인물을 보게 된 것이다. 정말로 정의롭고 인애롭고 지혜로운 인품을 직접 목격하며 함께 생활하고 체험한 것이다.

처음엔 진린도 이순신을 여느 조선 장수들과 함께 하찮게 보았다. 왜적들도 조선 군인들을 참군인으로 보지 않는다. 그 이유가 조선 군인들은 뇌물과 연줄로 승진하여 평소 위세와 잔꾀만 부리다가 전쟁이 나면 먼저 뺑소니치기 때문이다. 이러한 사실이 왜적을 불러들인 이유이기도 하다. 그러므로 진린 역시 자기보다 나이까지 어린, 작고 후진 나라, '더럽고 무지하고, 서로 속이고 싸우고 죽이는, 야비한 사람들의 나라'의 이순신을 우습게 본 것이다.

그러던 그가 가까이서 이순신을 관찰하며 내심 놀라움을 금치 못했다. 마치 산사태 난 흙더미 속에 신비한 빛을 발하는, 한 투명한 돌을 발견한 듯했다. 의아함과 경이로움으로 그의 눈은 점점 커졌다. 그리고 보면 볼수록 그 돌은 더욱 신비롭게 빛났다. 그뿐 아니다. 살아 있는 한 인격으로서 매일 부드럽게, 따듯하게 진린에게 다가왔다. 그러는 중에 얼음처럼, 바위처럼 차게 단단히 굳어 있던 진린의 마음이 서서히 녹으며 균열을 보이기 시작했다. 그리고 결국 그는 자신이 발견한 그 투명한 돌의 실체를, 한 샛별 같은 인물을 왕에게 보고하기에 이른다.

"이순신에게는 경천위지經天緯地의 재능과 보천욕일補天浴日의 공로가 있습니다."

경천위지는 땅과 하늘을 다스려 경영한다는 것이고, 보천욕일은 하늘을 보수하고 해를 씻는다는 중국의 신화에서 온 말이다. 옛날에 여와女媧라는 여신이 하늘의 무너져 내린 곳을 메웠고, 희화羲和라는 여신은 태양을 깨끗하게 목욕시켰다는 것이다. 아마도 오늘과 같은 하늘의 오존층 파괴와 대기오염으로 어두워진 태양을 그때 미리 이야기한 것 같다.

그러나 정작 이러한 보고를 받은 조선의 왕은 이순신을 인정하기보다 질투를 느꼈다. 명나라 장수가 감히 어전에서 왕이 아니라 이순신을 칭찬하므로 자신의 권위와 위엄이 상대적으로 손상되었다고 본 것이다. 왕의 마음속에는 거센 억측이 고개를 번쩍 들었다.

'뭐라!? 이순신에게 천지를 경영할 능력이 있다고!?
아니, 한 무부 주제에!? 하늘과 땅을 다스린단 말이지!?
그렇다면 한 나라, 이 작은 조선쯤은 문제도 아니겠네!
허어, 이놈들이 작당을 한다면 나의 왕좌를 빼앗는 것도 시간문제가 아니겠나!?'

생각이 여기에 미친 왕은 이순신에 대한 경계심의 포로가 되었다. 그리고 이 경계심은 그를 제거해야 한다는 적개심으로 발전했다. 조정의 관료들에게도 사실상 어느 한 인물이 조선의 상국인 명나라에 의해 크게 부각되는 것이 결코 바람직하지 않다. 그것은 자기 당파의 상대적인 무력화로 이어지기 때문이다.

처음에 순진무구한 생각으로 이순신을 칭찬한 진린은 이러한 조선 왕과 조정의 어처구니없는 반응에 경악했다. 실망과 분노도 느꼈다. 평소 명국과 왜구가 조선을 '더럽고 무지한, 서로 속이고 싸우고 죽이는, 야비한 사람들의 나라'라는 말이 정말로 정확한 것이다. 이일을 계기로 진린은 명나라 황제에게 다시 이순신을 천거하였다.

"황제 폐하, 이곳 조선에서 전란이 끝나면 조선의 왕에게 명을 내리시어
조선국 통제사 이순신을 요동으로 오라 하게 하소서.
신臣이 본 이순신은 그 지략이 매우 뛰어날 뿐만 아니라
그 성품과 또한 장수로 지녀야 할 품격을 고루 갖추었습니다.
황제 폐하께서 만일 조선수군통제사 이순신을 귀히 여기신다면
우리 명(明)국의 화근인 저 오랑캐를 견제할 수 있을 뿐 아니라
저 오랑캐의 땅 모두를 우리의 명국으로 귀속시킬 수 있을 것이옵니다.

혹여 황제 폐하께서 통제사 이순신의 장수됨을 걱정하신다면
신(臣)이 확인한바, 통제사 이순신은 전란이 일어나고
수년간 수십 차례의 전투에서 단 한 번도 패하지 않았습니다.
그럼에도 불구하고 조선의 국왕은 통제사 이순신을 업신여기고,
조정 대신들 또한 이순신의 공적에 질투하여 수없이 이간하고 모함했습니다.
급기야는 조선 왕이 통제사의 충의를 의심하여 결국에는
그를 조선수군통제사 지위를 빼앗아 백의종군에 임하게 하였나이다.
그러나 통제사 이순신은 모함과 멸시에도 굴하지 않고 왕에게 충의를 보였으니
이 어찌 장수가 지녀야 할 가장 큰 덕목이라 하지 않을 수 있겠나이까!?

조선 국왕은 원균에게 조선수군통제사 지휘권을 주었으나

그 원균이 자만심으로 인해 수백 척에 달한 함대를 전멸케 하였고
단 10여 척만이 남았습니다.
이에 당황한 조선 국왕은 이순신을 다시 불러 조선수군통제사에 봉했으나,
이순신은 단 한마디의 불평도 없이 충의를 보여
10여 척의 함대로 수백 척의 왜선을 통쾌하게도 격파하였나이다.
허나 조선의 국왕과 조정 대신들은 아직도 잘못을 깨닫지 못하고,
또다시 통제사 이순신을 업신여기고 있나이다.

전란이 끝나게 되면 통제사 이순신의 목숨은 바로 풍전등화가 되고
조정 대신들과 국왕은 반드시 통제사 이순신을 죽이려 할 것입니다.
황제 폐하, 바라옵건대 통제사 이순신의 목숨을 구명해 주소서!
통제사 이순신을 황제 폐하의 신하로 두소서!
황제 폐하께서 통제사 이순신에게 덕을 베푸신다면
이순신은 분명히 목숨이 다하는 날까지 황제 폐하께 충을 다할 것입니다.
부디 통제사 이순신을 거두시어 저 북쪽의 오랑캐를 견제케 하소서."

명나라 황제인 만력제萬曆帝는 이순신의 인품과 공로를 인정하여 '명군수군도독'이라는 관직과 함께 8가지의 선물 '팔사품도병八賜品圖屛'을 하사했다. 그것은 ① 영패令牌, ② 도독인都督印, ③ 귀도鬼刀, ④ 참도斬刀, ⑤ 곡나팔曲喇叭, ⑥ 독전기督戰旗, ⑦ 홍소령기紅小令旗, ⑧ 남소령기藍小令旗로서 전쟁 지휘를 위한 도구들이었다.

이와 같이 이순신이 명 황제의 8가지 선물을 하사받고 정식 관리까지 된 것에 대해 조선 왕의 경계심은 두려움으로 더욱 강화되었다. 명나라의 전폭적인 지지까지 받게 된 이순신이 역심을 품는다면 대책이 없다. 이순신은 이미 백성의 두터운 신망을 받으며 막강한 군사력도 보유하고 있다.

진린의 이순신에 대한 전폭적인 신뢰는 그러나 체험에 의한, 이성적 판단의 결과기도 했다. 그리고 그 판단이 옳다는 확신이 가슴에 가득 찼다. 진린에게도 이러한 경험은 처음이라서 매우 생소하고 낯설었다. 그러나 부정할 수 없는 사실이다. 그는 마음에 움튼 이순신에 대한 존경과 연민을 어떻게 규정하고 표현할지 몰랐다. 처음 사랑에 빠진 소년처럼 혼자 수줍어하며 스스로 어색하게도 느껴졌다.

조선에 대한 그의 선입견도 바뀌었다. 더 이상 '더럽고 무식한, 서로 속이고 싸우고 죽이는, 야비한 사람들의 나라'가 아니다. 조선, 그곳은 이순신의 맑은 별이 비치는 아름답고 신비로운 나라다, 만일 자신이 살기 원하는 나라를 새롭게 선택하라 한다면 진린은 이제 주저 없이 이순신의 조선을 택할 것이다.

어느 때부턴가 진린은 자기보다 나이 어린 이순신을 '이야李爺' 혹은 '라오야老爺'라고 불렀다. 이 야爺 자가 아비 야 자로서 손윗사람에 대한 호칭이다. 그리고 각자 가마를 타고 갈 때도 자기의 가마가 절대로 이순신을 앞서지 못하게 했다. 힘 있는, 큰 나라의 '하늘 같은 황제'를 대리하는 그가 이순신을 앞서게 한 것이다. 또 그는 종종 이순신에게 말했다.

"이야, 전쟁이 끝나면 명나라 우리 고향에 함께 갑시다!
나도 늙으면 조선에 와서 이야와 함께 살고 싶소."

노량해전을 승리로 끝내고 통제사의 대장선으로 다가온 진린은 기쁨에 벅차 큰 소리로 외쳤다.

"이야, 이야, 어서 나오시오! 우리가 이겼소! 이야~!"

그런 그가 이순신의 전사 소식을 들었을 때 먼저 자신의 귀를 의심했다. 그러나 그 죽음은 사실이었다. 갑자기 눈앞이 어두워지며 다리에 힘이 풀려 그대로 주저앉았다. 그리고 창자로부터 격한 통곡이 짐승처럼 터져 나오는 것도 몰랐다. 그렇게 세 번이나 쓰러지며 계속 가슴을 치고 쥐어뜯으며 울부짖었다. 함께 우는 명나라 수군들의 애곡 소리도 한 해가 저무는 세모의 바다에 찬 물결을 일으키며 멀리 퍼져 나갔다.

진린은 개선장군이 되었으나 전혀 기쁘지 않았다. 사실 그는 승리 자체보다 그 기쁨을 이순신과 함께 나누는 일을 더욱 기대하고 있었다. 명나라 사람인 그가 그렇게 목숨까지 걸고 열심히 싸웠던 이유도 사실은 이순신의 마음에 더 다가가기 위함이었다. 그런데 그가 죽었다니!?

"오, 이야, 이야, 어디로 갔소!?
왜 혼자만 그리 빨리 갔소? 왜?
무엇이 그리 급했소?
처음에 내가 와서 이야에게 무례히 행해서 그렇소?
그때의 일을 내가 뉘우치는 것을 이야도 알지 않소!?

오, 라오야 이순신, 이순신 라오야~.
다시 한 번 그 웃음 띤 얼굴을 내게 보여 주오~!
그리고 그 맑은 눈으로 내 얼굴도 다시 한 번 보아 주오~!
우리 얼굴을 마주보며 승리의 축배를 듭시다!
흉악한 왜적들은 모두 쫓겨 갔소. 다시 안 올 것이오!

오, 라오야, 라오야, 이순신~,
나와 함께 내 고향도 방문한다 하지 않았소!?

나이를 먹으면 나도 이곳 조선에 와서 이야와 함께 산다고 하지 않았소!?
한데, 라오야, 어디로 갔소? 대체 어디로~?

이번에도 나를 구해 주고 먼저 어디로 갔소~?
어디에 가면 라오야의 그림자라도 볼 수 있겠소~?
오, 이야, 이야, 이야~,
이순신~~~!"

전쟁이 끝나고 고향에 돌아간 그는 사람이 변했다고 한다. 예전처럼 거칠게 성질도 안 부리고 큰소리도 안 친다고 한다. 그리고 문득 조선이 있는 동쪽 하늘을 바라볼 때면 그의 눈엔 이슬이 맺힌다고 한다. 그러나 어쩌다 술 한 잔에 흥이 나면 주위 사람이 귀를 막을 정도로 이순신과 그와 함께 한 일들을, 또 조선의 아름다움을 되풀이 한다고 한다. 그래서 그의 가족들에게는 '이순신과 조선'이란 소리로 귀에 못이 박혔다고 한다.

특히 그의 손자인 진영소陳泳溸는 아기 때부터 할아버지 무릎에서 이순신 이야기를 더 많이 들어야 했다. 그래서 그는 내용은 물론 단어 하나에서 할아버지의 얼굴 표정과 몸짓 하나까지 모두 따라 할 수 있게 되었다. 그리고 그의 마음속에는 정말로 조선에 대한 동경이 냇물처럼, 강물처럼 흘렀고, 급기야는 바다의 큰 파도가 되어 출렁거렸다.

성장한 그는 감국수위사監國守衛使라는 관리가 되었다. 그러나 그 후 명나라가 망하고 청나라의 치세가 되자 수병 5명과 함께 광저우에서 뱃길로 망명하여 전라남도 고금도에 은거하였다. 그 후 경주 이씨라는 처녀와 결혼하여 조선인으로 정착하였다.

현재는 그가 광동 진씨의 시조이고, 해남에는 2천 명이 넘는 진린 장군의 후손들이 살고 있다. 그리고 그들은 중국 광동 운부시에 있는 9만여 명의 종친들과 정례적으로 교류하고 있다. 그들은 함께 완도의 충무사를 방문하고, 코로나 전염병 사태가 발생하자 완도의 취약계층에게 마스크를 전달하기도 했다. 이들은 현재 한중 우호의 모범 사례로서 외교 의전에서도 항상 언급되고 있다.

3

이순신의 어머니 사랑

이순신의 어머니와 가족에 대한 사랑도 주목할 만하다. 원래 이순신은 서울에서 외가가 있는 충청남도 아산으로 내려간, 한 '몰락한(?)' 양반집 자손이라 할 수 있다. 큰 재산을 소유했을 리가 없다. 거기다 집안에 마가 끼었는지 1580년 이순신 36세에 둘째 형 요신堯臣이 죽었다. 3년 후 부친 이정李貞이 작고하고, 다시 4년 후 맏형 희신羲臣마저 사망했다. 그리하여 셋째 아들 순신舜臣이 가장이 된 것이다. 그는 홀어머니를 모시며 자신의 적자와 서자 8명 외에 형들의 처첩들과 조카들 또 종들과 그들의 식구들을 포함한 24명 이상의 대가족을 부양해야 했다. 아직 말단 관리에 불과한 그에게 결코 쉬운 일이 아니다.

임명받은 임지에 대가족을 거느리고 나타나면 사람들이 '남솔濫率'이라 하며 쑤군거렸다. 남솔이란 임명받은 관리가 많은 가족을 거느리고 임지에 부임하는 것이다. 그러면 대가족의 부양을 위해서 지위와 직권을 남용하고, 그 결과 파직에도 이르게 된다. 그러므로 이순신의 입장은 처음부터 난처하기도 했다. 그러나 그의 마음은 확고했다.

내가 차라리 식구를 많이 데리고 온 죄를 지을지언정

이 의지할 것 없는 사람들을 돌보지 않을 수 없다. (『이충무공행록』)

그리고 실제로 자신의 직계가족은 물론 형들과 종들의 가족에 이르기까지 한 사람 한 사람에 대한 그의 사랑과 배려에 소홀함이 없었다. 자기를 낳아 키워 준 부모도 티끌처럼, 발가락 사이의 때처럼 여기며 내다 버리는 이 세상에서 그는 외계인처럼 생소해 보이기도 한다.

이렇게 어려운 가정환경 속에서 이순신은 현실적으로도 절약과 내핍이 습관화될 수밖에 없었다. 그런데 사람이 오랫동안 궁핍하게 살다 보면 자신도 모르게 위축되어 의기소침해지고 성격도 냉담하거나 사나워질 수가 있다. 성격이 예민한 사람들의 경우에는 더욱 그렇다. 그러나 이순신에게는 그러한 편협성이 보이지 않는다. 근면한 생활 속에 모든 식구들을 따듯하게 배려했다. 이순신의 조카들도 장성한 후 수군 진영을 수시로 왕래하며 도왔고, 위험을 무릅쓰고 함께 싸웠다. 그중 맏형의 차남 이분李芬이 최초의 이순신 전기인 『이충무공행록』도 저술한 것이다.

특히 홀로된 모친에 대한 사랑은 이순신으로 하여금 눈물의 사나이가 되게 했다. 어머니는 가난과 굴욕 속에 온갖 궂은일을 마다치 않으며 몰락한 대가족의 대소사를 처리하였다. 어머니는 가정의 중심이고, 순신에게는 하늘이고 땅이었다. 순신이 굽고 험한 세상에서 곧고 바르게, 또 천하의 악귀 왜적과 담대히 맞설 수 있었던 것도 어머니의 따듯한 사랑과 지엄한 교훈 때문이었다.

그는 연로하신 어머니를 생각하며 하염없이 눈물을 흘렸다. 머리에 나오는 흰 머리털을 뽑은 것도 단지 어머니께 자신의 늙는 모습을 안 보여드리기 위함이었다. 1593년 5월에는 팔십이 되어오는 노모를 가까이 보살피기 위해 전라좌수영 인근의 고음천으로 모셔왔다. 그의 일기에도 어머니에 대한 사랑이 절절히 나타난다.

맑다. 오늘 어머니 생신이지만 적을 토벌하는 일 때문에,
가서 오래 사시기를 축수하는 술잔을 올리지 못하니 평생의 한이다.
(1593년 5월 4일)

흐렸으나 비는 오지 않았다.
아침에 어머니를 뵈러 배를 타고 바로 고음천에 도착했다.
남의길, 윤사행, 조카 분芬도 함께 갔다.
어머니는 아직 주무시고 계셨다. 큰 소리로 부르니 놀라 깨어서 일어나셨다.
기운이 가물가물하여 사실 날이 얼마 남지 않으신 듯하다.
하릴없이 애달픈 눈물만 흘릴 뿐이다.
그러나 말씀하시는 데는 전혀 착오가 없으셨다. (1594년 1월 11일)

맑다. 아침을 먹은 뒤 어머니께 돌아가겠다는 말씀을 드리니
"잘 가서 나라의 욕됨을 속히 씻어라!" 말씀하시며 거듭 타이르셨다.
헤어질 때도 조금도 슬픔을 나타내지 않으셨다.
선창에 돌아오니 몸이 불편하여 바로 뒷방으로 들어갔다. (1594년 1월 12일)

비바람이 크게 일어났다. 탐색선이 들어와 어머님이 평안하시다는 것을 알았다.
매우 다행스럽다. (1594년 5월 5일)

맑다. 권언경과 우신, 조카 봉 등이 들어왔다.
이들에게서 어머니께서 평안하시다고 전해 들었다.
기쁘기 그지없다. (1595년 3월 18일)

맑다. 본영의 탐색선이 들어와서 어머님이 안녕하시다는 소식을 전했다.

기쁘고 다행이다. (1596년 7월 20일)

맑다. 간밤에 영의정과 조용히 이야기하는 꿈을 꾸었다.
저녁때 탐색선이 들어와서 어머니께서 안녕하시다는 소식을 알려주었다.
(1596년 7월 30일)

맑았으나 동풍이 크게 불었다.
오랫동안 어머님의 안부를 듣지 못하여 매우 걱정스럽다.
땀이 흘러 옷 두 겹을 모두 적셨다. (1596년 8월 12일)

흐리다 맑다 하였다.
송의련이 본영으로부터 들어왔다. 그가 울의 편지를 가지고 왔다.
어머니께서 평안하시다 한다. 매우 다행스럽다. (1596년 8월 19일)

모친을 뵙기 위하여 제찰사 이원익李元翼에게 써 올린 휴가신청서는 명문이기도 하지만 보는 이들에게도 감동을 준다.

생각건대, 세상일에는 부득이한 경우도 있고, 정에는 매우 간절한 대목도 있습니다.
이러한 정으로써 나랏일에 누가 되면서도
부모를 위해서는 사적인 정에 끌리는 것입니다.
부모는 아침에 나간 자식도 제때 안 들어오면 문밖에 서서 바라본다 하는데,
소인은 못 뵌 지 3년이나 되었습니다. 얼마 전 하인 편에 글월을 써 보내셨습니다.
'늙은 몸에 병이 나날이 더해가니 앞날이 얼마나 되랴!?
죽기 전에 네 얼굴이나 한번 보고 싶다.'
남이 들어도 눈물이 날 말씀인데, 하물며 그 어머님의 자식이야 어떠하겠습니까?
그 기별을 듣고는 마음이 더욱 산란하여 다른 일엔 마음이 잡히지 않습니다.
제가 지난날 건원보 권관으로 있을 때 선친이 돌아가시었습니다.
천 리를 떨어져 있어 생전 약 한 첩 못 달여 드리고 영결조차 못하여
지금 그것이 평생 유한이 되었습니다.

이제 또 어머님께서 70을 넘으시어 해가 서산에 닿은 듯하온바,
이러다가 만일 또 하루아침에 다시는 모실 길 없는 슬픔을 만나는 날이 오면,
이는 제가 또 한 번 불효한 자식이 될 뿐 아니라
어머님께서도 지하에서 눈을 감지 못하실 것입니다.
그러므로 이 겨울에 자친慈親을 가 뵈옵지 못하면,
봄에는 방비에 바쁘게 되어 도저히 진을 떠나기가 어려울 것이옵니다.
이 애틋한 정곡情曲을 살피시어
며칠간의 휴가를 주시면 한번 가 뵘으로써
늙으신 어머님의 마음이 적이 위로될 수 있을 것입니다.
그리고 그 사이에 혹 무슨 변고가 생긴다면
어찌 휴가 중이라 하여 감히 중대한 일을 그르치게 하겠습니까!?
(『이충무공서간첩』: 『난중일기』의 부록 1)

이 휴가신청은 허가되어 나흘간 어머니와 함께 애타는 정곡을 풀기도 했다. 이미 늙은 모친 역시 사랑하는 아들과 함께 있는 것이 꿈결과 같았으나 여인의 감정이나 당신 자신의 서운함을 누르고 엄히 명을 내렸다.

"나라의 치욕을 씻는 것(大雪國辱)이 급하니 어서 돌아가거라!"

1597년 2월, 삼도수군통제사였던 이순신은 왕에 대한 불복종이란 죄목으로 파직되었다. 그리고 죄인의 몸으로 서울로 압송되어 고문을 받았다. 2개월 후 석방되었으나 복권은 되지 않았다. 또다시 백의종군을 명받아 임지로 향하는 길에 고향인 아산에 들렀다. 이때 이미 83세의 노모는 이 소식을 듣고 '죄인 된' 아들을 보기 위해 여수에서 뱃길로 올라오고 있었다.

그녀는 이미 순신 위의 두 아들을 먼저 떠나보내 가슴에 큰 구멍이 뚫려 있는 상태였다. 그리고 지금까지 순신의 삶도 순탄치 않았다. 그런 아들이 지금 또 큰 고통 중에 있다 하니 어머니의 가슴은 거친 파도보다 더 출렁거렸다. 아들을 향한 어머니에겐 천 리 길의 출렁이는 파도가 아무리 높아도 전혀 문제가 되지 않는다. 그러나 심신이 노쇠한 그녀는 충청도 해안의 큰 풍랑으로 뱃멀미 끝에 숨을 거두어야 했다. 이 시간 노심초사하며 기다리는 순신의 마음은 깊은 회한에 억눌려 있었다.

맑다. 새벽에 꿈을 꾸었는데 몹시 번잡스러워 이루 다 말할 수 없다.
병드신 어머님을 생각하니 눈물이 저절로 흘렀다.
종을 보내어 어머니의 소식을 알아 오게 했다. (1597년 4월 11일)

'아아, 어머니~!
어머니께 장한 아들의 모습을 보여드려야 하는데……
이렇게 죄인의 몸이 되었으니……
어머니, 아아 어머니~~~!'

그런데 그 어머니가 오는 도중 숨을 거두었다는 청천벽력 같은 소식을 들어야 했다. 어머니는 마지막에 백의종군하는 아들을 가슴에 품고 눈을 감은 것이다.

맑다. 일찍 아침을 먹고 어머니를 마중하려고 바닷가로 가는 길에
홍 찰방의 집에 들렀다. 아직 배가 도착했다는 소식이 없다.
황천상이 약주단지를 갖고 홍백의 집에 당도했다 하여 그의 집으로 갔다.
조금 후 배에서 달려온 사내종 순화가 '어머님이 돌아가셨다'는 소식을 전했다.
방을 뛰쳐나가 가슴을 치고 뒹굴었더니 하늘의 해도 캄캄했다.
곧 해안가로 달려가니 배가 벌써 와 있었다.

길에서 바라보니 슬픔으로 가슴이 찢어져 글로 적을 수도 없다.
뒷날 대강이라도 적으리라. (1597년 4월 13일)

이순신은 아산 해암포구의 게바위(=해암, 蟹巖)로 달려 나갔다. 눈물로 출렁이는 시야 속에 노모의 시신을 보는 순신 역시 이 세상 사람이 아닌 듯했다. 그는 왜소한 노파의 앙상한 시신을 품에 안았다. 그리고 바위 위에 모셔놓았다.

게바위 모래사장 빛조차 잃었으니
자식 마중 손을 잡고 걸어오실 어머님은
어이하여 이리 누워 눈을 감고 드시는지!?

하늘이 무너지고 땅이 솟구쳐
엎드린 게바위 모래 위에 피눈물이 고였구나.
어머니 잃은 슬픔에 해도 변해 검어지네. (『이순신의 노래』, 서도소리보존회 충북지회)

맑다. 홍 찰방, 이 별좌 등이 들어와 곡을 하고 관을 손질하였다.
관은 감영에서 준비해 온 것으로 조금도 흠이 없다고 한다. (1597년 4월 14일)

맑다. 늦게 어머니의 시신을 관 속에 모셨다.
친한 오종수가 맡아서 정성껏 해 주니 뼈가 가루가 되어도 잊기 어렵다.
천안 군수가 들어와서 상여를 준비하였다.
전경복이 상복 만드는 일들을 돌봐주니
슬픈 중에도 감사한 마음을 어찌 다 말할 수 있으랴! (1597년 4월 15일)

궂은비가 내렸다. 배를 끌어와 영구를 상여에 올려 싣고 집으로 돌아왔다.
슬픔에 찢어지는 마음을 어찌 다 말하랴, 어찌 다 말하랴!?
나는 기력이 다 빠지고 또 남쪽으로 떠날 길이 급해서 소리 내어 울부짖었다!
빨리 죽기만을 기다릴 뿐이다. (1597년 4월 16일)

하루 내내 비가 왔다. 몸이 몹시 불편하여 밖에 나갈 수도 없다.
그저 빈소 앞에서 곡만 했다. (1597년 4월 18일)

맑다. 일찍 길을 떠나며 어머님의 영정 앞에 인사를 올리고 울부짖었다.
나라에 충성하려 했더니 도리어 대역죄가 이르렀고竭忠於國 而罪己至,
부모에 효도하려 했더니 부모님 벌써 돌아가셨구나아~竭孝於親 而親亦亡!
어찌하랴, 어찌하랴~!?
천지간에 나 같은 사람이 어찌 또 어디 있을 것인가!?
일찍 죽는 것만 같지 못하구나!
선조의 사당에 인사를 드리고 길을 떠났다.
일신역에 이르러 잤다. 저녁에 비가 뿌렸다. (1597년 4월 19일)

맑다. 일찍 떠나 은진 땅 은원에 이르니 김익이 우연히 왔다고 한다.
저녁에 여산 관가에 속하는 종의 집에서 잤다.
한밤중에 홀로 앉아 있으니 슬프고 서러운 마음을 견딜 수가 없다.
(1597년 4월 21일)

마음이 찢어지는 것을 어찌하랴, 마음이 찢어지는 것을 어찌하랴!?
(1597년 4월 24일)

흐린 날씨가 갤 것 같지 않았다.
일찍 길을 떠나 구례현에 이르니 금부도사가 먼저 와 있었다.
밤에 앉아 있으니 슬프고, 가슴 아픈 사연을 어찌 말로 다 표현하랴!?
(1597년 4월 26일)

맑다. 새벽꿈이 어지러웠다. 오늘은 단오인데 어머니 영위를 떠나
천 리나 먼 곳에 와서 군복무를 하며 상주의 의례도 멈추어야 했다.
곡하고 우는 것도 내 마음대로 할 수가 없으니
내가 무슨 죄 때문에 이러한 보응을 받는 것인가!?

나와 같은 예는 고금을 통해 찾아보기 힘든 일이니 가슴이 찢어지는 듯 아프다.
때를 만나지 못한 것을 한탄할 따름이다. (1597년 5월 5일)

꿈에 돌아가신 두 형님을 만나 서로 붙잡고 울부짖었다. 형님들은 말씀하셨다.
"장례도 치르기 전에 천 리 밖에서 군복무를 하고 있으니,
누가 이 일을 주관하겠느냐!? 소리 높이 슬피 울부짖은들 무엇하겠느냐!?"
두 형님의 혼이 천 리를 따라와 근심하며 걱정하여 이렇게 된 것이구나.
슬프고 서러운 마음이 끝이 없고, 매일같이 꿈자리가 어지럽다.
이는 형님들의 혼령이 말없이 걱정하고 깊이 아파하는 것이구나.
아침저녁으로 그립고 슬퍼서 펑펑 쏟아지는 눈물이 피눈물이 되었다.
하늘은 어찌 멀기만 하고 아무 대답도 하지 않으시는가!?
나는 어찌하여 빨리 죽지를 않는가!? (1597년 5월 6일)

맑다. 중복이어서 날씨가 쇠라도 녹일 것 같고, 땅은 찌는 듯하였다.
…….
어제저녁 종사관과 이야기할 때 변흥백의 종 춘이가 집의 편지를 가지고 와서
어머니 영연이 평안하신 줄은 알았다.
그러나 쓰라린 마음이야 어찌 말로 다 할 수 있을 것인가!? (1597년 6월 11일)

맑다. 아산에 있는 종 평세가 들어와서 어머님 영위가 평안하시고
여러 집 위아래가 모두 무사하다고 하였다.
장삿날은 7월 27일로 했다가 다시 8월 초4일로 잡았다고 한다.
어머니가 그리워서 가슴 아픈 것을 어찌 다 말로 할 수 있을 것인가!?
(1597년 6월 26일)

일찍 아침을 먹었는데 정을 스스로 억제치 못하고 통곡하며 보냈다.
내가 무슨 죄를 이었기에 이 지경에 이르렀는가!?
……. …….
저녁에 홀로 빈방에 앉아 있노라니 어머니에 대한 그리움이 더욱 심하여

잠을 이루지 못하고 밤 깊도록 뒤척이기만 했다. (1597년 7월 10일)

맑다. 혼자 빈방에 앉아 있으니 어머님에 대한 그리운 마음을 어찌할 바 모르겠다. 슬프고도 슬프다. (1597년 7월 11일)

이순신은 『난중일기』에 자기 부인에 대한 애틋한 감정도 적어 놓았다. 전투에 임한 한 나라의 장수로서 많은 문자를 나열하지 않았으나 아내에 대한 인자한 남편의 깊은 사랑과 관심을 절제된 표현으로 보여주고 있다.

맑다. 우수사가 가리포 첨사, 장흥 부사 등 다섯 명이 함께 와서 활쏘기를 하였다. 아침에 울의 편지를 보니 아내의 병이 심하다 한다. 그래서 회를 내보냈다. (1594년 8월 27일)

맑고 바람도 잤다. 아침에 해남 현감 현집이 보러 왔다.
아침에 탐색선이 들어왔는데, 아내의 병세가 매우 심하다고 한다.
이미 생사가 결정되었는지도 모르겠다.
나랏일이 이러하여 다른 일을 생각할 수 없으나
아들 셋, 딸 하나는 어떻게 살아갈까?
가슴이 아프고 괴롭구나. (1594년 8월 30일)

맑다. 저녁에 탐색선이 들어왔는데 아내가 나아지고 있다고 한다.
그러나 기운이 몹시 약하다고 하니 매우 걱정이다. (1594년 9월 2일)

흐렸으나 비는 오지 않았다.
아침에 탐색선이 들어왔는데 어머니께서는 평안하시지만
아내가 불이 난 다음 마음에 크게 상처를 받았고 담과 기침도 심하다고 한다.
매우 염려스럽다. (1595년 5월 16일)

4

이순신의 아들 사랑

1597년 1월 28일 조선 왕은 이순신을 파직하고 원균을 삼도수군통제사로 임명하였다. 그러나 의와 인과 신을 모르는, 한 어두운 인물이 지휘관으로 등장하자 조선 수군이 어두워졌고, 나아가 나라 전체가 어두워졌다. 과연 조선 수군은 7월 16일에 마치 예약이나 된 것처럼 칠천량에서 완패를 당했다. 원균 자신도 처참하게 죽었다. 왜적에게는 지금까지의 패전을 설욕하는 통쾌한 승리였다. 동시에 조선의 명줄은 끊어지기 직전이다. 당장 목숨의 위협을 느낀 조선 왕에겐 이제 제왕의 위엄이나 통치이념 같은 것도 없다. 22일에 그는 자신이 잡아 죽이려던 이순신을 다시 통제사로 임명했다. 그리고 이순신은 또다시 조선 수군과 나라 전체의 빛이 되었다. 그리고 기적 같은 9월 16일의 명량대첩으로 끊어지던 조선의 명줄을 다시 이어 놓았다.

당혹한 것은 왜적들이다. 조선의 둔한 왕을 속여 귀신 같던 이순신을 잡았다고 잔치까지 벌였는데 그가 다시 돌아온 것이다. 이제 왜적도 인정해야 했다. 조선의 하늘은 높고, 자신들은 저주받은 섬나라의 악귀라는 것을!

저주받은 사람들은 비루한 해코지도 마다치 않는다. 왜적은 이순신의 고향 아산에 은밀히 칼잡이들을 파견하여 그의 가족들을 살육케 했다. 갑자기 들이닥친 악귀들을 맞이한 것은 이순신의 셋째 아들 이면李葂(1577~1597)이었다. 당시 20세의 면은 용감히 맞섰지만, 중과부적으로 죽임을 당했다. 그는 용모와 성품에서 아버지를 제일 많이 빼닮았다. 그래서 아비 이순신도 이 막내를 제일 사랑하여 눈에 넣어도 아프지 않을 정도였다. 그런데 그 아들이 자신보다 먼저 세상을 떴다는 비보를 들어야 했다. 면의 시신은 아산의 충무공 옛집 인근의 언덕, 현재 현충사의 경내에 안장되었다.

> 새벽 2시쯤 꿈에 내가 말을 타고 언덕 위를 가다가 말이 발을 헛디뎌
> 냇물 가운데 떨어졌다. 그러나 말이 거꾸러지지는 않았다.
> 그다음에 아들 면이 엎드려 나를 안는 듯하더니 깨어났다.
> 이것이 무슨 조짐인지 모르겠다.
>
> 저녁에 천안에서 온 사람이 집에서 보낸 편지를 전해 주었다.
> 봉함을 뜯기도 전에 온몸이 먼저 떨리고 정신이 어지러웠다.
> 거칠게 겉봉을 뜯고 열蒨이 쓴 글씨를 보니 겉면에 통곡 두 글자가 쓰여 있었다.
> 아들 면이 적과 싸우다 죽었음을 알고, 간담이 떨어져 목 놓아 통곡, 통곡하였다.
>
> 하늘이 어찌 이다지도 어질지 못하는가? 간담이 타고 찢어지는 것 같다.
> 내가 죽고 네가 사는 것이 이치에 마땅한데,
> 네가 죽고 내가 살았으니 어쩌다 이처럼 이치에 어긋났는가?
> 천지가 깜깜하고 해조차도 빛이 변했구나.
> 슬프다. 내 아들아! 나를 버리고 어디로 갔느냐!?
> 영리하기가 보통을 넘어섰기에 하늘이 이 세상에 머물게 하지 않는 것이냐!?
> 내가 지은 죄 때문에 화가 네 몸에 미친 것이냐!?

나는 이제 이 세상에서 누구를 의지해야 하는가?
너를 따라 죽어서 지하에서 같이 지내고 같이 울고 싶지만
네 형, 누이, 네 어머니가 의지할 곳이 없으므로
아직은 참고 목숨을 이을 수밖에 없구나!
마음은 죽고 껍데기만 남은 채 울부짖을 따름이다.
하룻밤 지내기가 한 해를 지내는 것 같구나.
밤에 비가 내렸다. (1597년 10월 14일)

하루 내내 바람이 불고 비가 내렸다.
누웠다 앉았다 하면서 하루 내내 뒤척거렸다.
여러 장수들이 위문하러 왔으나 어떻게 얼굴을 들고 대할 것인가!?
(1597년 10월 15일)

내일이 막내아들의 죽음을 들은 지 나흘째 되는 날인데도
나는 마음 놓고 울어 보지도 못하였다. (1597년 10월 16일)

맑았으나 하루 내내 큰바람이 불었다.
새벽에 향을 피우고 곡하였으며 흰 띠를 매었다.
이 슬픔을 어찌 참을 수 있으랴!? (1597년 10월 17일)

맑다. 새벽에 고향 집의 종 진辰이 내려오는 꿈을 꾸었다.
나는 죽은 아들을 생각하며 통곡을 했다.
어두울 무렵에 코피가 터져 한 되 넘게 흘렸다.
밤에 앉아 아들을 생각하고 눈물을 흘렸다. 어찌 다 말로 할 수 있으랴!?
이제 죽은 영혼이 되었으니 이렇게 불효를 저지를 줄을 어떻게 알 것인가!?
슬픔 때문에 가슴이 찢어지는 듯하여 가눌 길이 없다. (1597년 10월 19일)

밤 자정께 면이 죽는 꿈을 꾸고는 목 놓아 울었다. (1597년 11월 7일)

사랑하는 아들의 죽음은 BC 1000년경 이스라엘의 왕 다윗도 경험했다. 그의 아들 중에 매우 출중하고 유능한 압살롬이란 아들이 있었다. 그래서 다윗은 그를 극진히 사랑하였다. 그런데 이 아들이 역심을 품고 민심을 훔치기 시작했다. 끝내는 스스로 왕이라 칭하며 아버지의 군대와 전쟁을 벌이다 죽임을 당했다. 그의 죽음에 대하여 다윗의 부하들은 가슴을 쓸어내리며 크게 기뻐했다.

아, 그 나쁜 놈, 잘 죽었다. 잘~ 죽었어!
그 지독한 놈, 참 잘~ 죽었어!
아이구, 시원해라! 이제 발 뻗고 편히 잠자게 되었구나!
이렇게 시원할 수가!

그러나 아비인 다윗의 마음은 전혀 시원할 수가 없었다. 아들의 반역과 불행이 다윗 자신의 허물과 죄악에서 비롯된 것이기 때문이다. 신하들은 승리를 자축하며 왕에게 우렁찬 목소리로 다시 충성을 맹세하였으나 남에게 말 못 하는 아비 다윗의 마음은 심히 괴로웠다. 그래서 한밤중 어두운 성루 위를 홀로 헤매며 통곡하고, 또 울부짖었다.

내 아들 압살롬아~,
내 아들, 내 아들 압살롬아~,
차라리 내가 너를 대신하여 죽었더라면~!
압살롬, 내 아들아, 내 아들아~~~! (삼하 18:33)

3장

신: 믿음

1

마음 내부의 사항

신信, faithfulness은 믿음이고 신념이다. 이것 역시 유교의 오상에도 포함되어 있다. 그런데 믿음 자체는 마음 내부의 사항으로서 겉으로 드러나 보이지 않는다. 정의와 인애가 이웃에 대한 행위로 드러나 증명될 수 있지만 믿음은 외부로 감지되어 증명될 수 없다. 이천 년 전 예수가 당시의 종교인들을 지적한 것처럼 기도, 설교, 헌금 등 종교적 행위로도 확인되지 않는다. 그러므로 세상 사람들에게 믿음이 헛되고 무가치한 것으로 여겨져 무시되는 경향도 있다.

그러나 정의와 인애의 실천에는 먼저 그에 대한 믿음이 전제되어 있다. 다시 말하면 믿음이 전제되지 않으면 진정한 정의와 인애가 행해질 수 없는 것이다. 믿음은 정의와 인애를 실천하게 하는 주체로서 뼈와 근육을 움직이는 정신에 해당한다. 이러한 믿음이 필요한 이유는 인간의 지식과 능력에 한계가 있기 때문이다. 이 한계를 초월하는 것이 바로 믿음이고 신념이다.

믿음은 바라는 것들의 실상이고 보이지 않는 것들의 증거다. (히 11:1)

이 믿음이 또한 유한한 인간의 한계를 넘어 영원하신 창조주를 인식하는 것이다. 그리고 창조주께서는 믿음의 사람들에게 도움을 베풀며 자신을 계시하신다. 그러므로 믿음이 삶 속에서 긍정적이고 창조적으로 작용하여 환난과 핍박 중에도 포기하지 않고, 절망 속에도 소망을 품고 정의와 인애를 실천해 나가는 것이다.

2

믿음의 사람, 이순신

이순신은 믿음과 신념의 사람이었다. 소년 때부터 신묘막측한 천지 만물의 운행을 관찰하며 그의 창조주를 경외한 것이다. 그가 창조주 하나님을 인식한 것은 전혀 이상한 일이 아니다. 왜냐하면 창조주의 능력과 신성이 그가 만드신 만물에 분명히 보여 알려졌기 때문이다. 그러므로 만일 이순신이 하나님을 인식하지 못했다면 그것이 오히려 비정상이고 이상한 일이다. 또 이것은 이순신뿐 아니라 모든 사람에게 해당되는 것이다.

> 이는 하나님을 알 만한 것이 그들 속에 보임이라.
> 하나님께서 이를 그들에게 보이셨느니라.
> 창세로부터 그의 보이지 아니하는 것들,
> 곧 그의 영원하신 능력과 신성이 그 만드신 만물에 분명히 보여 알려졌으니
> 그러므로 그들이 핑계하지 못할 것이라! (롬 1:19-20)

그러므로 이순신뿐 아니라 세상의 모든 사람이 창조주를 인식하지 못한다면 그것이 비정상이고 참 이상한 일이다.

순신은 또한 깊이 생각하는 중에 부귀공명의 허망함과 인간군상의 고통을 보았다. 그리고 정의와 인애의 가치와 그 필요성을 절감하였다. 이렇게 생각하는 청년 순신의 가슴속에 자신도 모르게 깊은 믿음이 자리 잡게 되었다. 그러므로 한창 입신양명을 바라보며 가슴이 부풀어 오르는 청년의 시기에도 그는 허황되지 않았다. 그는 자신의 인생관을 분명하게 표현하였다.

> 대장부 세상에 나서 쓰이면 죽을힘을 다해 충성할 것이요,
> 쓰이지 못하면 농사를 지어도 또한 족한 것이다.
> 다만 권세 있는 자에게 아첨하며 뜬 영화를 탐내는 것은 내가 부끄러워하는 바라.

이순신이 통제사가 된 말년에 청년들의 간청으로 시 한 수를 써준 것이 있다.

> 빈궁과 영달은 오직 하늘에 달렸으니
> 모든 일은 모름지기 자연에 맡겨두라!
> 부귀는 때가 있어 홀로 차지하기 어려우며
> 공명은 임자 없이 번갈아 전해지는 것.
>
> 마땅히 멀리 갈 때는 천천히 걷고
> 처음 앞서 오를 때는 넘어질까 염려하라!
> 첩첩한 티끌 세상 헤쳐나가는 길에
> 남의 뒤를 가더라도 채찍질은 하지 마라!

여기서 '반궁과 영달이 하늘에 달렸다'는 말이 단순한 공간으로서의 하늘이 아니라 창조주를 암시한 것이다. 또한 '모든 일을 자연에 맡겨두라'는 것도 맹목적으로 손 놓고 포기하라는 것이 아니라 '자연

의 주인'을 의지하라는 말 아닌가!? 물론 현재 한국 기독교에서 사용하는 '하나님', '하느님' 등의 호칭은 아니다. 당시 이순신은 성경도 안 읽었고 예수도 몰랐다.

그가 예수를 몰랐던 이유는 당시 교회의 직무유기라 할 수 있다. 이미 1,560여 년 전 십자가 위에서 죽고 부활한 예수는 승천하며 신도들에게 엄중한 최후의 지상명령을 하달했다.

> 너희는 온 천하를 다니며 만민에게 복음을 전파하라! (막 16:15)
>
> 땅끝까지 이르러 나의 증인이 되어라! (행 1:8)

그럼에도 불구하고 그 후 1600년이 다 가도록 조선에는 기독교인이 오지 않았다. 따라서 조선 백성과 이순신은 예수와 성경을 알 수가 없었다. 다만 아이러니하게도 조선을 처음 방문한 기독교인이 임진년에 조선을 침략한 악귀 왜적이었다. 그 선봉인 제1군단 장수 고니시 유키나가小西行長(1555~1600)와 그의 부하 다수가 바로 기독교인이었다. 그들은 서양의 십자군처럼 십자가 표시를 한 군선을 타고 1592년 들이닥쳐 수년 동안 조선 백성을 무차별 도륙하였고, 1598년 노량 앞바다에서 본국으로 쫓겨 가는 마당에 이순신이 순국한 것이다.

당시 기독교의 종주였던 로마 교회는 현재의 한국 교회처럼 부패하여 금권이 판을 치며 분쟁과 분열을 거듭하고 있었다. 이처럼 당시의 교회가 직무를 유기하는 상황에서 이순신은 자연에 나타나신 창조주 하나님을 인식한 것이다. 그리고 '하늘', '하늘님'이라 부르며 기도를 올렸고 양심에 따라 행동했다.

3

믿음의 사람들

기독교에서는 아브라함이 믿음의 조상으로 추앙받고 있다. 이 아브라함에게 BC 2100년경 하나님이 나타나 언약을 맺으셨다.

> 너는 너의 고향과 친척과 아비의 집을 떠나 내가 네게 지시하는 땅으로 가라!
> 내가 너로 큰 민족을 이루고 네게 복을 주어 네 이름을 창대케 하리니
> 너는 복의 근원이 될 것이다. (창 12:1-2)

이 아브라함의 아들이 이삭이고, 이삭의 아들이 이스라엘이라는 새 이름을 얻은 야곱이다. 그리고 야곱의 12아들이 12지파를 이루어 이스라엘 민족이 되었다. 이것이 기독교에서 하나님을 '아브라함의 하나님, 이삭의 하나님, 야곱의 하나님'이라 부르는 이유다.

아브라함과 동시대 사람으로서 욥이란 사람이 동쪽 우스란 땅에 살았다. 그는 인류의 대표적인 고난자로, 또 의인으로도 알려진 사람이다. 그러나 각각 다른 지역에 살았으므로 욥은 아브라함을 알지 못했고, 따라서 '아브라함의 하나님'도 몰랐다. 그럼에도 불구하고 욥은 자연의 창조주 하나님을 인식하고 경외했다.

> 우스 땅에 욥이라 불리는 사람이 있었는데 그 사람은 온전하고 정직하여 하나님을 경외하며 악에서 떠난 자더라. (욥 1:1)

이와 같이 욥이 온전하고 정직하여 하나님을 경외한 것처럼 이순신도 악에서 떠나 의를 추구하며 창조주 하나님을 경외하였다.

AD 40년경 사도 시대에는 고넬료라 하는 로마 군인이 있었다. 그는 유대인이 아닌 이방인이었으므로 아브라함, 또 모세의 율법과 무관한 사람이었다. 그러므로 예수의 제자들을 비롯하여 유대인들은 고넬료를 들짐승 대하듯 상종을 하지 않았다. 따라서 그를 방문한다는 것은 생각할 수도 없었다. 그럼에도 불구하고 고넬료 역시, 욥과 이순신처럼, 창조주 하나님을 경외하며 널리 구제를 베푸는 의인이었다. 왜냐하면 그 역시 하나님의 피조물이고 사랑의 대상이기 때문이다. 결국 하나님은 환상으로 베드로에게 직접 명령하셨다. 만일 이 명령이 없었다면 베드로는 평생 절대로 고넬료를 방문하지 않았을 것이다.

> 베드로가 그 환상에 대하여 생각할 때에 성령께서 그에게 말씀하시되 "두 사람이 너를 찾으니 일어나 내려가 의심하지 말고 함께 가라! 내가 그들을 보내었노라." (행 10:19-20)

4

현실을 초월하는 능력

430여 년 전 한반도의 이순신 역시 하나님의 피조물이고, 또 사랑의 대상이었다. 뿐만 아니라 이순신도 창조주를 경외하며 일상의 모든 일뿐 아니라 죽고 사는 일을 하나님에게 의뢰하였다. 몇 가지의 사례에서 그것을 알 수 있다.

가. 죽음의 위험 앞에서

이순신이 1587년 함경도 녹둔도에서 둔전관으로 근무할 때 여진족의 내습이 있었다. 이순신은 다리에 화살을 맞았음에도 분투하여 적을 격퇴하였으나 인적, 물적 손실이 있었다. 이에 대한 책임으로 순신은 파직되었고, 하옥되어 형틀에 매이게 되었다. 경우에 따라 패장으로서 처형될 수도 있었다. 그러므로 평소 그와 가까운 한 동료 군관이 그의 손을 잡고 눈물을 흘리며 위로의 말을 했다.

"술이라도 마시고 들어가는 것이 좋을 것 같소."

그러나 이순신 자신은 전혀 동요됨이 없었고 그의 음성도 평소와 같았다.

"죽고 사는 것이 천명이오死生有命, 술은 마신들 무엇 하겠소!?"

여기서 천명이라 함은 천지와 역사의 주인이신 하나님의 뜻이라는 것이다. 이로부터 10년 후 정유 재왜란 때 이순신은 다시 파직되어 의금부 감옥에 갇혔다. 이때도 왕의 분노가 크고 조정의 공론도 엄중하여 매우 비관적이었다. 한데 한 옥리가 순신의 조카에게 뇌물을 쓰면 혹독한 처벌을 면하고 석방될 수도 있다고 말했다. 마음이 급한 조카는 지인들에게 이 사실을 알리고 의논하려 했다. 그러나 이 말을 전해 들은 이순신은 크게 노하며 조카를 꾸짖었다.

"죽고 사는 것이 하늘의 명령天命에 있느니라.
죽게 되면 마땅히 죽을 뿐이다!
어찌 구차하게 뇌물을 써서 모면하려 하는가!?"

이순신은 악하고 둔한 왕의 억압하에서도, 살벌한 전투의 위험 속에서도 하늘의 하나님을 의뢰했다. 적선들이 다가오면 자신도 궁수들과 함께 활을 쏘았다. 부하들이 나라를 위해 몸을 아끼라 조언하면 하늘을 가리키며 말했다.

"나의 명은 하늘에 있거늘 어찌 너희들만 적을 대항케 할 것이냐!?"

나. "신에게는 아직도 12척의 배가"

1597년, 정유년 2월 이순신은 모함을 받아 다시 파직되었고 의금부 감옥에서 고문을 받았다. 그 대신 이순신을 음해한 원균이 삼도수군통제사가 되었다. 그러나 원균은 7월의 칠천량 해전에서 조선의 전체 수군 일만여 명과 160여 척을 모두 잃었다. 그 자신도 벌거벗고 도망치다 왜적들에게 끔찍하게 참살당했다. 이 해전은 교과서적인 완패였고, 왜적에겐 오랜만에 이룩한 통쾌한 완승이었다.

왜적은 즉시 남해에서 서해로 돌아 단기간에 조선을 다시 점령하기 위해 움직였다. 다급해진 왕은 이순신을 다시 기용하였다. 그러나 수졸과 군선이 이미 전무한 상태이므로 수군을 포기하고 육군에 복속할 것을 권했다. 이 상황에서 이순신은 수군을 포기하지 않았다. 그의 가슴속에는 현실을 초월하는 믿음이 있기 때문이었다.

> 지금 신에게는 아직도 12척의 배가 있나이다.尙有十二
> 죽을힘을 다해 막아 싸운다면 오히려 할 수 있나이다.
> 만일 지금 수군을 전부 없앤다면,
> 바로 이것을 왜적이 요행으로 여길 것이옵니다.
> 그리고 즉시 전라, 충청의 해안을 지나 한강에 이를 것입니다.
> 이것을 신이 두려워하는 것이옵니다.
> 우리 배의 수가 비록 적어도 미천한 신이 죽지 않는다면
> 적은 감히 우리를 업신여기지 못할 것이옵니다.

여기서 "신에게는 아직도 12척의 배가 있나이다"라는 말은 원래 "내게는 아직도 승리의 믿음이 있나이다"의 현실적인 표현이다. 이러한 믿음의 장계를 올린 이순신은 명량해전에서 기적 같은 승리로 조선

의 운명을 지켜냈다. 비록 "믿사옵니다!"라고 큰소리치지 않았지만 실제로 승리를 가져온 것은 12척의 배보다 그의 마음속 믿음이었다.

다. 믿음이 바라는 것들의 실상

충무공이 새로운 전함 거북선을 건조한 것도 믿음이었다. 그것은 '있지도 않던' 배로서 사람들이 눈으로 보지도 못한 것이었다. 단지 180여 년 전 태종 때의 기록에 잠깐 언급되어 있을 뿐이다. 그러므로 이러한 거북선을, 그것도 열악한 조건하에서 제조하는 것에 대해 부관들의 반대가 거셌다. 이러한 상황에서 이순신의 믿음이 작용한 것이다. 현실로 나타난 그 믿음이 바로 거북선이다.

> 믿음이 바라는 것들의 실상이요, 보이지 않는 것들의 증거니 (히 11:1)
>
> 오직 의인은 믿음으로 말미암아 살리라. (합 2:4; 롬 1:17)

거북선은 왜적의 전술에 대응하여 기존의 판옥선을 나무로 덮어 거북 형상의 돌격 전투용으로 개조한 것이다. 12cm 이상의 두꺼운 소나무로 제작되며 나무못을 사용하여 녹이 슬지 않고 견고하다. 그러므로 충격에 강하여 적선을 그대로 들이받아 침몰시킬 수도 있다. 노는 선체 안쪽으로 배치되어 충돌해도 부러지지 않으며 적선들 가운데로 깊숙이 침투할 수 있다. 그리고 내부에서 45명의 포수, 사수들이 각종 화포로 전후좌우 사방의 적선들을 정확히 공격할 수 있다. 상판 위에는 칼침이 촘촘히 설치되어 아무리 무모 용맹한 왜적들도 뛰어오르지 못한다.

이순신이 제조한 2척의 거북선은 공교롭게도 임진왜란 바로 전날에 시험 운행과 포 발사에 성공했다. 만일 부하 장수들이 반대만 하지 않고 함께 도왔더라면 최소 10척의 거북선을 완성하여 악귀 왜적도 조기에 물리쳤을 것이다.

그러나 당시 조선의 다른 장수들은 '있는 배'도 정비하지 않고, 적이 오면 그대로 바다에 내버리고 뺑소니를 쳤다. 그런데 어떻게 이순신은 '있지도 않던' 배를 생각하고, 그것도 열악한 환경에서 거센 비판 속에 제조할 수 있었는가!? 도대체 어떤 요인이 이순신에게 작용한 것인가? 그것이 바로 '믿음'이라는 것이다. 그러므로 '믿음'이 일반사람들에게는 쉽게 이해되지 않는다.

보이는 모든 세계가 하나님의 말씀으로 지어진 줄을 우리가 믿음으로 아는 것과 같다. 대홍수 전에 노아도 믿음으로 보이지 않는 일에 경고를 받아 방주를 지었다. 그리고 이 노아의 믿음과 방주가 인류를 보존했듯이 이순신의 믿음과 거북선이 오늘의 대한민국을 보존한 것이다. 이순신이 왜군의 조총을 능가하는 조선 조총을 개발한 것도, 백성을 위해 새로운 생활환경을 조성한 것도 믿음과 비전에 따른 것이었다.

동부승지 최유해崔有海는 충무공 사후 그의 생전의 일을 정리하는 「행장行狀」이라는 글에 역시 그의 신념에 대해 기록하고 있다.

> 공은 엄하고 진중해 위풍이 있는 한편
> 남을 사랑하고 선비에게 겸손하며 은혜와 신의가 분명하다.
> 식견과 도량이 깊으며 기쁨과 노여움을 잘 나타내지 않았다.

그는 일찍이 말했다.
"다만 권세 있는 자에게 아첨하며
뜬 영화를 탐내는 것은 내가 부끄러워하는 바라."

인조 때의 대제학 이식李植은 왕에게 이순신의 시호를 제의하는 시장諡狀에 다음과 같이 그의 인품을 묘사하였다.

스스로 신념을 지키고 아첨하지 않는 것을 평생의 일관된 신조로 삼았기에
그는 반생을 불우하게 지냈으며, 세상에서 알아주는 이가 없었다.
난리를 만나 뛰어난 전공을 세워
임금과 신료를 비롯하여 백성들을 감동시켰음에도 불구하고
속인들로부터 오히려 모함을 당하고 옥에 갇히게 된 것도 이 때문이다.

Ⅲ

충무공 이순신과 왜란

1장

조선의 왕과 조정

1

서출의 선조

당시 조선의 왕은 14대 선조로서 재위 기간이 41년(1567~1608)이다. 그는 11대 왕 중종 후궁의 여덟 번째 아들 덕흥대원군德興大院君의 셋째 아들이고, 본명은 이균李鈞(1552~1608)이었다가 이연으로 바꾸었다. 서출이므로 대군大君이 아니라 그냥 군, 즉 하성군河城君이라 불렸다. 그가 왕이 된 것은 왕가의 적통들이 모두 죽었기 때문이다. 중종의 장남인 12대 인종이 등극 1년 만에 죽었고, 13대 왕으로 차남인 명종이 12세에 등극하였으나 그 역시 허약하여 후계자 없이 34세에 죽었다. 이 명종이 임종을 맞으며 서둘러서 15세에 불과한 이균을 부랴부랴 왕위에 앉힌 것이다.

선조는 그러니까 중종의 많은 후궁들에서 출생한 많은 아들들이 낳은 수많은 손자들 중 하나였다. 이처럼 왕의 적통 아닌 서자가 즉위한 것이 이전에 없던 첫 사례로서 당시의 엄격한 신분사회에서 정통성 콤플렉스로 크게 작용하지 않을 수 없었다.

그러므로 선조는 자신의 친아버지인 덕흥대원군을 왕으로 추존하려 했었다. 집권하는 왕의 아버지를 예우상 왕으로 추대하는 관례가 있었던 것이다. 그러나 조정의 반대로 뜻을 이루지 못했다. 그는 또 대신들이 국정을 논하는 중에 '첩', '첩모'란 말만 나와도 큰 분노와 불쾌감을 나타냈다. 이러한 열등의식으로 인해 그는 사회 상황을 옳게 판단하지 못했다. 충신과 간신을 구별하지 못했고, 나라의 위기도 판별하지 못했다. 그리고 나라가 위급할 때는 자기 먼저 뺑소니를 쳤다.

그러나 보위에 오를 당시의 이균은 또래 아이들 중에서 영악한 면이 있었다. 명종은 죽기 전에 후사를 염두에 두고 종실의 사내아이들을 대궐로 불러 대화를 나누었다. 어느 날 왕은 아이들에게 자신의 왕관인 익선관翼善冠을 한번씩 써보라 했다. 익선관은 왕이 곤룡포를 입고 정무를 볼 때 머리에 쓰는 관이다. 갑자기 왕으로부터 의외의 명을 받은 아이들은 당혹해하며 차례대로 덥석덥석 왕관을 써보았다. 그러나 이균은 재빨리 눈알을 굴려 분위기를 살폈다. 자기 차례가 왔을 때는 자못 머리를 깊게 조아리며 공손한 목소리로 아뢰었다.

"감히 아뢰옵니다.
신하가 쓸 수 있는 것이 아니오라 쓰지 못하겠나이다.
통촉하시옵소서, 폐하!"

그의 목소리는 가늘게 떨리기까지 했고, 이어서 지극히 황송스러운 몸짓으로 왕관을 다시 받들어 올렸다. 명종은 아이들에게 다시 '왕과 아비는 어떻게 다른가?'라고 물었다. 다른 아이들이 쭈뼛거리며 대답을 찾을 때 이균이 또 대답했다.

"왕과 아비는 같지 않사오나 충효는 다르지 않사옵니다. 폐하-!"

이러한 언행이 명종의 마음에 들었고 다음 왕으로의 낙점에 작용한 것으로 알려져 있다. 한 사람을 평가함에 있어서 정확한 객관적인 기준이 있을 수가 없다. 정승 이준경은 하성군에 대해 다음과 같은 평을 남겼다.

> 그가 명철하기는 하지만 그릇이 큰 인물은 아니다.
> 예의가 바르긴 해도 절대 겸손한 성품이 아니다.

아무튼 아직 자유분방한 철부지 이균이 갑자기 넓은 궁궐에 들어와 처음엔 낯설고 외롭기도 했다. 그리고 서자란 신분으로 항상 불안했다. 이것이 열등감으로, 다시 피해의식으로 굳어지며 매사 자신의 안위를 최우선시하게 되었다. 왕이 자신의 안전을 도모하는 것은 세상 모든 왕들의 공통사항이기도 하다. 왕위를 노리는 세력들이 항상 나라 안팎에 도사리고 있기 때문이다. 예를 들면 다음과 같다.

첫째, 나라 밖의 이민족들이다. 이들이 강성해지면 언제든지 군대를 동원하여 국경을 침범하며 왕국 전체를 유린하는 것이다. 실제로 나라라는 것이 '거대한 강도떼'에 불과하다. 나라 안팎에는 오직 양육강식이라는 짐승 논리가 지배하기 때문이다. 그러므로 성경은 모든 나라들을 예외 없이 '짐승'으로 표현하고 있다. 역사적으로도 좋은 나라란 없다. 모든 나라가 나쁜데 그중에 그저 좀 덜 나쁜 나라가 있을 뿐이다. 이것이 사람으로 하여금 먼저 하나님의 나라를 구하게 하는 이유기도 하다.

둘째, 나라 안에서 왕족들이 왕권을 넘볼 수 있다. 왕족 중에 언제 누가 새 왕으로 옹립되어 나설지 모른다. 바로 선조 자신의 경우기도 하다. 또 당시 이몽학李夢鶴(?~1596)의 역모사건도 발생하였다. 이몽학도 서자 출신의 왕족으로서 왜란 중에 '백성을 편안케 하고 나라를 안정시킨다'는 명분으로 의병을 모아 반란을 도모했다. 이것이 발각된 후 그와 연루되었다고 고변된 수많은 사람들이 무고하게 죽임을 당했다. 선조가 죽은 후에는 그의 아들 광해군이 보위에 올랐으나 그 또한 자신의 형제인 임해군과 영창대군을 역모죄로 죽였다. 광해군 자신도 후에 인조반정으로 폐위되었다.

셋째, 나라 안의 왕족 외에 실력 있는 신하들 역시 왕위에 위협이 될 수 있다. 이들의 공적이 클수록, 그리고 백성들의 신망도 클수록 왕에게는 부담스러운 것이다. 바로 자신의 조상 태조 이성계도 200년 전 고려의 한 신하로서 당시 북쪽 지방에서 공을 세워 백성의 신망도 받았다. 그러다 결국 고려 왕정을 제거하고 스스로 왕이 되었다. 그러므로 어떤 신하라도, 그의 공적이 클수록, 특히 군대를 지휘하는 무관일수록 더욱 경계의 대상이 되는 것이다.

이러한 이유로 선조는 유독 무관들을 잔혹하게 다루었다. '패배한 장수는 참수'라는 원칙도 세웠다. 장수가 참수되지 않으려면 딴생각하지 말고 오직 왕과 나라를 지키는 일에만 열중하라는 것이다.

1583년 선조 16년 1월 북방의 여진족 니탕개尼湯介가 1만의 대병력으로 함경북도 경원진성을 갑자기 공격했다. 당시 경원부사인 정3품 김수金燧는 1천여 명의 군사로 고군분투하였고, 후에 도착한 지원군과 함께 상황을 종결하였다. 그러나 그 과정에서 경원진성 일부를 한나절 동안 빼앗겼었다. 그러자 왕은 이 일시적 함락을 죄로 물어 김수와 그의 부장인 종5품 양사의梁思毅를 즉각 체포하여 군진 앞에서 참수하게 했다. 이로부터 4년 뒤 2월 대규모의 왜적이 남해안을 침공했을 때는 전라좌수사 심암沈岩을 처형하였다.

선조의 재위 기간 전반부에는 이황, 조식, 이이, 유성룡, 정철, 윤두수, 이산해, 이원익, 이항복, 이덕형 등 훌륭한 인재들이 등장하여 국정운영이 원만하였고 학문도 융성하였다. 임진왜란과 정유 재왜란도 이순신의 활약으로 평정할 수 있었다. 그러므로 이러한 선조 때의 정황을 후대에 목릉성세穆陵盛世라고도 한다. 목릉은 선조의 묘지명이다. 그러나 훌륭한 인재들의 퇴진 후 조정 대신들은 동인-서인 등 당파로 나뉘었고, 정여립의 모반 후 당파 간의 골은 더욱 깊어졌다. 당파싸움에서 밀리면 역적으로 몰리어 목숨까지 잃게 된다. 왕은 이러한 당파를 조장, 조종, 또 견제하며 자신의 안위를 도모했다.

선조에게는 정의와 인애와 믿음에 대한 개념이 없을뿐더러 자주의식도, 애민정신도 없어 보인다. 오직 북쪽에 있는 명나라를 상국上國, 천조天朝라 부르며 극진히 섬겼다. 조선의 세자도 명나라의 허가를 받아 세웠다. 그리고 수천의 조선 처녀와 환관 또 엄청난 공물을 정기적으로 명나라에 바치며 자신의 안위를 도모했다. 그리고 자기 자신은 안전하다고 생각하며 바다 건너 왜국에 대하여는 소홀했다.

그러나 당시 크고 작은 왜란들이 이미 빈번히 일어나고 있었다. 1510년에는 남해안의 부산포, 내이포, 염포 등에 거주하던 왜구들이 연합하여 폭동을 일으켰다. 이를 삼포왜란이라 한다. 1544년에도 통영에서 사량진 왜변을 일으켰고, 1555년에도 전라도 남부 영암을 침입하여 을묘왜변을 일으켰다.

2

무능한 왕 - 유능한 신하

어느 날 선조가 왜군의 침략 가능성에 대해 물었다. 이에 대해 무관으로서 공조판서 겸 도총관인 변협邊協(1528~1590)이 아뢰었다. 변협은 어려서부터 재주와 용맹이 뛰어나 20세에 무과 급제하고 을묘왜변 때 왜적을 격퇴한 장수기도 하다. 그러므로 패기만만하였으나 무모하기도 했다.

"왜선은 그다지 크지 않아 중국 배에 미치지 못하고
한 척에 1백 명밖에 탈 수 없습니다. 1백 척이면 1만 명이니
만일 온다 해도 1만 명 외에 더 나오기 어려울 듯하옵니다."

왜란 1년 전인 1591년에는 겐소玄蘇라는 왜국 사신이 한양에 머무르며 왜국의 명나라 정벌 계획을 전달해 주었다. 그러나 조선의 왕과 조정은 그 의미와 심각성을 인식하지 못했다. 왜국 사신은 자신의 숙소인 동평관東平館을 떠나며 다음과 같은 글을 낙서처럼 벽에 남겨 놓았다.

"사마귀에게 먹힐 줄도 모르고 매미는 저렇게 노래만 하는구나!"

그즈음 옥천의 전 현감 조헌趙憲(1544~1592)이 한양으로 올라와 궐문 밖에서 상소문을 올렸다. 조헌은 23세에 문과 급제한 수재로서 조선 최고 교육기관인 성균관에 봉직하였다. 그는 성품이 강직하였고 직언을 서슴지 않았다.

"왜국 사신의 목을 베고 중국에 알린 후
온 나라가 하나 되어 왜적에 대비해야 하옵니다."

그러나 이 상소문은 승정원에 정식으로 접수조차 되지 않았고, 선조는 이에 대해 말했다.

"조헌이 여러 번 미치고 허황된 말을 하여 귀양까지 가게 되어도
그칠 줄을 모르니 참으로 부끄러움을 모르는 자로다. 쯧쯧"

그럼에도 불구하고 조헌은 다시 자신의 친구이기도 한 평안감사 권징權徵에게 아들을 보내 왜적을 조심해야 한다고 했다. 권징이 병사에 조예가 깊어 병조판서로도 거론되기 때문이다. 그러나 권징은 크게 웃으며 말했다.

"어허, 황해도, 평안도에 어찌 왜적이 올 리가 있겠는가!?
자자, 돌아가 그대 부친에게 다시는 이런 말 하지 말라고 하게!
알겠는가!?"

조선의 조정이 이처럼 외세에 무지한 만큼 내부도 당파싸움으로 암울했다. 관리들은 국가 공신이라는 훈구파勳舊派와 신진 유학자 출신이라는 사림파士林派로 나뉘었다. 그리고 그 당파의 우두머리가 거주하는 위치에 따라 동인과 서인이라 불렸다. 여기서 밀리면 역적으

로 몰려 멸문지화를 당할 수 있으므로 죽기 살기로 싸워야 한다. 실제로 수차례의 사화士禍가 발생하였다. 그러다가 왜란이 일어나자 왕과 귀족은 백성을 버리고 먼저 뺑소니치기에 급급했다. 그러나 조헌은 스스로 격문을 띄우고 의병을 모아 왜적을 물리쳐 8월에는 빼앗겼던 청주성을 수복하기도 했다.

왜란 발생 3년 전에는 동인에 속한 정여립鄭汝立(1546~1589)의 모반사건이 발생했다. 정여립은 전라도 전주의 동래 정씨 가문으로 21세에 명종 치하에서 진사가 되었다. 어려서부터 총명했던 그는 체격이 늠름하고, 성격도 활달하여 예민한 문제들도 기탄없이 언급하였다. 그의 행동 역시 자유분방하여 왕의 앞에서 눈을 부릅떠 미움을 받았다고도 한다. 이러한 그의 태도가 당시 경직된 군주사회에서 순탄할 수가 없었다.

조정 관료들과도 몇 번의 마찰을 경험한 그는 결국 자신도 환멸을 느껴 고향으로 돌아왔다. 그러나 호탕한 그의 주위에는 사람들이 모여들었다. 그는 그들과 함께 대동계大同契라는 자치조직을 만들어 고장의 복리 증진과 상호부조를 위한다고 했다. '대동'은 큰 도가 행해져 천하가 공평한 이상사회라는 말로서 오경의 하나인 『예기禮記』에 나온다. 이를 위해 그들은 전라북도 진안군 죽도竹島에서 정기적으로 모여 학문과 무예를 연마하고 잔치도 베풀었다. 사면이 강으로 둘러싸여 정말 섬과 같은 이곳엔 신분의 제약이 없었고, 정여립은 '죽도 선생'이라 불렸다. 술이 몇 순배 돌아 모두 불콰해지면 발언도 자유로워졌다.

"천하는 공물인데 어찌 주인이 따로 있겠는가天下公物論!?
'두 임금을 섬기지 않는다不事二君'는 말은 옳지 못하다.

그리고 누구를 섬기든 어찌 임금이 아니겠는가何事非君論!?"

이것은 중국의 성현 유하혜柳下惠(BC 720~621)의 말을 인용한 공화주의 사상으로서 오늘날에는 백번 옳은 말이다. 이러한 면에서 정여립은 영국의 올리버 크롬웰Oliver Cromwell(1599~1658)보다 반세기를 앞서 있다. 그러나 당시 조선 사회는 영국보다 반세기를 뒤처져 이러한 발언이 도저히 용납될 수 없었다. 현재도 북한에서는 이렇게 말하는 사람은 어느 누구도 살아남지 못할 것이다.

대동계의 요인들은 적극적으로 활동하며 타 지역의 승려와 낭인들, 심지어 화적떼들과도 소통하였다. 그리고 도참사상에 의거하여 다음과 같은 유언비어도 날조해 퍼뜨렸다고 한다.

왕조의 운수가 다했다.
이가는 망하고, 정가는 흥한다木子亡 奠邑興.

점점 확대되는 이러한 움직임이 당시의 경직된 군주사회에서 무사할 수가 없다. 결국 다가올 피바람을 예견한 대동계의 하수인 하나가 먼저 이를 고발하였다. 왕은 즉시 추상같은 체포 명령을 내렸고, 체포 병력은 기세등등하게 다가왔다. 정여립은 저항할 것인가, 빼소니칠 것인가 결단해야 했다. 그러나 그는 스스로 목숨을 끊음으로써 시대를 앞선 자신의 꿈을 접었다. 영국의 크롬웰에 비해 매우 불행한 것은 정여립뿐 아니라 조선 전체에 해당되었다. 그 후 영국은 자유와 번영을 누렸으나 조선은 사악한 왜구의 비천한 노예가 되었다.

정여립이 죽자 전주의 동래 정씨들은 모두 고향에서 추방되었고,

엄청난 살육의 피가 흘렀다. 이때 칼춤을 춘, 냉혹한 관리가 바로 조선 시가문학의 대표라는 송강 정철鄭澈(1536~1593)이었다. 선조는 정철을 임명하며 "백관 중의 독수리, 대궐의 맹호"라며 높이 추켜세웠다. 서인에 속한 그는 당시 영의정으로서 왕의 특명을 받고 쾌도난마로 사건을 처리해 나갔다. 누구든지 고발하라는 왕의 포고가 있었고, 또 고발을 통해 자기의 적대자를 제거하려는 사람도 많았다. 따라서 무고한 사람도 무수히 고발되었다. 모반자들과 편지 왕래나 어떤 연관관계가 있는 정황만 보여도 목이 잘렸다.

이것이 1589년의 기축옥사己丑獄事로서 주로 동인에 속한, 호남인들 중심으로 고위 지식인 1,000여 명이 죽임을 당했다. 이 희생자 수는 조선 4대 사화(1498년 무오사화, 1504년 갑자사화, 1519년 기묘사화, 1545년 을사사화)의 전체 희생자보다 두 배 많은 것이다. 그 후 '호남은 반역의 땅'이란 말이 돌며 호남 출신의 등용도 억제되었다. 이렇게 억눌린 호남의 민심이 삼백여 년이 지난 1894년 동학농민혁명으로 분출되었다고도 한다.

아무튼 동인의 몰락은 자연스럽게 서인의 득세로 이어졌다. 그러자 선조는 다시 이를 견제하기 위하여 1591년 말에는 "악독한 정철이 내 선한 선비들을 다 죽였다"라고 분노를 표출하며 그를 유배형에 처했다. 그 후 정철은 2년 동안 강화도에서 술독에 빠져 살다가 57세에 비참한 종말을 고했다.

그러나 현재 정여립은 선각자이며 개혁자로 인정받아 그의 복권이 이루어졌다. 전라북도 완주군에는 그의 생가터가 보수되었고, 명마였다는 그의 말 무덤도 보존되어 있다. 그리고 전주시 덕진구에는

3km에 달하는 '정여립로'가 개통되어 있다.

당시 조선의 당파싸움은 나라의 존망이 걸린 외교 분야에서도 예외가 아니었다. 임진왜란 1년 전 조선 왕은 왜국의 침략 조짐을 확인하기 위해 사신들을 파견하였다. 왜국은 이미 조선에 대한 정보수집과 전쟁 준비를 끝내고 있었으므로 조선 사신들을 상갓집 개같이 홀대했다. 사신에 대한 예우는커녕 8개월간 후미진 처소에 방치하고 푸대접하며 무료하게 기다리게 했다. 그 후 오만하기 짝이 없는 도요토미가 잠깐 사신들을 접견했으나 만찬도 형편없이 빈약했다. 짧은 접견 시간에는 어린애를 안고 나와 어르며 희롱했다. 그리고 돌아가는 조선 사신들에게 다음과 같은 공식 문서를 써 주었다.

> 나의 어머니는 나를 잉태하며 해가 품속으로 들어오는 꿈을 꾸었다.
> 나는 일본을 통일했고 백성들은 모두 부유해졌다.
> 이제 나의 치세와 어진 명성을 대륙에 펼치려 한다.
> 귀국도 입조하여 나의 앞잡이가 되라!
> 늦게 입조하는 무리는 허용하지 않을 것이다.

이러함에도 불구하고 사신들의 귀국 보고는 파벌에 따라 정반대로 엇갈렸다. 조선의 관리들에게는 나라와 백성보다 자신과 자신의 당파적 입지가 더 중요하기 때문이다. 이것은 현재 한국 정치인들의 모습과도 같다. 당시 사신들의 보고 내용은 다음과 같다.

> 서인 황윤길: "수길의 눈이 빛나고 담력이 있으며 침략의 야욕이 있다."
> 동인 김성일: "수길의 눈이 쥐새끼 같으며 조선을 침략할 위인은 전혀 못 된다."

후에 유성룡이 김성일에게 다시 물었다.

유성룡: "그대의 말은 황사黃使(황윤길)의 말과 같지 않은데
만일에 병화가 있게 되면 장차 어떻게 할 것인가?"

김성일: "나 역시 어찌 왜적이 끝내 동병動兵치 않을 것이라고 단언하겠소마는, 다만 황윤길의 말이 너무 지나쳐 중앙과 지방의 인심이 놀라 당황할 것이므로 이를 해명했을 뿐이오."

조정은 결국 왜국의 국서를 무시하고 아무런 대책도 세우지 않았다. 관리들도 당장 개인의 희생이 따르는 전쟁 준비를 회피하였다. 백성들에게는 전쟁의 소문을 퍼뜨리거나 전쟁 준비하는 행위를 금지했다. 민심이 어지러워지고 백성들이 무예를 연마하여 왕에게 반역하게 된다는 것이다. 더구나 왜란이 발생한 1592년은 조정이 이씨 왕조의 개국 200주년을 크게 자축하며 태평성대를 선포했다. 그러므로 당시 왜국의 침략 징후가 명명백백해도 발설하는 사람이 없었다. 그러다가 실제로 왜란이 발생하자 왕은 허둥대며 먼저 자신이 중국으로 빼소니치겠다고 했다. 그러나 유성룡을 비롯한 대신의 만류로 왕은 이 뜻을 이루지 못했다.

"폐하!, 폐하께서 국경을 한 발짝이라도 넘어가시오면
조선은 이미 조선이 아니오며
종묘사직은 사라져 더 이상 존재하지 않는 것이옵니다."

조선의 왕 선조가 이처럼 백성을 버리고 자기 목숨만을 위해 궁중에서 빼소니를 쳤으나 백성 중에는 나라를 지키기 위해 자기 목숨을 내놓는 사람들이 있었다. 고경명高敬命(1533~1592)은 호남에서, 곽재우郭再祐(1552~ 1617)는 영남에서, 또 조헌趙憲은 충청에서 의병을 일으킨 것이다. 그러나 왕은 이러한 의병들을 의심하였고, 관리와 관군들도 의병의 전공을 시기하며 그들의 작전을 방관 내지 방해하였다.

2장

임진왜란

1

왜적의 출현

임진년 4월, 왜구는 선전포고 없이 30여만 명의 대규모 병력을 동원하여 조선을 침략했다. 무력으로 조선을 점령하면 조선인의 마음과 정신도 소유할 수 있다고 생각한 것이다. 인간 역사라는 것이 '힘센 놈이 약한 놈을 잡아먹는 것'이기도 하다. 따라서 잡아먹히지 않으려면 힘을 키워야 하고, 그렇지 않으면 조용히 잡아먹혀야 한다. 아무튼 왜구는 지금도 이 침략을 위대한 역사로 선전하고 있다.

1592년 4월 13일, 양력으로 5월 중순 오후, 봄이 무르익은 부산 앞바다에 제일 먼저 모습을 드러낸 것은 제1군단이다. 고니시 유키나가小西行長(1555~1600)가 몰고 온 군단의 규모는 조총수와 칼잡이 18,700명과 700여 척 군선이다. 그의 사위이자 대마도주인 소오 요시토시宗義智가 길 안내를 맡았다. 18일에는 제2군단 가토 기요마사加藤清正의 22,800명 그리고 이어서 제9군단까지 158,700명의 정규군이 차례로 들이닥쳤다. 나머지는 수군과 후속 병력으로 후방에 대기하고 있었다. 그 규모가 현재의 육군 16개 전투사단과 14개 예비사단, 즉 총 30개 사단의 병력에 해당한다.

조선 백성들은 홀연히 바다를 가득 메운 왜선들을 마치 봄 경치 구경하듯 한가롭게 바라보았다. 조선 왕조의 개국 200주년을 자축하는 그해에 왕은 백성들에게 태평성세를 누리라 명했다. 한창 무르익은 봄의 바다는 아름다웠다. 잔잔한 바다에 유유히 떠 있는 왜선들은 질서정연했다. 특히 돛과 깃발에 표시된 열십자 표시가 눈길을 끌었다. 조선 백성들은 이것을 그저 열십자로만 알았을 뿐 서양의 십자군과 같은 '그리스도의 군대' 표시라는 것을 몰랐다.

제1군단의 두목 유키나가가 바로 독실한 기독교인으로서 세례명은 성聖 아우렐리우스 아우구스티누스 히포넨시스Sanctus Aurelius Augustinus Hipponensis이다. 그는 그의 아버지와 함께 왜국 예수회에서 가장 열성적인 신자로 존경받았다. 이 가문을 상징하는 문장도 '꽃 십자가'다. 후에 왜국에서 처형될 때는 할복을 거부하고 참수를 선택했다. 칼로 자신의 배를 가르는 할복은 자살이기 때문에 비신앙적이라는 것이다. 그리고 참수될 때는 예수와 성모상을 머리에 대고 경배하며 지극히 거룩한 성인聖人의 모습으로 죽었다.

고니시뿐 아니라 그의 부대원들 다수도 신자였고, 진중에는 세스페데스Cespedes라는 스페인 신부가 활동했다. 그들은 주야로 기도하며 성경을 암송하고 암흑의 땅 조선에 기독교의 빛을 비추기 원했다. 그러므로 조선 백성을 닥치는 대로 무자비하게 죽이고 약탈, 겁탈하며 투항자에게는 기독교도 전파했다.

제2군단의 두목 기요마사는 고니시와 함께 조선을 침략하는 동료이고, 동시에 전공을 다투는 경쟁자이기도 하다. 그런데 가토는 또 독실한 불교신자다. 특히 대승경전인 『법화경』을 믿는 일연종日蓮宗

으로 다른 중생들의 구제를 위하여 자신의 성불을 뒤로 미루는 매우 자기희생적인 종교다. 그래서 그의 군대는 또 자비와 성불을 전파하는 불경으로 온통 장식되어 있었다. 수시로 합장을 하고 목탁을 두드리며 불경을 암송했다. 그러므로 그의 부대원들 역시 눈에 보이는 조선 백성을 닥치는 대로 죽이고 약탈, 겁탈하며 경건하게 합장을 하고 불경을 암송했다.

이처럼 종교적인 왜구가 악귀로 둔갑한 것은 당시 왜구 두목 도요토미의 명에 의한 것이다. 그는 제2차 세계대전 시 나치 독일의 아돌프 히틀러와 동일한 부류다. 도요토미가 350여 년 후 유럽에 환생한 것이 히틀러라고도 할 수 있다. 이들은 정의와 인애와 신뢰를 모른다. 오직 금수의 본능에 따른 물리적 힘만 행사하고, 오직 싸움에 의해 인간의 서열을 결정하여 생사여탈권을 행사하는 것이다.

왜적은 자신들이 정의의 군대라 생각했을 수 있다. 그들은 '더럽고 무지하고, 서로 속이고 싸우는, 야비한 사람들의 나라' 조선에 왜구의 통치를 펼치려 했기 때문이다. 왜구는 스스로 태양을 품고 있는, 천하의 중심으로 공식적인 국호도 일본日本이라 한다. 그리고 한반도는 당연히 일본의 일부인 번국蕃國에 불과하여 조선의 국왕이 입조하여 알현할 것을 요구했다.

그뿐 아니라 그들은 임진년에 그리스도의 복음과 부처님의 말씀을 조선 백성들에게 전파하려 했다. 아무튼 그들은 예수의 신도이고 부처의 도반이라는 굳은 자부심을 가지고 천사와 부처의 모습으로 바다를 건너 조선에 왔다.

2

왜적과 교회

가. "거짓 선지자들을 삼가라!"

왜적이 이처럼 사람을 혼동케 하는 것이 현재 한국의 교회들과도 비슷하다. 교회들이 모두 십자가를 크게 만들어 안팎에 높이 내걸었으나 실제로 십자가의 길을 가는지는 알 수가 없다. 현실적으로 십자가의 희생도, 골고다의 죽음도 보이지 않는다. 예수는 "십자가를 지고 나를 따르라!"라고 했으나 보이는 것은 십자가보다 종교인들의 부귀와 권세와 고종명考終命이다. 교회의 규모가 클수록 더욱 그렇다.

더구나 어떤 종교인들은 자신이 '재림예수' 또는 예수의 '참 목자', '선지자', 최후의 증인인 '감람나무', 또는 '사도 베드로의 적통 후계자' 등등이라 한다. 아무튼 모든 교회들이 '예외 없이' 자기 교회가 정통이라 한다. 그러면서 수많은 교단, 교파로 나뉘어 서로 반목하며 상대편을 이단이라고도 한다. 교파들이 서로 연합하면 또 마귀들의 연합이라고 한다. 그러므로 이러한 한국 교회가 임진왜란의 왜적만큼이나 헷갈리지 않을 수가 없는 것이다.

사회적으로 교회는 엄연히 한 사업체다. 그것도 국가의 감독 밖에 있는 지하경제다. 신도가 교회 예배에 참가하며 헌금이라는 반대급부를 제공하고, 교인의 자격을 얻는 것이다. 연륜이 쌓이고 교인의 지위가 오르면 교회 운영에도 참여한다. 그러면서 마음속으로 사후의 영혼 구원을 더욱 확신하게 된다.

그러나 실제로는 교회가 영혼의 구원을 보장하지 못하는 것이다. 보장할 수도 없고, 또 해서도 안 되는 일이다. 구원의 여부는 전적으로 하나님의 영역이고 교인 자신의 개인적 사항이다. 그럼에도 불구하고 교회는 하나님과 교인 사이에 끼어들어 구원을 보장한다고 선전하며 세뇌한다.

그러면서 교회 규모가 커질수록 종교인은 더욱 치부하고 권세도 누린다. 노후에는 원로 목사가 되어 교회와 교회 재산을 자기 자식들에게 물려준다. 이와 같이 목사의 자식들이 특권을 누리며 여타 목회 지망생들을 완전히 배제한다. 이것은 정의와 공정을 파괴하고 하나님의 주권과 섭리를 부정하는 것이기도 하다. 그럼에도 불구하고 세뇌된 교인들은 묵묵히 여기에 동조한다. 원로 목사가 죽으면 또 왕 같은 성대한 장례식을 치러주며 말한다.

> "교회 운영이 곧 그의 십자가였고, 교회가 커서 십자가도 컸다.
> 그의 죽음이 곧 골고다의 죽음이고, 이제 부활하여 천국으로 갈 것이다."

그러나 실제로 십자가를 지고 살았는지, 골고다에 이르렀는지, 천국에 가는지는 알 수가 없다. 그러므로 교회들이 대형 십자가를 안팎에 높이 내걸었으나 임진왜란의 왜적을 생각나게 하는 것이다. 예수는 분명하게 경고한다.

> 양의 옷을 입고 사람들에게 나타나지만 속는 노략질하는 이리다.
> 이와 같은 거짓 선지자들을 삼가라! (마 7:15)

> 사탄도 자기를 광명의 천사로 가장하니
> 사탄의 일꾼들도 자기를 의의 일꾼으로 가장하는 것이
> 또한 대단한 일이 아니라. (고후 11:14-15)

> 심판 날에 많은 사람들이 예수에게
> "주여, 주여 우리가 주의 이름으로 선지자 노릇을 하며 귀신을 쫓아내며
> 많은 권능을 행하지 아니하였나이까?"라고 말할 때
> 예수가 그들에게 밝히 말하되
> "내가 너희를 도무지 알지 못하니
> 불법을 행하는 자들아 내게서 떠나가라!" (마 7:22-23)

얼마 전 한국에서 예수의 이 경고를 진지하게 받아들인 종교인도 있었다. 한 대형 교회의 원로 목사가 죽음에 임박하여 휠체어에 앉아 자신의 교회 세습을 공개적으로 참회한 것이다. 이 교회는 한때 대한민국 대통령까지 배출했다 하여 엄청난 규모로 성장하며 엄청난 부귀와 권세를 누렸다. 이 교회의 장로, 권사 등 직분자들의 위세도 대단했다. 동일한 직분자들 사이에서는 교회 등록 순위가 우위를 결정했다. 이러한 막강한 대형 교회의 유명 목사가 자기 아들에게 교회를 상속해 주었던 것이다. 그런데 세월이 흘러 자기 코앞에 죽음의 냄새가 풍겨올 때 비로소 제정신이 든 것 같다. 그나마 다행이라고 할 수 있다.

나. "땅값 얼마를 감추었느냐!?"

성경은 교회 재산의 일부만 사취해도 무섭게 징벌받은 사례들을 보여주고 있다. 첫째, 구약의 아간 가족과 둘째, 신약의 아나니아-삽비라 부부가 그 예다.

첫째, 아간 가족은 BC 1450년경 이스라엘 민족이 이집트의 노예생활을 벗어나 가나안으로 진입하는 과정에 등장한다. 당시 여호수아의 지휘 아래 요단강을 건너 여리고라는 큰 성읍을 점령한 후 아이라는 한 작은 성을 공략하고 있었다. 사람들은 이미 큰 성 여리고를 무너뜨린 터에 한 작은 성 아이는 싸울 상대도 안 된다고 생각했다. 그러나 예상외로 이스라엘 백성이 어이없게 대패했다. 그 이유가 이스라엘 중에 아간이란 사람의 가족이 전리품 중의 일부를 착복했던 것이다. 이 사실이 드러나자 여호수아는 아간에게 말했다.

> "네가 어찌하여 우리를 괴롭게 하느냐!?
> 여호와께서 오늘 너를 괴롭게 하시리라!" (수 7:25)

이 일로 인해 아간 가족은 재물과 함께 아골 골짜기란 곳에서 돌에 맞아 죽었고, 그 돌무더기가 역사의 교훈으로 남아 있다.

둘째, 신약에 나오는 아나니아-삽비라 부부는 35년경 초대교회의 교인이었다. 당시 성도들은 교회를 위하여 기쁜 마음으로 헌금하였다. 이 부부 역시 땅을 팔아 그 대금을 드린다고 했다. 그러나 실제로는 대금의 일부에 불과했다. 그리고 이 사실을 끝까지 부인하는 거짓말을 하여 사도 베드로의 질책을 들었다.

"어찌하여 네가 성령을 속이고 땅값 얼마를 감추었느냐!?
땅이 그대로 있을 때에는 네 땅이 아니며
판 후에도 네 마음대로 할 수가 없더냐?
사람에게 거짓말한 것이 아니요 하나님께로다." (행 5:3-4)

이 질책을 듣고 부부는 같은 날 엎드러져 혼이 떠나 죽었다.

그런데 아간 가족과 아나니아-삽비라뿐 아니라 모든 사람이 의식, 무의식적으로 의로움보다 자기 욕심을 따르는 경향이 있다. 오늘의 신자들도 그렇고, 임진왜란 당시 많은 조선의 장수들도 그랬다. 왜적이 침범해 오자 자신의 부대를 버리고 뺑소니를 친 것이다.

3

뺑소니치는 조선

가. 뺑소니치는 장수

1592년 임진년 4월 14일 왜적의 상륙 당일 정작 부산 앞바다를 지켜야 하는 조선 수군은 경상좌수영이었다. 경상좌수사는 23세에 무과 급제한 박홍朴泓(1534~1593)이었다. 그의 관할구역이 부산, 울산, 포항, 영덕 등과 내지를 아우르는 7관 10포다. 박홍은 엄청난 수의 왜선을 보고 즉시 자신의 대소 군선 103척과 모든 대포, 무기들을 내버리고 언양으로, 다시 경주로 뺑소니를 쳤다. 조정에는 17일에 내용도 부실하기 짝이 없는 장계를 올렸다.

"높이 올라가 바라보니 부산성에 붉은 깃발이 가득합니다.
이로써 부산의 함락을 알 수 있사옵니다."

그다음 경상우수영은 창원, 거제, 통영, 고성 등과 내지를 관할하는 8관 16포의 수영으로 수영 중 그 규모가 가장 크다. 당시의 경상우수사가 바로 원균이었다. 그는 경상우병사와 경상좌수사로부터 왜적 침략의 통보를 받았다. 그러자 원균 역시 100여 척의 군선과 화포,

무기들을 모두 바다에 내버렸다. 자신의 본영도 불태우고 1만여 명의 수군도 해산시켰다. 고을 창고에도 불을 지르게 하여 2백 년 동안 비축되어 있던 물자들이 모두 타 없어지게 했다. 그리고 율포 만호 이영남李英男과 옥포 만호 이운룡李雲龍과 함께 200리 떨어진 곤양이란 곳으로 즉시 뺑소니를 쳤다.

이에 비해 질서정연하게 위용을 갖춘 왜적은 이미 승리를 확신하고 있었다. 이때까지 수집된 정보에 의해 조선의 상황은 이미 다음과 같이 파악된 상태다.

> 조선의 왕에게는 왕의 자질이 없고, 나라에 대한 개념도 없다.
> 신하들에게는 충성심이 없다.
> 따라서 조선에는 관리다운 관리, 군인다운 군인이 없다.
> 백성 중 반 이상이 노비로서 새 세상을 원하고 있다.

이 사실이 처음부터 뺑소니치는 조선 장수들에 의해서 정확히 확인되었다. 조선의 학문도 실은 양반의 사치와 출세 수단이고, 동시에 백성에 대한 억압 수단에 불과했다. 조선 백성의 절반 이상이 노비들로서 가축의 대우를 받으며 조정에 대하여 항상 반감을 가지고 있다.

이와 같은 암흑의 나라 조선에게 왜적은 아침 햇살을 비춰 주는 해방군이 되는 것이다. 이것이 욱일기旭日旗로 형상화되어 오늘도 하늘에 펄럭이고 있다. 왜국은 조선 침략을 의로운 '출병' 또는 '삼광三光 작전'이라 부른다. 삼광이란 악성종양을 제거하듯 죽이고 태우고 회득하는 행위를 뜻한다.

부산 상륙 전날 밤 왜적은 조선 수군이 비워 놓은, 잔잔한 부산 앞바다에서 달콤한 안식을 취했다. 다음 날 거침없이 육지에 올라 부산진을 향했다. 부산진의 수비 장수 정발鄭撥(1553~1592)은 한창 사냥을 즐기고 있었다. 보고를 받고 급히 돌아왔지만 곧 그 자신이 사냥감이 되었다. 이를 지켜본 정발의 애첩인 애향은 그 옆에서 스스로 자신의 목숨을 끊었다. 그러나 그녀의 몸종인 용월龍月은 몸에 지닌 단도를 빼들고 '대일본제국의 군대'를 제압하려 했으나 곧 제압당했다. 다대포 첨사 윤흥신尹興信(?~1592)도 죽임을 당했다. 일본 자료 『요시노 일기』(1592. 4. 14.)에 당시 상황을 기술한 글이 있다.

> 군신의 혈제血祭라 하여 여자를 비롯하여 아이들과 개, 고양이 할 것 없이 피를 흘릴 수 있는 것은 모두 살해했다.

손쉽게 부산진을 점령한 왜적은 다음 날 동래부성 앞에 당도했다. 그리고 큰 글씨를 써서 조선군이 보게 했다.

> 싸우려면 싸우고, 싸우지 않으려면 길을 열라!戰則戰矣 不戰則假道

그런데 이것을 본 당시의 동래부사 송상현宋象賢(1551~1592)은 자기도 큰 글자를 써 응수했다.

> 싸워 죽기는 쉬워도 길 내주기는 어렵다.戰死易 假道難

송상현은 15세에 과거 시험에 장원한 수재였으나 이때 중과부적으로 죽임을 당했다. 그러나 조선인으로서는 의외의 반응을 보였다. 왜적은 동래성도 접수하며 송 부사의 애첩이었던 김섬金蟾이라는 기녀를 체포했다. 그런데 김섬도 굴복하지 않고 오히려 왜적을 책망하며 꾸짖었다. 책망을 가만히 듣던 왜적은 결국 '대일본의 닛본도'를 크게 휘둘러 그녀도 죽여 군신의 혈제를 치렀다. 그 난리 통에 향리인 소송백小宋伯과 노비인 매동邁同은 큰 부상을 입었으나 송 부사의 시신을 옮겨 숲에 매장해 주었다.

그러나 여타 지역의 군수, 장졸들은 예견했던 대로 모두 뺑소니를 쳤다. 경상좌병사 이각李珏은 소문을 듣고 병영에서 자신의 젊은 첩과 면포 천여 필을 말에 실어 먼저 보내고 자기도 뺑소니쳤다. 김해 부사 서예원徐禮元과 초계 군수 이유검李惟儉도 뺑소니를 쳤다. 어떤 조선 관리들은 왜적에 항복하여 왜적의 옷을 입고 왜적의 길잡이가 되어 왜적을 지름길로 인도했다. 그리고 그간의 조선 동료들에게 우정 어린 충고도 했다.

> 새 시대가 왔소. 그대와 가족의 목숨을 보존하시오!
> 거역하면 개죽음뿐이오, 개죽음!

나. 뺑소니치는 왕

왜적의 침략 사실은 4월 17일 아침 서울에 전달되었다. 신료들이 즉시 이 급한 소식을 왕에게 아뢰려 했으나 왕은 아직 궁궐의 깊은 침소에 후궁들과 함께 있었다. 왕에게는 20여 명의 부인과 후궁들이 있었다. 그러므로 일체의 면대가 허락되지 않았다. 결국 오후 늦게서야 왕에게 보고되었다. 갑자기 눈의 흰자위가 커진 왕은 즉시 당시 조선 최고의 장수라 이름난 이일李鎰(1538~1601)과 신립申砬(1546~1592)

을 보내 서울을 방어토록 했다. 이들은 함경도에서 이탕개尼湯介의 난을 평정하고 여진족을 물리친 장수들이기도 하다.

그러나 이일은 4월 25일 상주에서, 신립은 28일 충주에서 패배하였다. 속도전을 자랑하는 신립의 팔천 기마부대는 충주 탄금대에서 전멸당했다. 전날 쏟아진 비로 땅이 진흙탕이 되어 말이 제대로 움직이지 못했기 때문이다.

이제 이삼일 내 서울에도 '대일본의 닛본도'가 춤을 출 것이다. 다급해진 왕은 자신의 목숨을 위해 지체 없이 북쪽으로 빼소니칠 것을 명했다. 북쪽에는 왕이 하늘같이 떠받치고 숭배하는 명나라가 있기 때문이다.

> 짐은 죽더라도 천자의 나라인 명나라에서 죽기를 원하노라!
> 조선에서 왜적에게 죽을 수는 없느니라!
> 경들은 짐의 뜻을 받들도록 하라!

왕의 피란 소식이 알려지고 성문이 닫혔다. 도성의 백성들은 공포에 빠지며 분노를 드러냈다. 왕은 4월 30일 밤 황급히 도성에서 빼소니쳐 5월 8일 평양, 6월 11일에는 안주, 22일에는 명나라와 접경지역인 의주에 도착했다. 왕과 대신들이 모두 빼소니친 마당에 여타 관리들이 자기 자리를 지킬 리가 없다. 그들도 각기 살길을 찾아 떠났다. 나라의 질서는 순식간에 무너졌다. 곳곳에 강도떼가 출몰하며 폭행, 살인, 겁탈, 약탈이 함께 어우러지며 광란의 춤을 추었다. 왜적이 오기도 전에 도성은 이미 무법천지의 아수라장이 된 것이다. 궁궐 역시 방화 약탈되었고, 노비 문서들도 불태워졌다. 빼소니치는 왕의 어가에는 백성들의 욕설과 돌팔매가 이어졌다.

야, 이 비겁한 도독놈들아!
너희 놈들이 평소 백성을 속이며 국록을 훔쳐 먹고 국사를 망쳐 놓더니
이제 어디로 빵소니치느냐!?

다. 왜적의 도성 입성

부산에 상륙한 왜구는 승승장구하여 20일 만인 5월 2일 제1, 2군단이 연이어 도성에 입성했다. 차량도 없던 당시 왜적은 신록의 5월 아름다운 조선 땅 천 리 길을 유람하며 마음껏 유린하였다. 관아들은 불타고 백성들은 무자비하게 약탈, 겁탈, 살해당했다. 왕의 궁궐도 그들의 소유가 되었다. 그렇게 조선은 점령되어 이미 패망한 것이나 다름없었다. 실제로 왜적은 비록 조선의 왕을 포박해 무릎 꿇리지는 못했지만 도성을 점령하여 이미 정복 전쟁이 끝난 것으로 간주했다.

그들은 이제 전후의 상황을 논의할 때라 생각했다. 그리고 서울에 주둔하며 다음 명령을 기다렸다. 5월 16일, 승전 보고를 받는 도요토미는 작은 쥐눈을 반짝이며 한참이나 호탕하게 웃어 젖혔다. 자신의 찬란한 포부가 멋지게 실현되는 것이다. 그는 자신이 바다를 건너와 직접 조선을 대륙 정복의 근거지로 개조한다고 하였다. 이를 위해 자신이 거처할 성을 건축하라는 명을 내렸다. 동시에 왜구가 조선 전체를 분할 통치한다는 구상하에 조선 8도에 각각의 책임 장수와 병력을 배정하였다. 아울러 각 도의 경작면적이 집계되고 군량 조달 목표도 정해졌다. 이에 따라 책임 장수들은 즉시 각각 자기의 임지로 출발했다. 제1군단의 고니시는 6월 15일 평양성을 접수하였고, 제2군단의 가토는 7월 14일 이미 함경도의 두만강 근처 회령 지역에 도착했다.

과연 함경도에도 조선을 등지고 항복하는 사람들이 많았다. 특히 회령의 아전 국경인鞠景仁은 그의 숙부인 국세필鞠世弼, 정말수鄭末守 등과 함께 선조의 왕자인 임해군과 순화군을 포박해 왜적에게 넘겨주고 왜국의 벼슬을 받았다. 이 두 왕자와 수행 관리들도 그동안 백성들에게 무지막지한 횡포를 부렸던 것이다. 그러다가 졸지에 왜적의 포로가 된 두 왕자는 자기 아버지인 왕에게 간절한 서신을 보냈다.

"아바마마, 저희 왕자들이 사직을 위해 깊이 성찰하온바
경상, 전라 등 조선의 남쪽을 떼어 일본 천황에게 바치고
화친을 구해야 할 줄로 아뢰옵니다.
통촉하시옵소서—!"

왜구는 이제 명나라 침략 작전을 수립하고 그 실행에 들어갔다.

첫째, 명나라 공격의 선봉에 방패막이로 세울 조선 백성 20만 명을 즉시 징집한다.

둘째, 왜적의 예비병력 10만 명과 군수품을 서해안으로 수송하여 평양에 주둔시킨다. 이 해상운송을 위해 조선의 남해와 서해를 즉시 확보한다.

이것은 바다를 통한 명나라의 방해 공작을 차단하기 위해서도 반드시 필요하다. 이러한 계획을 수립한 왜구는 "이제 새 세상이 되었으니 조선 왕을 대신하여 조선 백성을 다스린다"라고 공포했다.

4

이순신의 등장

가. 한산대첩

한편 남쪽 바다에서는 자신의 부대를 버리고 곤양으로 빼소니치던 경상우수사 원균에게 함께 가던 율포 만호 이영남이 말했다.

> "어찌 이렇게 대책 없이 빼소니만 쳐서야 되겠소!?
> 후에 조정에서 죄를 물을 때 어찌 해명하시겠소?
> 그러니 우선 전라도에 구원병을 청하여 한번 싸워봅시다.
> 이기지 못하면 그때 빼소니쳐도 늦지 않을 것이오."

평소 스스로 용감하고 위대한 장수로 자처하는 원균에게도 반대할 명분이 없었다. 그는 4월 15일 저녁 전라좌수사 이순신에게 150여 척의 왜선이 침입했다고 통보하였다. 비슷한 시각 왜선 400여 척의 부산포 출현에 관한 경상도 관찰사 김수金睟 그리고 경상좌수사 박홍朴泓의 공문도 전달되었다. 이순신은 즉각 작전회의실인 여수 진해루에서 지휘관 회의를 소집하였다.

상황을 접한 예하 지휘관들은 크게 놀라 대부분 관할구역을 넘는 원거리 출전에 회의적이었다. 그도 그럴 것이 지금까지 왜적의 거침없는 진격 앞에 조선군은 글자 그대로 '허수아비'처럼 쓰러졌다. 특히 규모가 더 큰 경상 좌, 우수영도 이미 궤멸된 상태다. 이 상황에서 가장 작은 전라좌수영이 그것도 전혀 생소한 지역으로 무작정 나간다는 것이 무모하기도 하다. 더구나 군졸들은 실전 경험이 없는 햇병아리들이다. 그러므로 왜적이 담당구역을 침범해 오면 그때 방어해야 한다는 것이다.

그러나 녹도 만호 정운鄭運(1543~1592)과 군관 송희립宋希立(1553~1623)은 출동을 적극적으로 주장하였다.

> "외부에서 침입한 왜적을 토벌하는 데 우리 도와 남의 도가 따로 없소. 적의 예봉을 먼저 꺾어 놓아야 전라도도 보전할 수 있소이다."

정운은 28세에 무과로 급제한 장수로 강직한 성격에 정의감 또한 남달라 남들의 오해를 받아 한동안 벼슬을 하지 못하기도 했다. 송희립은 31세에 무과 급제한, 지략과 용맹이 뛰어난 장수로서 이순신의 핵심 참모였고 거북선 건조도 감독했다. 그리고 그의 형과 동생, 삼형제가 모두 임진왜란에 참전하여 왜적을 무찔렀다.

이순신 역시 출동의 불가피성을 인식하고 군졸들에게 설명했다. 그리고 생전 처음 실전에 임하는 장졸들의 굳은 각오를 장계에 써 왕에게 올렸다.

> "신이 거느린 장수들이 한결같이 모두 분발하여 죽을힘을 다하고 있습니다. 배 안의 관리와 군사들도 그 뜻을 본받아

서로 격려하며 분발하여 죽기를 기약하였습니다."

이 짧은 글 안에 '죽음'이란 표현이 두 번 쓰였다. 이순신의 전라좌수군은 이러한 '필사'의 각오로 5월 4일 새벽 2시경 경상도 바다로 출진하였다. 판옥선 24척, 협선 15척, 어선인 포작선 46척을 이끈 이순신함대는 여수 수영을 떠나 전운 뒤덮인 검은 밤바다로 나아갔다. 좌측으로 남해도를 돌아 고성 앞바다를 살핀 후 7일 거제도를 다시 좌측으로 돌아갔을 때 옥포만에서 30여 척의 왜선이 시야에 들어왔다. 조선 수군은 즉시 이를 격파하며 많은 왜적을 처단했다. 그러나 조선군의 피해는 1명의 부상이어서 잔뜩 긴장했던 처녀 출전이 일방적인 승리로 끝난 것이다.

29일에는 전라 좌, 우수영과 경상우수영의 연합함대가 처음으로 거북선을 대동하고 출전하였다. 그리고 경상남도 남단의 사천과 당항포, 거제도 서쪽의 당포와 동북부의 율포 등에 정박한 왜선 72척을 격침하고 왜적 137명을 처형했다.

그러나 사천해전에서 전투를 진두지휘하던 이순신이 적탄을 맞았다. 총알은 그의 어깨를 관통하여 피가 흘러내렸다. 이를 보고 군졸들이 놀랐으나 순신 본인은 태연히 웃으며 참아냈다. 만약 이 총알이 약간 낮게 날아와 이순신의 가슴에 맞았다면 오늘의 이순신과 대한민국은 존재하지 않을 것이다. 이 상처에 대해 이순신이 한 지인에게 쓴 편지가 있다.

죽음에 이를 만큼 치명적이지 않습니다.
그러나 항상 갑옷을 입어야 하는 상황에서
총탄 구멍이 넓고, 또 헐어 그곳에서 진물이 줄줄 흘러

> 일상의 옷을 입을 수가 없습니다.
> 밤낮으로 뽕나무 잿물이나 바닷물로 씻어보지만
> 아직 별 차도가 없어 민망합니다. (『이충무공서간첩』)

그러나 이제 거제도 서쪽의 바다는 조선 수군에 의해 완전히 장악되었고, 왜적의 근거지인 부산도 공격 대상에 들어왔다. 왜적의 괴수 도요토미는 대로했다. 바닷길이 확보되지 않으면 강도질이 불가능하기 때문이다. 군대의 추가 보급을 위해서도 수로가 반드시 확보되어야 한다. 배 한 척의 수송량이 육로의 말 500필에 해당하여 육로에 비해 매우 효율적이기 때문이다. 더구나 육로운송은 그 기간도 길고 안전도 장담할 수가 없다.

왜구는 당초 '허수아비 조선'의 수군 따위는 생각지도 않은 터라 별도로 수군을 편성하지 않았었다. 불같이 화를 내며 특명을 내리는 도요토미의 '쥐새끼 눈'에는 굵은 핏발이 불끈 솟았다.

> "뭐, 뭐라? 해, 해전에서 패, 패했다고!?
> 아니, 해전이라면 바다의 나라인 우리 대일본의 수군 외에 누가 있단 말인가!?
> 그런데 뭐, 뭐? 이, 이순신이란 놈이라고?
> 당장 우리 대일본의 수군을 동원하라!
> 그리고 먼저 이순신인가 뭔가 하는, 그 물벼룩부터 잡아라!!!"

왜구는 대규모의 수군을 새롭게 편성하였다. 먼저 수군 정예병 1만 명을 선별하여 3진으로 나누어 총 115척의 전함에 배치했다. 총대장에는 해전의 귀재로 이름 높은 와키자카 야스하루脇坂安治(1554~1626)가 발탁되었다. 야스하루는 도요토미가 아끼던 장수이기도 하다. 2016년에는 도요토미가 직접 그에게 보낸 편지 33통이 처음 공개되기도 했다. 야스하루는 쥐새끼처럼 샛길로 숨어들어 이순신의 고향을 은밀히 공격하라는 명령을 받았을 때 장수로서 정정당당하게 싸워 이기겠다는 무인다운 면모도 보였다.

그는 처음부터 조선 수군은 싸울 상대도 안 된다 여기며 이미 육전에서 승승장구하고 있었다. 얼마 전 용인에서도 1,600여 명의 부하로 6만여 명의 조선군을 급습하여 큰 전과를 올렸다. 이날 오합지졸인 조선군은 마치 소풍 나온 듯 태평스럽게 아침밥을 지어먹으며 서로 시시덕거렸다. 그러다 왜적의 기습으로 혼쭐이 빠지며 적지 않은 목과 팔다리가 잘려 나간 것이다.

수군으로 특명을 받은 야스하루는 해전 준비에 만전을 기했다. 왜적의 사기는 하늘을 찔렀다. 그러나 조선군의 사기는 아직 땅바닥을 기었다. 그러므로 황옥현이란 수졸은 두려움을 이기지 못해 군영에서 뺑소니를 쳤다. 이순신은 그를 추포하여 군무이탈로 참수하고 그의 목을 군영 내에 높이 내걸었다. 그의 목을 바라보는 조선 수군들의 눈에는 섬광이 번쩍였다.

그즈음 김천손金千孫이란 목관이 매우 유용한 정보를 가져왔다. 그는 군마 관리인의 하속으로 왜적을 피해 통영 미륵산에 숨어 있다가 적을 발견하고 급히 달려온 것이다.

"대선, 중선, 소선을 합쳐 약 70여 척의 왜선이
오후 2시경 거제도 영등포에 나타나
거제와 고성의 경계인 견내량에 이르러 머물고 있습니다."

견내량은 통영과 거제도 사이 약 3km에 달하는 해협이다. 이순신은 7월 8일 이 강도떼를 한산도 앞바다로 끌어내 섬멸한다는 작전을 세웠다. 왜냐하면 해협의 폭이 좁아 판옥선이 서로 부딪칠 위험이 있고, 또 왜적들이 육지로 빵소니칠 수 있는 것이다. 그러므로 먼저 판옥선 5, 6척으로 왜적의 군선들에게 공격의 기세를 보였다. 그때 왜적은 마침 싸우기 위해 조선 함대를 찾아 나서는 참이어서 스스로 다가오는 조선 배들을 보자 함성부터 질렀다.

과연 왜적의 예상대로 다가오던 조선 전함들이 겁을 먹고 주춤거리며 뒤로 물러나고 있다. 총두목 야스하루는 회심의 미소를 지으며 전속력의 추격을 명했다. 멀리 보이는 조선 수군의 본대도 흩어져 도망치는 것이 보였다. 속력이 빠른 왜선들이 좁은 해협에서 '허수아비 조선'의 함선들을 거의 따라잡아 한산도 앞바다까지 나아갔다.

그때 무질서하게 도망치던 조선 함선들이 속력을 늦추고 각각 그 선체를 회전하였다. 조선의 판옥선은 배 밑이 평평한 평저선으로 배 밑이 각진 첨저선 왜선에 비해 물의 저항을 덜 받으며 신속하게 선회할 수 있다. 야스하루가 눈을 크게 뜨고 바라보니 조선의 배들은 어느덧 질서 있게 일렬로 정렬되어 있지 않은가!? 놀란 그가 다시 보니 마치 하늘에서 한 마리의 큰 학이 내려온 듯했다. 그리고 그 큰 날개 안에 자신의 배들은 포위되어 그물 안의 물고기 신세가 되어 있었다.

곧이어 그 날개로부터 정의와 분노가 쏟아져 나왔다. 왜적도 이미 물러설 수 없는 상황이어서 계속 전진하여 조선 배에 올라타 '대일본 제국의 자랑인 닛본도'를 휘두르려 했다. 격앙된 야스하루의 고함 소리도 한산도 앞바다의 허공을 갈랐다.

"우리는 속도다!

학의 날개를 뚫고 곧장 그 심장으로 들어가라!"

그런데 이게 또 웬일인가!? 지금까지 보지도 못하던 거북 모양의 배 두 척이 포화 속에서 유령처럼 나타났다. 그리고 왜선들을 닥치는 대로 들이받았다. 끊임없이 사방으로 불을 내뿜는 이 배들은 또 그 위가 온통 창칼로 뒤덮여 있어 아무리 용감 무모한 왜적이라도 뛰어 오를 수가 없다.

그렇게 앞선 왜선들이 불길에 휩싸이며 침몰하기 시작했다. 빠르게 뒤따르던 왜선들이 이들과 충돌하며 뒤엉겼다. 그리고 조선 함포의 손쉬운 표적이 되었다. 이날 66척의 왜선이 침몰되었고, 조선군에는 아무런 손실이 없었다. 뒤에서 입으로 소리만 지르던 강도의 두목 야스하루는 미꾸라지처럼 뺑소니를 쳐서 어느 무인도에 숨어들었다.

그는 그곳에서 10일간 조선 수군의 수색을 피하며 미역만 먹으며 살아남았다. 조선 수군이 철수한 후에는 배의 잔해로 뗏목을 만들어 그곳에서 간신히 탈출하였다. 그 후 고향에 돌아가서 이때의 상황을 가감 없이 기록하였고, 또 이 교훈을 잊지 않기 위하여 한산대첩의 날을 그의 집안 전체가 '미역만 먹는 날'로 정했다고 한다.

이것이 '임진왜란 3대 대첩' 중 첫째인 '한산대첩'이다. 현재 통영시는 이 대첩을 기념하여 매년 8월 '한산대첩축제'를 개최하고 있다. 이 축제에는 14km에 달하는 '김천손이어달리기'도 포함되어 있다.

한산 전투의 완벽한 패배를 보고받은 왜적 괴수 도요토미는 눈을 내리깔고 풀 죽은 목소리로 새 명령을 하달했다.

> "내년 봄 내가 조선으로 건너가 직접 조선군을 상대할 것이다.
> 그때까지 해전을 중지하고 거제도에 성을 쌓고 주둔하라!
> 그리고 조선 수군에게는 먼저 전투를 걸지 말라!"

한산대첩 후 이순신은 즉시 다음 작전을 구상했다. 참패를 당한 왜구는 도요토미의 명을 받고 더욱 위축되어 포구 안으로 기어들었다. 그리고 거제도 북단과 부산 남해안의 장림포, 다대포 등 부산포에 왜성들을 쌓아 방어에 만전을 기했다.

8월 24일 오후에는 이순신의 166척 함선이 여수를 출발하여 동쪽으로 나아갔다. 그리고 9월 1일, 부산포 안에 은거한 470여 척의 왜선들을 장사진으로 공격하여 135척을 격파시켰다. 그러나 이때 이순신이 아끼던 장수 정운이 전사했다. 왜적의 두목 하시바 히데카스는 도요토미의 양자이고 친조카였으나 그 역시 패전의 충격으로 심신의 기운이 빠져 죽었다.

나. 북관대첩

한산대첩은 임진왜란의 전환점이 되었다. 이 대첩이 전국에 알려지며 조선인의 존재감과 민족혼이 깨어났던 것이다. 한반도는 지리적으로 대륙에 붙어(?) 있으므로 대륙의 영향을 받으며 민족의 자주성도 수난을 당해 왔다. 그러다 이제는 왜구의 침략으로 민족혼이 다시 상처를 받게 된 것이다. 그러자 이에 대응하여 의병義兵들이 출현하였다.

의병은 국가의 징발이 아니라 국민들 자의에 의한 민군이다. 그러므로 정권은 망하고 부침해도 의병은 항상 건재하다. 이 의병의 전통이 삼국시대부터 고려, 조선시대까지 이어져 항일 독립군을 배출하기도 했다. 의병정신이 또 한민족의 혼이기도 하다.

왜란 초 왜적의 기세는 전염병의 초기 증상처럼 빠르게 번졌다. 그 기세 앞에 조선의 장수도, 왕도 모두 뺑소니를 쳤다. 이들이 뺑소니를 친 이유는 평소 정의와 인애와 신의를 모르고 부패했기 때문이다. 이처럼 왕과 조정의 기능이 마비되었으나 민족혼은 건재하여 한산대첩을 계기로 전국에 의병들이 등장한 것이다.

경상도에서는 병마사 박진朴晉(1560~1597)이 신예무기 비격진천뢰를 사용해 경주성을 탈환하고 영남 지역의 왜적들을 해안 쪽으로 밀어냈다. 이즈음 한 왜군 장수가 3천 명의 조총부대를 이끌고 박진에게 귀순해 왔다. 후에 김충선金忠善이란 한국 이름을 하사받은 그는 왜구 중에 유일하게 정의와 인애와 신의를 아는 사람이었다. 그는 귀순 동기를 이렇게 밝혔다.

> "명분 없는 전쟁에 휩쓸려 본의 아니게 선봉이 되었으나
> 인의의 나라를 도저히 공격할 수 없어 전의를 잃었다."

황해도에서는 초토사 이정암李廷馣(1541~1600)이 8월 연안성을 지켜냈다. 초토사는 전란 중에 임시로 지방에 파견되는 특별 관원이다. 당시 이정암은 의병 5백여 명과 함께 백성이 피란해 있는 연안성에 들어가 군량과 병기를 모았다. 그러자 이곳으로 왜적 3천여 명이 진격 포위하여 5~6일간 주야로 공격했다. 이 과정에서 조선군 31명이

전사하였으나 왜적에게는 더 많은 사상자가 발생했다. 조선군의 노획물은 왜적의 수급 18개, 소와 말 90여 필, 군량미 130석이었다.

정문부鄭文孚(1565~1624)는 함경도 전체를 회복하였다. 그는 23세에 문과에 급제하여 왜란 당시 함경북도 북평사라는 정6품의 관직에 있었다. 그는 평소 유생들에게 명망 있는 글공부 스승이기도 했다. 이 유생들이 스스로 의병이 되어 스승을 총사령관으로 추대한 것이다. 28세의 청년 의병장 정문부는 먼저 친일 매국 행각을 벌인 국세필, 국경인, 정말수 등을 처단하였다. 그리고 왜적을 섬멸하고 함경도 전체를 되찾았다. 이것이 '북관대첩'(1592. 9~1593. 2)이다. 북관은 함경도의 별칭이다. 이를 기념하는 북관대첩비에는 정문부 의병들의 장덕산 석정령 전투(1592. 10)를 다음과 같이 묘사하고 있다.

> 적에게 끌려간 남녀 백성과 말 100필을 포함한 가축을 모조리 되찾았으며,
> 군기 20여 기, 창 16개, 총탄 645개, 갑옷 65벌, 투구 8개, 총간 26개 등
> 수많은 환도와 적의 수급 8백여 급을 베었고,
> 이들의 왼쪽 귀 825개를 잘라 선조에게 전투 결과를 보고했다.

이 북관대첩비가 1904~1905년 러일전쟁 때 왜구로 무단 반출되어 야스쿠니 신사에 방치되어 있었다. 이것이 북한 길주에 되돌아온 것이 2005년이다.

1593년 1월에는 조명연합군이 평양을 탈환하였다. 또 겨울 추위가 심해지자 왜적 가토는 함경도를 포기하고 남쪽으로 철군하기 시작했다. 임진왜란 당시에 제2군단의 가토는 22,800의 병력으로 함경도에 진출했으나 8천의 병력을 잃었다.

다. 진주대첩

도요토미는 크게 당황했다. 그러나 여기서 후퇴할 수는 없다. 전술상으로는 이미 조선의 땅 반 이상을 점령한 상태다. 그러므로 대륙 진출을 서두르기보다 우선 조선 점령을 안정시키는 것이 급선무라 생각했다. 이에 따른 첫 공략대상이 진주성이다. 남해안의 고성군 북방에 위치한 진주는 동서의 중앙으로 경상도와 전라도 그리고 북쪽으로 진출하는 요충지이다. 뿐만 아니라 고성 남쪽의 조선 수군 근거지인 한산도가 가깝다. 그리고 진주성에는 수비하는 병력다운 병력도 없다.

그러므로 도요토미는 먼저 진주성을 근거로 이순신의 한산도 수영을 초토화시키라 엄명했다. 이에 따라 왜구는 서울 주둔 병력의 일부를 남하시키고 경상도 각지에 포진해 있던 병력들을 모아 3만여의 정예병을 구성했다. 그리고 두 방향으로 나뉘어 10월 5일 진주성에 들이닥쳤다.

성내에는 진주 목사 김시민金時敏(1554~1592)이 이끄는 3,800명의 군사가 있고, 성 밖에는 곽재우郭再祐(1552~1617)의 의병 2,200명이 있을 뿐이었다. 김시민은 어려서부터 체구가 컸고 용맹했다. 이미 8세 때 가축을 삼키려는 큰 구렁이를 활로 쏴 죽였다고 한다. 24세에 무과에 합격하였고 함경도 회령에서는 여진족을 격퇴하였다. 38세인 1591년에 진주 목사에 제수되었고, 이듬해 왜구의 사악한 침략에 맞선 것이다.

곽재우는 과거 정시 문과를 통과했으나 그가 지은 글이 왕의 마음에 들지 않는다고 해서 합격이 취소되었다. 그 후 그는 향촌의 은둔 선비가 되었다. 그러나 왜적 앞에서 먼저 빼소니치는 왕과 관리들을 보고 스스로 자비를 들여 의병을 일으켰다. 그 자신은 무관도 아니었다. 그러나 붉은 철릭帖裏(짧은 두루마기)을 입고 백마를 타고 신출귀몰하며 왜적을 크게 무찔렀다. 특히 그는 천강天降 홍의장군紅衣將軍, General In Red이라는 깃발을 휘날리어 '홍의장군'으로 더 잘 알려져 있다.

그러나 압도적 다수의 왜적에 비해 당시 진주성의 방어병력은 턱없이 적었다. 악귀 왜적은 7일간 주야로 파상적으로 공격했다. 성 안팎의 조선인들은 제대로 먹지고 자지도 못하며 무슨 기운에 홀린 듯 정신없이 움직였다. 이들은 그동안 악귀 왜적들의 살인 광기를 체험하고 이 순간 악귀들을 막지 못하면 더 이상 보존할 목숨도 없다는 것을 알기 때문이었다. 무아의 경지에서 '필사즉생必死卽生'의 원리를 스스로 실천한 것이다.

결국 왜적 3백여 명이 죽고 만여 명이 부상을 당하며 쫓겨 갔다. 당시 조선에서 재현된 또 하나의 골리앗에 대한 다윗의 승리이기도 했다. 다만 진주 목사 김시민은 적탄을 맞고 운명하였으나 값진 승리의 죽음이었고, 진주성터는 그의 골고다가 되었다.

이것이 임진왜란 대첩 중 또 하나인 '진주대첩'이다. 아무튼 왜적들은 이번에도 바다가 아닌 육지에서 '허수아비 조선'에게 패한 것이다. 왜적에게는 '해같이 빛나는 위대한 대일본'의 얼굴에 똥칠한 것이라는 생각이 들었다. 그러므로 다음 해 진주성에서 끔찍한 악귀의 본색을 드러낸다.

5

명나라의 조선 개입

가. 평양성 공격

왜적의 침략을 지켜본 명나라가 예상보다 빨리 조선에 개입하였다. 조선의 공식적인 원병 요청이 있기도 전이었으나 스스로 상황을 파악하기 위한 것이다. 가장 큰 관심사는 조선이 정말로 그렇게 빨리 일방적으로 나자빠졌는가 하는 것이다. 더욱 의심스러운 것은 조선이 이미 왜국에게 포섭되어 함께 명나라를 침공한다는 것이다. 그러므로 1592년 6월, 요동 부총병 조승훈祖承訓의 군사 3천 명과 심유경沈惟敬이란 세객이 조선에 들어왔다.

명군은 7월 17일 새벽, 왜적의 전투력을 확인하기 위해 평양성을 공격했다. 화포로 성의 관문을 깨트린 다음 자못 용맹스럽게 쳐들어갔다. 앞선 장수들은 왜적의 머리 수십 개를 베기도 했다. 그러나 곧 왜적의 조총에 맞아 거꾸러지며 명군은 뺑소니쳤다. 명나라는 왜군의 전투력이 의외로 강하다는 사실을 확인했다. 그리고 요동의 병력뿐 아니라 대규모의 군대로 신중하게 대처해야 함을 알았다. 그 후 조선의 왕도 명나라에 공식적으로 구원병을 요청했다.

이에 따라 명의 장수 이여송李如松과 4만 3천의 명군이 압록강을 건넌 것이 12월 22일이었다. 감읍한 조선의 왕 선조는 다섯 번 납작 엎드려 절하고 세 번 머리를 깊이 조아리는 오배五拜 삼고두三叩頭로 명의 장수들을 극진히 예우했다. 그리고 이듬해 1월 8일 명군과 조선군이 합세하여 평양성을 공격했다. 성안에서 대응하는 왜적 고니시군 1만5천의 방어력도 만만치 않아 쌍방 간의 피해가 컸다. 그러나 왜적은 이미 대세가 기운 것을 인식해야 했다. 그날 저녁 이여송은 고니시에게 안전한 퇴로를 약속하며 스스로 물러날 것을 권했다.

왜장 고니시는 갈등에 빠졌다. 평양성에서의 후퇴는 곧 대륙정벌의 포기이며 침략전쟁의 실패를 의미하는 것이다. 또 싸움밖에 모르는 왜놈들은 '싸움에 지면 죽음뿐'인 것만 알고 있다. 설혹 도망간다고 하더라도 그들의 총두목이 살려 두지 않을 것이다. 그러나 고니시의 참모들은 현실적이었다. 작전상 후퇴로 우선 가까이 있는 다른 성으로 이전한다는 것이다. 그날 밤 그들은 평소처럼 보루의 깃발과 횃불을 그대로 두고 평양성을 쥐새끼처럼 빠져나와 얼어붙은 대동강을 건너 남하했다. 평양성의 회복은 전란의 전체 흐름을 바꾸는 상징이기도 했다.

조선의 왕 선조는 황공무지하여 명나라에 대한 자기 충성과 감읍을 어떻게 표현할지 몰라 안절부절못했다. 특히 명의 황제가 '조선이 왜적과 결탁하여 명나라를 침략하려 한다'고 의심했다 하니 모골이 송연해지며 무릎이 덜덜 떨리고 입맛이 쓰고 잠도 오지 않는다. 지금까지 몸과 마음을 다해 바친 충성이 헛될 수 있기 때문이다. 왕은 깊은 고민 끝에 이여송을 기리는 송덕비를 건립하게 했다. 뿐만 아니라 그의 화상을 제작하여 생사당生祠堂에 정중히 모셨다. 생사당은 살아 있는 사람에게 정기적으로 거창하고 엄숙한 제사를 드리는 전당이다.

그러나 이여송은 진정한 장수가 아니다. 그의 아버지가 명나라로 귀화한 조선인 이성량으로 명나라 요동 총병관이고 요동 일대와 여진족을 다스렸다. 아버지의 후광을 입어 조선에 파견된 이여송은 막강한 군대의 힘으로 평양성을 탈환했으나 그 후 일산 벽제관 전투에서 패배하였다. 그러나 명나라 황제에게는 전란으로 죽은 조선 백성의 머리 1만여 개를 베어 자신의 전과라고 보고했다. 그 후 더 이상 싸우지는 않고 왜적과 협상만 하려 했다. 조선 조정에 대하여는 대접과 보급이 부실하다며 왕과 대신들을 능멸했다. 명의 군졸들도 조선 백성에게 온갖 횡포를 다 부렸다.

아무튼 왜적의 초기 발기력은 이미 쇠퇴하였다. 병력손실도 적지 않고, 수륙병진을 위한 해상 보급도 이순신에 의해 차단되었다. 거기다 경상, 전라, 충청, 함경 등 내륙 각지에서 의병과 승군들이 궐기했다. 이들은 용감했고 주로 왜적의 후방 보급선을 교란했다. 거기다 명나라의 대군이 밀고 내려와 왜적들은 공포에 빠졌다. 여기에 조선의 혹독한 겨울 추위는 남쪽 나라 쪽발이들이 감당하기 힘든 것이다. 그러므로 북으로 진출한 왜적들의 사기는 더욱 위축되었다. 이로써 임진왜란은 일단락된 상태라 할 수 있었다.

나. 명과 왜의 협상

조명연합군과 의병의 대응으로 왜구의 침략은 교착상태에 빠졌다.

도요토미는 비로소 자신의 헛된 꿈이 정말 헛되다는 것을 인식해야 했다. 침략 전 입수한 정보에는 조선 의병이나 이순신에 대한 것은 없었다. 무기력하게 보이는 '허수아비 조선'에게 의병과 이순신이라는 잠재력과 운동력이 있었던 것이다. 의병과 이순신의 정신은 금수 수준의 왜적들에게 전혀 생소한 것이기도 했다.

절박해진 왜적은 이제 새로운 작전목표를 세워야 했다. 그것은 우선 패잔병 아닌 점령군의 위상을 유지하는 것이다. 그래야만 본국의 두목 도요토미의 정치적 입지도 유지될 수 있다. 이를 위해 우선 명군의 남하를 더 이상 용인해서는 안 되고, 일단 서울을 사수해야 한다. 조선의 왜적들은 각 점령지를 떠나 서울에 집결했다. 4만여 명이 모였으나 당초 파병 때보다 훨씬 적은 수다. 고니시군만 해도 처음의 18,700명에서 6,629명으로 줄었다. 왜적은 사생결단의 방어를 위해 그 장소를 현재 고양시 덕양구의 벽제관고지로 결정하였다. 서울 자체는 지형이 넓어 방어에 불리하기 때문이다.

반면 이여송의 명나라 군대는 아직 쉽게 얻은 평양성 탈환의 즐거움에 도취해 있었다. 왜적을 경시하여 소풍 가듯 '쌀라쌀라' 떠들어대며 나아갔다. 그리고 1593년 1월 27일 벽제의 협곡에 이르렀을 때 매복한 왜적의 조총수들에게 맛 좋은 사냥감이 되었다. 혼란 속에 이여송 자신도 포위되어 많은 군사를 잃으며 겨우 탈출했다. 거기다 전염병까지 돌아 명군 군마의 절반인 1만 2천 필이나 폐사했다. 이러한 때 설상가상으로 조선이 담당하는 군량 공급에 차질이 빚어졌다.

명군으로서는 처음부터 남의 나라, 그것도 자신들이 멸시하는, '더럽고 무지하고, 서로 속이고 죽이는, 야비한 사람들의 나라'에 와서 싸우는 것이 내키지 않았었다. 한데 치욕적인 패배를 당한 것이다. 충혈된 이여송의 눈에는 굵은 핏발이 선명했다. 그는 추운 겨울임에도 불구하고 조선의 최고 관리들을 뜰아래 무릎 꿇렸다. 그리고 군법으로 다스린다고 소리를 지를 때 그의 목에도 굵은 핏대가 불끈 솟았다. 이후 명군은 더욱 전투는 하지 않고 협상에만 몰두했다. 그리고 명나라 군인들의 조선 백성에 대한 횡포도 계속되었다.

3장

식인사회

1

행주대첩과 왜적의 만행

가. 행주대첩

왜적은 벽제관에서 명군을 퇴치한 후 5만여 명이 서울에 주둔하였으나 오늘과 내일이 불안했다. 침략 초기의 신바람이 빠지고 귀향 걱정이 차올랐다. 우선 군량이 확보되지 않는다. 본국의 지원이 불확실하고 이미 초토화된 조선에서의 현지 조달도 어렵다. 여기에 증파된 명군과 서울 탈환을 노리는 조선군이 언제 다시 공격해 올지 모른다.

그러므로 왜적은 본국의 다음 지침을 기다리며 명군을 퇴치한 그 여세를 몰아 먼저 행주산성의 조선군을 공격했다. 행주산성은 현재 고양시 덕양구에 있는 한강변의 고지로 서울을 빤히 내려다보는 곳이다. 바로 이곳에서 권율權慄(1537~1599)이 2,300명의 관군과 자발적인 의병, 승군과 함께 서울 탈환의 기회를 노리고 있었다. 권율은 선조 초기 영의정을 지낸 권철權轍의 아들로 46세에 문과에 급제하여 유성룡의 천거로 관직에 올랐다. 오성 이항복李恒福(1556~1618)의 장인이기도 한 그는 이미 지난해 8월 충청남도 금산군 이치에서 조선군 1,500여 명으로 2만여 명의 왜구를 격퇴한 경험이 있다.

사령관이 직접 지휘하는 왜적은 3만 명을 7분대로 나누어 1593년 2월 12일 새벽 벼락같이 대공세를 펼쳤다. 산성을 간단히 청소하고 그곳에서 따끈한 아침 된장국을 마시려는 것이다. 그런데 어찌 된 일인지 정오가 지나 저녁이 되도록 '허수아비 조선'의 작은 산성이 쓰러지지를 않는다. 오히려 큰소리치던 왜적 두목들이 쓰러지며 천여 명의 사상자가 발생했다.

보름 전 벽제관에서 치욕을 당한 명나라 군대도 북쪽 멀지 않은 곳에서 절치부심하며 싸움을 주시하고 있다. 언제든 달려와 참패를 만회할 기회를 엿보는 것이다. 실제로 명군이 산성 주위의 평야로 포위해 온다면 왜적은 한강 물에 빠져 죽는 수밖에 없다. 그래서 다시 생각해 보니 작은 산성과 소수의 '조센징' 때문에 당장 목숨까지 걸 수는 없다. 이번에도 왜적은 조선의 매운맛을 보고 입맛을 다시며 물러날 수밖에 없었다. 이것이 임진왜란의 대첩 중 하나인 '행주대첩'이다.

이제 왜적은 언제까지 무한정 서울을 사수할 수도 없는 형편이다. 협상을 통해 남쪽의 안전지대까지 무사히 철수하며 전과를 챙겨야 한다. 2월 27일, 도요토미도 철군을 승인했다. 왜구 두목들은 철수 명령을 극비로 하고 명나라와 협상을 진행했다. 벽제관의 승리가 협상의 기반이 된 것이다. 일차적 현안은 서울에 주둔한, 정확히 말해, 포위된 왜적의 안전한 철군이다. 왜적은 명의 호의를 얻기 위해 일단 저자세를 취했다. 앞으로 조공을 바칠 수 있으며 이를 위해 명의 강화사를 왜국에 보내 줄 것도 요청했다. 명군의 입장에서도 더 이상 피 흘리며 싸울 이유가 없다. 왜적이 순순히 돌아가기만 하면 임무가 끝나는 것이다.

그러나 조선의 입장은 다르다. 불법 침입하여 막대한 인명 살상과 재산 피해를 입힌 악귀 왜적을 그대로 보낸다는 것은 말도 되지 않는다. 수백만의 인명이 무참히 살상되었고, 수많은 마을과 농경지가 훼파되었다. 조선 백성 모두가 날벼락 같은 침략으로 끔찍한 치욕과 고통을 당했다. 조선인의 뼛골에 사무친 이 원한은 하늘에 닿아 오늘에 이르고 앞으로도 지속될 것이다. 그러므로 당시 조선의 조정은 왜적에 대한 계속적인 공격을 주장했다.

그러나 명군은 조선군의 왜적에 대한 공격을 금지하며 조선 조정을 압박했다. 명나라의 이여송은 눈을 부라리며 조선의 전시 총사령관인 영의정 유성룡에게 곤장을 치려고 했다. 명의 하급 관리들도 조선의 대신들을 발로 차고 매질하기를 서슴지 않았다. 결국 4월 8일, 조선이 배제된 채 왜구와 명국은 협상을 타결하였다. 왜적이 서울을 비우는 대신 명군은 안전한 철수를 보장한다는 것이다.

나. 의기 논개

왜적 58,000명은 마침내 4월 18일 서울에서 여유롭게 철수를 시작했다. 그 전에 먼저 궁궐과 종묘, 왕가의 묘지, 민가들을 닥치는 대로 뒤지고 부수며 갖가지 보물들을 탈취했다. 저항하는 조선인은 그대로 '일본의 명검 닛본도'를 휘둘러 죽였다.

철수 행렬에는 심유경 등 명나라 협상가들 외에 포로가 된 조선 왕자 둘과 그들의 수행 대신들도 거들먹거렸다. 또 왜적은 자신들의 안전을 위해 조선 백성 천여 명을 인질로 잡아 앞뒤로 둘러 세웠다.

뿐만 아니라 조선의 악공들을 잡아 족쳐 풍악을 울리게 함으로써 '정의로운 대일본 군대의 영광스러운 행진'을 연출하게 했다.

철수 명령을 하달한 도요토미는 당초의 침략 목표를 축소해야 했다. 중국 대륙의 주인이 되는 것을 대폭 줄여 조선 남반부의 주인이 된다는 것이다. 이를 위해 조선 땅을 확실하게 점령할 필요가 있다. 이 작전의 첫 대상이 바로 진주성이다. 호남 침략을 위한 요충이기도 하고, 또한 지난해 10월 진주성 패배에 대한 피의 보복이기도 했다.

1593년 6월 20일, 왜적은 정예병 10만 명과 수군 8천 명을 동원하여 진주성으로 나아갔다. 선봉장은 지난해와 같이 가토 기요마사, 고니시 유기나가 등이었다. 명나라의 심유경은 이것이 협상 위반이라는 말만 하며 방관했다. 이 상황에서 진주성에는 최경회崔慶會, 황진黃進 장군이 군인 3,400명과 의병 2,800명과 함께 6만여 명의 백성을 지키고 있었다. 왜구는 9일간의 대대적 공격으로 3만이 넘는 사상자를 내며 성을 점령했다. 그리고 '일본의 명검 닛본도'로 여자와 노인, 갓난아기까지 무참히 찌르고 베고 목을 잘랐다. 소, 돼지, 개, 고양이 등 숨 쉬는 짐승들도 '대일본의 명검'을 크게 휘둘러 죽였다. 이러한 만행에 대해 뒤따라 내려온 명군은 협상을 이유로 철저히 함구했다.

왜적은 진주성을 차지한 후 조선의 여인들을 잡아 놓고 거나한 술판을 벌였다. 그 장소가 진주의 명소인 남강 촉석루다. 앞에 뛰어난 경치가 펼쳐진 이곳은 평소 과거 시험장으로도 사용되었다. 촉석루의 아래쪽에 한 평평한 바위가 있다. 이 바위 위에서 기다 마고베라는 왜적 두목이 한 조선 여자를 희롱하며 술을 마셨다. 이 여자가 주논개朱論介(1574~1593)로서 왜적에게 무참히 살해된 장수 현감 최경회의 부인이었다. 기회를 보던 논개는 얼근히 취기 오른, 인면수심의 왜구 두목을 온몸으로 제압하여 남강 물속에 처넣어 처단했다. 이 과정에서 논개는 순절했다.

논개는 나라를 위해 자신의 목숨을 버린 것이다. 이후 논개는 의기義妓가 되었고, 그녀가 왜적 두목을 처단한 그 바위는 의암義庵이라 불리고 있다. 부근에는 그녀의 의혼을 봉안하는 논개사당 의기사義妓祠가 세워졌다. 그리고 매년 5월이면 진주논개제, 6월에는 의암별제義庵別祭라는 추모제가 열리고 있다.

아무튼 당시 왜적은 진주성을 점령하기는 했으나 왜적도 2만여 명을 잃어 더 이상 호남으로 진격할 상황이 못 되었다. 조선군이 이미 초창기와 같은 '허수아비'가 아니었고, 백성 중에 일어난 의병들의 투지도 만만치 않았다. 그리고 명나라의 대군이 언제든지 다시 반격해 올 수 있다. 그러므로 왜적은 자신의 안전을 위해 7월 22일 생포한 조선의 두 왕자를 석방하고 주력부대의 철수를 시작했다. 그리고 남쪽으로 물러나 경상도 해안 전역에 영구적인 왜성을 쌓았다. 명나라 군대도 순차적인 철군을 시작했다.

2

한산도 이전

가. “민망하기 짝이 없습니다.”

1593년 7월 14일 이순신은 조선 수군의 본영을 통영 앞바다의 한산도로 옮기고 조정의 윤허를 받았다. 이곳은 산으로 에워싸여 정박한 배들이 외부에 노출되지 않는다. 특히 위치상으로 서해로 진출하는 왜적을 막을 수 있는 요충지다. 실제로 왜적은 남해가 막혀 육지군에 대한 물자보급이 불가능해졌다. 따라서 전체 부대의 전진도 멈추고, 결국 후퇴의 길로 들어서야 했다.

> 곰곰이 생각해 보건대 호남은 나라의 보장이 되는 곳입니다.
> 만약에 호남이 없어지면 이는 곧 나라가 없어지게 되는 것입니다.
> 그래서 어제 한산도로 진을 옮겨 왜구가 움직이는 바닷길을 가로막을 계획입니다.
> (『이충무공서간첩』)

그러나 당시 조선 수군의 상황은 결코 유리하지 않았다. 군사의 수는 적었고, 거기다 전염병이 크게 돌아 다수의 병졸이 드러누웠고 죽는 사람들도 이어졌다. 이 상황에 군량마저 부족하여 군졸들이 굶주렸다. 1593년 8월 10일, 이순신의 장계는 다음과 같다.

"신이 거느린 수군은 활꾼과 격군을 합하여 모두 6,200여 명이었으나
그간 전사하고 병사한 군인들이 600여 명이나 됩니다.
이들은 원래 활도 잘 쏘고 배에도 익숙하였으므로 애석하기 짝이 없습니다.
남아 있는 병졸들도 조석으로 먹는 것이 고작 2, 3홉에 불과하니
이렇게 배가 고프고 피곤한 몸으로 어떻게 활시위를 당기고
노를 저을 수 있겠습니까!?
큰 적을 앞에 놓고 형편이 이와 같아 민망하기 짝이 없습니다.
그러므로 이러한 사연을 도원수와 순찰사들에게도 보고하고
여러 고을의 군량 680여 석을 얻어다 먹이기는 하였으나
그나마 이제 다 없어졌습니다." (『임진장초』)

이순신 자신도 토사곽란 등 속병으로 건강이 안 좋아 거동이 불편하였다. 그러나 매일 밤낮 왜적과의 전투를 이어가며 군사들의 일용양식을 스스로 마련해야 했다. 오늘과 같이 정부가 모든 것을 지급해 주는 것이 아니다. 이순신의 수군은 직접 둔전을 개간하여 농사를 지으며 바다의 고기를 잡고 해산물을 채취하였다. 소금가마를 만들어 소금을 굽고, 질그릇을 만들었다. 이것들을 다시 육지에 내다 팔아 필요한 군량을 조달하고, 또 옷감을 구입하여 병사들의 군복을 만들어 입혔다.

나. 사기 진작을 위하여

전투의 승리를 위해서는 무엇보다 우수한 병력이 필수적이다. 이를 위해 군졸의 보충과 함께 승진이 보장되어 군대의 사기가 진작되어야 한다. 그러나 당시 유일한 관문은 조정에서 실시하는 무과 시험뿐이고, 수군들은 그동안 계속된 해전으로 응시할 수도 없었다. 그러던

중 연말 전라북도 전주에서 무과 시험이 시행된다는 소식이 돌았다. 이에 대해 이순신은 다음과 같은 장계를 올렸다.

> "듣자 온대, 12월 27일 전주에서 과거 시험장이 열린다고 하오나,
> 해상에 있는 군사들은 물길이 멀어 기일 내에 도착하기가 어렵사옵니다.
> 뿐만 아니라 현재 적과 대치한 상황에서 언제든지 전투가 발생할 수 있으므로
> 정군精軍 용사들을 일시에 내어보낼 수가 없사옵니다.
> 그러므로 수군에 소속된 군사들은 경상도의 사례에 따라
> 진중에서 시험을 보게 하여 그들의 소원을 풀어주시기 바라옵니다.
> 또한 '말을 달리며 활을 쏘는 시험'을 위해서는
> 먼바다의 외딴섬에 그와 같이 달릴 만한 땅이 없사오니
> 그 대신 편전을 쏘는 것으로 시험을 치르게 함이 편리할 것 같사옵니다.
> 삼가 조정의 선처를 바라옵니다." (1593년 12월 23일)

이 건의는 임금과 조정에 재가되어 이듬해 4월 6일 한산도에서 직접 시험장을 개설하였다. 3일간의 시험을 치른 후 모두 100명의 합격자가 배출되어 군대의 사기는 새봄의 꽃나무처럼 싱그러웠다.

한편 남해안에 둥지를 튼 왜적은 이제 침략의 성과를 찾기로 했다. 당초에는 조선 전체를 점령하고 나아가 명나라를 쳐 무릎 꿇리려 했다. 개전 초에는 잠깐 그렇게 될 것처럼 보이기도 했다. 그러나 이제는 쫓기는 신세다. 그러므로 마땅히 침략을 포기해야 하련만 왜구는 그렇게 하지 않았다. 이제는 조선의 남반부를 차지하고 북반부는 명나라에 넘겨준다는 계획을 세우고 다시 명나라와 협상을 벌였다. 동시에 조선 남해안의 성읍과 마을들에서는 눈에 보이는 모든 조선 사람을 살육하며 약탈했다.

다. 금토패문

명나라는 처음부터 순망치한脣亡齒寒의 원칙에 따라 자국 안전을 위해 군대를 파견한 것이다. 이미 넓은 땅을 보유하여 새로운 영토가 필요하지도 않다. 따라서 조선에서 피 흘려 싸울 이유가 전혀 없고 왜군이 물러가기만 하면 되는 것이다. 당초 심유경沈惟敬이란 사신을 파견했던 것도 왜적의 상황을 정탐하고 초기 진격을 조금이라도 늦추기 위해서였다. 이때 심유경이 왜적의 환심을 사기 위해 자의적으로 거짓 사항들을 제시하였다. 예를 들어 명나라 황제가 도요토미를 일본의 국왕으로 공식 책봉하고 명의 황녀를 그의 첩으로 줄 수 있다는 것 등이다.

아무튼 두 나라는 강화를 협상하며 전투를 멈추었다. 명나라는 일방적으로 조선 백성에게 "이제 전쟁이 끝났으니 일상으로 돌아가 태평을 누리라!"고 공포했다. 왜적은 자신들에 대한 "조선군의 공격을 금지시키라!"고 명나라 사신에게 요청했다. 이에 따라 명의 사신은 정말로 조선군에게 왜적에 대한 전투행위를 금한다는 명을 내렸다. 이순신 역시 공격을 중단하라는 다음과 같은 금토패문禁討牌文을 받았다.

> 왜군의 여러 장수들이 마음을 돌려, 모두 무기를 내려놓고
> 병사들을 쉬게 하여 본국으로 돌아가고자 한다.
> 이제 너희 조선도 전쟁의 소란을 면하고
> 태평성세의 즐거움을 누릴 수 있게 되었다.
> 그러므로 너희 각 병선들은 속히 본래의 고장으로 돌아가고
> 일본 진영의 근처에서 어지럽게 소란을 피워 사단을 만들지 말라!
> 만약 어리석게 깨닫지 못하고 왜인을 공격하고 배를 탈취한다면
> 너희 국왕에게 통보하여 엄중하게 조치할 것이니라.

그러면 너희는 화를 자초하고 불화를 일으킨 죄를 피할 수 없을 것이니라.
이 패문을 조선의 모든 신하들은 높이 우러러 받들어 시행토록 하라!

한마디로 대응할 가치도 없는 것이고, 이때 이순신은 몸도 매우 불편하여 부하 참모에게 회답을 쓰라 명했다. 그러나 그 내용이 마음에 들지 않아 이순신은 직접 일어나 앉아 다음과 같은 답신을 구술하였다.

왜인들이 처음부터 악한 생각으로
군사를 이끌고 바다를 건너와 우리의 무고한 백성을 죽였고,
또 서울을 침범하여 자행한 흉악한 짓이 끝도 없습니다.
이로 인해 온 나라 백성의 통분함이 뼛속 깊이 맺혔습니다.
현재 왜인들이 진을 치고 점거하는 거제, 웅천 등등도 모두 우리 땅입니다.

그런데 우리에게 왜군 진영에 가까이 가지 말라는 것이 대체 무슨 뜻입니까?
또 우리에게 속히 제 고장으로 돌아가라 하였는데,
제 고장이란 대체 어디를 말합니까?
불화와 혼란을 일으킨 자도 우리가 아니라 왜구입니다.
저 흉악한 무리들이 여러 곳에 날뛰며
살인하고 약탈하는 것이 전보다 배나 더합니다.
병기를 거두고 바다를 건너 돌아가려는 뜻이 과연 어디에 있단 말입니까!?
지금 저들이 강화하겠다는 말은 실로 속임과 거짓입니다.

이순신은 이후에도 작전을 계속했다. 9월에는 권율의 지시에 따라 육군장 곽재우, 김덕령 등과 함께 수륙 합동작전으로 거제의 장문포를 공격하였다. 그러나 왜적은 명나라와의 화친을 구실로 진지에 숨어 해전에 응하지 않았다.

3

인육을 먹는 조선 백성

전란의 피해자들은 항상 백성들이다. 생명의 위협을 느낀 사람들은 집을 떠나 산속에도 숨어들었다. 나라의 기강과 산업은 이미 무너졌고 굶어 죽는 사람이 속출했다. 임란 3년째는 대기근까지 들어 백성들의 상황은 더욱 비참했다. 왜적에게 살아남은 사람들은 사람을 잡아 죽여 그 사체의 살을 베어 먹었다. 그러므로 살점이 붙어 있는 시체도 찾아볼 수가 없었다.

오희문吳希文(1539~1613)이란 토목건축 관리는 두 명의 종을 데리고 서울을 떠나 남행길에 올랐다가 왜란을 당했다. 그는 집에 돌아오지 못하고 피난하며 9년 3개월간(1591. 11. 27~1601. 2. 27)의 피난일기 『쇄미록瑣尾錄』을 남겼다. '보잘것없이 떠도는 자의 기록'이란 『쇄미록』은 현재 보물 제1096호로 지정되어 있다. 여기에 다음과 같은 내용이 있다.

> 짐을 챙겨 다시 깊은 골짜기로 들어갔다.
> 고개의 남쪽 비탈을 내려오는데 마치 절벽 위에서 내려오는 듯했다.
> 간신히 서로 부축하며 내려와 바위 아래에 나무를 얽어 거처를 만들었다.
> (1592년 7월 3일)

산속 바위 아래서 잤다. 아침에 사람을 현에 보내 적의 소식을 알아오게 하고, 또 2명의 사내종을 보내 바위틈에서 옷을 가져오게 하여 추위에 대비했다. (1592년 7월 5일)

산속 골짜기 시냇가에서 잤다. 이날은 칠월 칠석이다.
냇가에 임시 거처를 만들고 삼대를 덮고 자는데 밤중에 갑자기 큰 비가 쏟아졌다.
퍼붓는 비에 옷이 모두 젖었다. 고깔을 쓰고 앉은 채로 꼬박 밤을 지새웠다.
이 밤의 괴로움은 말로 형용할 수가 없다. (1592년 7월 7일)

골짜기 시냇가에서 잤다. 이른 아침 종들을 보내 적의 동정을 탐지하게 했다.
종일 시냇가 바위 위에 쭈그려 앉아 있으려니 허리 아래가 쇠처럼 굳고 차갑다.
(1592년 7월 10일)

오늘이 내 생일이니 노모께서 나를 낳느라 고생하신 날이다.
노모와 처자식은 지금 어디에서 서로를 생각하며 울고 있을까?
천 리 밖을 떠돌며 노모와 처자식과 함께하지 못하고,
이 몸도 바위틈에 은신한 것이 어느덧 한 달이 되어 간다. 그저 눈물만 난다.
(1592년 7월 25일)

산속 바위 밑에서 잤다. 내가 산속에 들어온 후로 한 달이 넘어
절기가 중추로 접어드니 엄습하는 한기가 갑절이나 차가워졌다.
너무도 그리운 노모와 처자는 지금 어디 있으며 여전히 생존하고 있는가?
이를 생각하니 어찌 비통하지 않은가!?
오늘 하혈한 것을 발견했는데 차갑고 습한 곳에 오래 머문 탓이리라.
(1592년 8월 1일)

어제 오는 길에 7, 8세 되는 아이가 길가에서 큰 소리로 울고,
여인 하나는 그 옆에 앉아 얼굴을 감싸고 역시 슬피 울고 있었다.
그 까닭을 물어보니, "방금 남편이 우리 모자를 버리고 떠나갔습니다."
남편이 왜 버리고 갔느냐 했더니,

“지금까지 세 사람이 떠돌면서 밥을 구걸해 먹었는데
이제는 구걸해도 얻지 못해 모두 굶어 죽게 되어 우리를 버리고 간 것입니다.
이제 우리도 굶어 죽을 것이 분명하여 우는 것입니다.”
길에는 걷거나 노새를 타고, 노인은 부축하고 업은 아기를 추스르며
북쪽으로 올라가는 사족과 유민들의 행렬이 끊이지 않고 있다.
모두들 흐트러진 머리에 반송장 같은 검은 얼굴로, 참혹하여 차마 볼 수가 없다.
(1593년 7월 15일)

길에서 굶어 죽어 거적에 덮인 시체를 보았다.
그 곁에 두 아이가 앉아 울고 있어서 물어보았더니 제 어미라 한다.
병들고 굶주려 어제 죽었는데 시신을 묻으려 해도 제힘으로 옮길 수도 없고,
또 땅을 팔 도구도 구할 수가 없다고 한다.
그 말을 들으니 슬프고 안타깝기 그지없었다. (1594년 2월 14일)

최근에는 걸인이 매우 드물다. 모두 굶어 죽었기 때문이라 한다.
이 근처에도 굶어 죽은 사람들이 길가에 즐비하니 그 말이 거짓이 아닐 것이다.
영남과 경기에서는 사람들이 서로 잡아먹는 일이 많고,
심지어 육촌의 친척을 죽여서 먹었다고 한다.
전에는 한양 근처에서 쌀 한두 되라도 가진 사람을 죽이고 빼앗더니
최근에는 혼자 가는 사람이 있으면 마치 산짐승처럼 거리낌 없이 쫓아가서
잡아 죽여 먹는다고 한다. 이러다가는 사람의 씨가 말라 버리겠다. 이뿐 아니다.
역병이 성행하여 곳곳에 앓아눕고 죽은 사람들의 소식이 끊이지 않는다.
(1594년 4월 3일)

『조선왕조실록』과 『난중잡록』 등 당시 기록에도 상황이 기록되어 있다.

기근이 심하여 사람의 고기를 먹으며 전혀 이상하게 생각하지 않습니다.
길가에 쓰러져 있는 시체에는 온전히 붙어 있는 살점이 없습니다.
어떤 사람은 산 사람을 도살하여 내장과 골수까지 먹고 있습니다.

옛날에 사람이 서로 잡아먹는다고 했어도
이처럼 심하지는 않았을 것입니다. 보고 듣기에 너무 참혹합니다."
(『조선왕조실록』 선조 27년, 1594년 1월 17일)

"굶주린 백성들이 요즘 더 많이 죽고 있는데
사람들이 그 시체들의 살점을 모두 베어 먹어
단지 백골만 남아 성 밖에 쌓인 것이 그 높이가 성과 같습니다."
"단지 죽은 사람의 살점만 먹을 뿐 아니라 살아 있는 사람도 서로 죽여 잡아먹는데
관가 포도 군졸의 수가 적어 제대로 금하지도 못합니다."
"부자 형제도 서로 잡아먹고,
양주에서는 백성들이 서로 뭉쳐 도적패가 되어 사람을 잡아먹고 있습니다.
반드시 조치를 취하여 살 수 있는 길을 열어 주어야 서로 죽이지 않게 될 것입니다.
그렇지 않으면 금지시키기 어려울 것입니다."
(『조선왕조실록』 선조 27년, 1594년 3월 20일: 최흥원, 유성룡, 이덕형의 품신)

갑오년 1594년 여름에는 큰 솟값이 쌀 서 말에 불과하였고,
진기한 보배도 사고팔 수 없을 뿐만 아니라, 사람이 서로 죽여서 먹으므로
여자와 어린아이는 감히 마음 놓고 나다니지도 못했다.
굶주려 죽은 시체가 잇달았는데 굶주린 백성들이 다투어 그 고기를 먹고,
죽은 사람의 뼈를 발라내서는 즙을 내어 마시기도 하였는데,
이들 또한 멀리 가기도 전에 죽임을 당했다.
(『연려실기술燃藜室記述』: 조선 후기 실학자 이긍익의 역사서)

남원의 의병장인 조경남이 남원에 갔을 때
마침 한 명나라 군인이 술에 잔뜩 취해 비틀거리다가
길에 구푸려 구토하며 먹은 것을 잔뜩 토해내는 것을 보았다.
그러자 굶주린 조선 백성들이 한꺼번에 우르르 몰려와
머리를 땅에 박고 명나라 군인이 토해낸 것을 말끔히 핥아 먹었다.
힘이 약해서 여기서 밀려난 사람들은 눈물을 흘리며 슬프게 울었다.
(『난중잡록亂中雜錄』: 남원의병장 조경남의 야사집)

4

식인 조선의 왕과 조정

가. 왕족과 대신들

백성들은 거지가 되었고 도적과 강도로 변했다. 그리고 식인으로 내몰리며 처처에 사람을 잡아먹는 악귀들이 출몰했다. 지방 곳곳에는 백성들이 생존과 자기 보호를 위해 스스로 뭉쳐 이른바 토적土賊을 이루어 둥지를 틀었다. 이 중엔 종전에 군졸이었다가 흩어진 산망散亡 군졸도 있다. 이들은 고을의 관사와 관창을 약탈하기도 했다. 왕 선조는 포로로 잡은 왜적들을 무장시켜 이들을 말살케 하여 지엄한 왕의 권위를 높이 떨치라 명했다. 이러한 왕 자신은 전국에 개인 소유로 325개의 농장 외에 수많은 제염업, 고리대금업 등을 운영하여 조선 제일의 부자이기도 했다.

왕을 비롯한 권력자들은 나라와 백성보다 자기 자신을 더욱 중시한다. 물론 공식적으로는 이와 반대로 "나는 나 자신보다 나라와 백성을 더욱 중시합니다. 어러분~!" 하고 목청을 높인다. 이러한 모습은 당시의 조선과 현재의 남북한에서도 동일하다.

당시의 왕에게도 나라에 대한 개념도, 긍지도 없었고 백성에 대한 사랑은커녕 인식도 없었다. 그러므로 왜적이 왔을 때 백성을 방치하여 적과 맞서게 하고 자신은 한밤중에 빵소니쳤다. 북쪽으로 빵소니친 왕은 다시 국경을 넘어 중국에 숨어들어가 자기 목숨을 부지하려 했다. 그러나 유성룡의 충언을 듣고 왕은 얼굴을 찡그리며 자신의 고집을 접었다.

> "폐하!, 폐하께서 국경을 한 발짝이라도 넘어가시오면
> 조선은 이미 조선이 아니오며
> 종묘사직은 사라져 더 이상 존재하지 않는 것이옵니다."

그 후 이순신의 수군과 의병, 승병들 그리고 명나라 군대의 개입으로 급한 불이 꺼지자 이번에는 목숨을 바쳐 나라를 지킨 이순신과 자기 백성들을 의심하고 홀대하며 죽게 했다. 왕족과 관리들의 횡포도 여전했다.

> 근년 이래로 여러 왕자궁의 노자배奴子輩들이
> 남의 집 종뿐 아니라 전답과 재산을 강탈하고 있습니다.
> 그러나 어느 누구도 감히 간섭을 하지 못하고 있습니다.
> 이것이 이미 국가의 치유할 수 없는 병폐가 되었습니다.
> 이로 인해 민심을 크게 잃어
> 그 원망이 왕에게 돌아가고 국가가 전복되었습니다.
> 백성들이 국가를 원망하고 비난하는 것은 이들이 빌미를 제공한 것입니다.
> (『조선왕조실록』 선조 26년, 1593년 7월 8일)

조정의 벼슬아치들도 나라와 백성을 진지하게 생각하지 않았다. 명나라 관리들이 조선에 들어와 직접 경험한 조선 관리들의 모습을

다음과 같이 적었다.

> 조선 신료들은 단지 종이만 자르고 붓 놀리는 짓만 하여
> 명군의 마음을 낙심시키고 있으니 지혜롭지 못함이 너무 심하다.
> (『조선왕조실록』 선조 26년, 1593년 3월 20일)

> 조선 신료들은 전란 중에도 술이나 먹고 유희하며
> 기생을 끼고 시나 읊으며 난리를 평정하는 일은 도외시하고
> 국가의 존망을 염려할 필요도 없다는 태도다.
> (『조선왕조실록』 선조 26년, 1593년 3월 22일)

관리의 부패에 대하여는 이순신도 『난중일기』에 적고 있다.

> 과천의 좌수 안홍제 등이 이상공李尙公에게
> 말 한 필과 스무 살 난 계집종 하나를 바치고 풀려났다고 한다.
> 안홍제는 원래 죽을죄도 아닌데, 여러 번 형장을 맞아 거의 죽게 되었다가
> 물건과 여자를 바치고서야 석방되었다는 것이다.
> 안팎이 모두 바치는 물건의 많고 적음에 따라 죄의 경중을 결정한다 하니
> 이러다가는 결말이 어찌 날지 모르겠다. (1597년 5월 21일)

이와 같이 부패하고 안일한 왕과 대신들은 평소 나라의 안전을 염려하지도 않았고, 따라서 유사시 대비할 무기 체계를 생각할 수준도 못 되었다. 당시 조총이라는 새로운 무기에 대응하는 태도에도 조선 관리와 왜국 관리는 하늘과 땅의 차이를 보였다.

1543년 일본 규슈 남단의 한 작은 섬 다네가시마種子島에 중국 해직선 한 척이 난파되었다. 이 배에 총을 소지하고 탔던 포르투갈인이 일본에 온 최초의 유럽인이기도 했다. 지역의 영주는 당시 15세 소년

에 불과했으나 현재 1억 엔에 해당하는 거금을 주고 총 두 자루를 입수했다. 그리고 이를 역설계하여 1년 만에 자체 생산을 가능케 했다. 이것이 임진왜란 때 30만 정으로 증가하며 왜국은 당당히 선진국의 대열에 합류하였고, 서방세계도 왜국을 자신들과 동일한 선진국으로 대우했다. 임진년의 조선 침략에는 이 15세 영주의 아들이 성장하여 조총을 손에 들고 선봉에 섰다.

조선에는 1555년 5월 왜인 한 사람이 조총을 들고 와 귀화를 요청했다. 그러나 당시의 왕 명종은 이것의 의미와 가치도 모르고 무시해 버렸다. 안일하고 무식하기는 대신들도 마찬가지여서 조총 제작의 요청도 거부했다. 1589년 대마도 사람들이 다시 조총을 가져왔을 때도 왕인 선조는 이것을 그냥 무기고에 처넣게 하고 말끔히 망각해 버렸다.

나. 명나라의 조선 평가

도성 안의 왕과 대신뿐 아니라 지방의 관리들도 안일하고 포악하기는 마찬가지였다. 백성을 다스리고 보호하기보다 자신의 위엄을 세우는 데 급급했고 형벌을 남용하여 백성을 억압하고 갈취했다. 이러한 상황에 대하여 명나라 황제는 조선 왕에게 직접 칙서를 보냈다.

> 근자에 적의 한 번 침입으로 왕성을 지키지 못했다.
> 들에는 죽은 자들의 뼈가 널려 있고, 종묘와 사직은 폐허가 되었다.
> 이 참패의 원인을 살핀다면 어찌 우연이라 할 수 있겠는가!?
> 혹자가 말하기를, 조선의 왕이 생각도 없고,
> 오락에 빠지며 뭇 소인배에 현혹되었고,

백성을 돌보지 않고 군대를 정비하지 않았다.
이처럼 스스로 치욕을 쓰고 도둑을 불러온 것이
이미 어제오늘의 일이 아님에도
신하 중에 이를 말하는 자가 없었다 한다.
앞 수레가 넘어진다면 어찌 뒤따르던 수레가 경계하지 않을 수 있겠는가!?
(『조선왕조실록』 선조 26년, 1593년 11월 12일)

명나라 장수 부총병 유정도 조선의 지방관리가 백성에게 뇌물을 요구하며 그들을 때려죽이는 것에 치를 떨며 조선의 왕과 조정에 형벌을 완화하여 백성을 보호하라고 충고하였다.

근래 조선의 지방에 나가 봉사하는 자들은
오로지 위엄과 사나움을 앞세우고 있습니다.
두 손에 가득 차는 큰 곤장을 특별히 제작하여
소금물에 담근 후 겉을 붉게 칠했습니다.
이 큰 곤장에 '군령장軍令杖'이라는 이름을 붙였습니다.
그리고 하인이 언행에 실수하거나 진상품이 많지 않으면 곧 이 곤장으로 때립니다.
그것이 한두 대로 그치지 않으므로 죽어서 시체로 끌려나갑니다.
이것은 법규와 율문律文에 실린 태장의 규정이 지켜지지 않기 때문입니다.
(『조선왕조실록』 선조 27년, 1594년 2월 14일)

명나라는 이러한 조선 조정의 국정 능력을 의심했다. 그리고 조선이 왜적을 막지 못해 중국에 폐해를 끼쳤으니 마땅히 조선을 명나라가 직접 다스려야 한다고도 했다. 조선의 왕도 명나라가 직접 다스리는 것을 부정적으로만 보지 않았다. 조선의 주인인 명나라가 직접 통치한다는 것에 반내할 명분도, 실력도 없다. 그리고 그렇게 되면 최소한 자기 자신의 목숨은 보장된다고 본 것이다. 그러나 오히려 명의 관리들이 더욱 현실적이었다. 그들은 지난 세월 조선 백성의 밑도 끝도 없는 저항에 대해 알고 있었다. 공연히 조선이란 '똥통'에 발을 담그면 결국 낭패를 보게 될 것이다. 조선은 명나라에게 왜국의 침략을 일차적으로 막아 주는 울타리 역할만 하면 되는 것이다.

다. 자기 백성을 의심하는 왕

왜적의 침략으로 갑자기 호구지책을 잃은 백성들은 처참했다. 이 상황에서 백성이 도둑, 강도가 되고 반역자도 되었지만 또 많은 사람이 나라를 위한 의병이 되었다. 왕과 관리가 뺑소니쳤지만 백성들이 나라를 위해 분연히 일어선 것이다. 의병장 조헌趙憲(1544~1592)을 비롯하여 곽재우郭再祐(1552~1617), 김덕령金德齡(1568~1596), 고경명高敬命(1533~1592), 정인홍鄭仁弘(1536~1623), 성응지成應祉 등등이 의병을 지휘하였다. 그리고 당시 천대받던 승려들도 자발적으로 승병이 되었다.

당초 억불숭유를 건국이념으로 표방한 조선은 불교를 탄압하며 승려를 홀대했다. 그러므로 승려는 삶의 막바지인 '이판사판'의 처지에 떨어지게 되었다. 그런데 이 이판사판이란 말이 원래는 불교 교리를 연구하는 이판理判 승려와 절 재산을 관리하는 사판事判 승려의 합성어이다. 이 말이 극도의 곤궁 상태를 뜻하게 된 것이다. 그럼에도 불구하고 서산西山대사, 사명四溟대사, 영규靈圭대사, 수인守仁, 의능義能 등 승병들이 구국의 일념으로 전국에서 활동하였다.

그러나 왕은 유리하는 백성들을 폭도로 간주하고 의병도 의심했다. 그리고 비열한 방법으로 의병을 무력화시키며 말살하기 시작했다. 의병의 군량 보급을 제한하고, 명나라 군대의 허드렛일을 하게 했다.

그러므로 조선 의병은 밤낮으로 명군의 군량 운반, 성곽 수리 등에 동원되었고, 전투 중에는 가장 위험한 곳에 배치되었다. 왕은 직접 다음과 같이 명령했다.

> 각처의 의병을 빠짐없이 동원하여
> 군량을 수송하여 명나라 군사를 지공하게 하라!
> 영을 어기는 자는 그 장수를 군령에 의거하여 시행하라!
> (『조선왕조실록』 선조 26년, 1593년 1월 23일)

왕의 처사가 이러하니 왕의 관리들도 의병을 홀대하고 박대하였다. 예를 들어 충청도 순찰사 윤선각尹先覺은 의병의 전공을 시기하여 지원을 금하고 그들의 가족들을 하옥시키는 등 핍박을 가했다. 충청도 방어사 이옥李沃 역시 의병과 승병의 도움으로 청주성을 탈환하였음에도 불구하고 창고의 곡식을 불태워 의병과 승병의 군량이 되지 못하게 했다. 그러므로 당시 조선의 열악한 상황에서 의병의 상태는 더욱 비참할 수밖에 없었다.

> 조선의 관병과 의병은 대부분이 상처투성이의 오합지졸인 데다가
> 군량마저 없이 이리저리 다니면서 전투하고 있다.
> 경성의 기근이 심하여 다소나마 곡식이 모아지면 중국군에게 지급되고
> 그 나머지를 조선의 군사가 먹는데,
> 양이 하루에 한 되도 채 못 되고 그나마도 점차 감축되고 있다.
> (『조선왕조실록』 선조 26년, 1593년 5월 10일)

이와 같이 조정과 관군의 시기와 방해로 의병은 수세에 몰리게 되었다. 의병장 조헌趙憲은 1592년 8월 옥천에서 의승장 영규靈圭대사와 1,700여 명의 의병을 일으켜 청주성을 탈환했었다. 그러나 충청남

도 금산에서 15,000여 명의 왜적을 맞아 영규대사와 700명 의병과 함께 장렬하게 싸우다 순절했다. 이분들의 유해가 지금 금산군의 칠백의총七百義塚에 모셔져 있다. 이 칠백의총의 비문에는 조헌의 부하 의병들이 직접 작성한 글이 새겨져 있다.

> 순찰사 윤국형(윤선각의 아명)이 여러 고을에 공문을 보내어
> 조헌 선생의 부하로 활약하는 자들의 부모, 처자를 모두 잡아 가두게 하고,
> 조헌 선생의 의병에게는 조금도 지원을 못하게 하였다.
> 충청도 순찰사였던 윤선각은 의병의 전공을 시기하며 방해하여
> 의병들이 모두 해산당했다.
> 조헌은 남은 700명으로 금산에서 싸우다 모두 전사하였다.

그러나 당시 공공질서가 무너진 상태에서 왕권을 타도하려는 자들도 등장했다. 송유진宋儒眞은 의병장을 사칭하며 1594년 천안, 직산을 중심으로 세력을 모아 그 수가 2천을 넘었다. 그리고 왕의 악정과 붕당을 해소한다는 명분으로 아산, 평택의 무기고를 탈취하고 서울로 침입하려다 결국 체포되어 처형되었다.

의병을 모은 자들 중 이몽학李夢鶴이란 사람은 서얼 출신의 왕족으로서 충청남도 부여 홍산에서 의병을 모으며 한현韓絢이란 군관과 뜻이 통했다. 그 뜻이 '나라를 도탄에서 건져 안정시키고 백성을 편안케 한다'는 것이다. 여기에 또 수만 명이 모여들었다. 이들은 인근 고을들을 수중에 넣으며 혁명군으로 등장하였다. 그러나 결국 1596년 7월에 관군의 공격을 받게 되어 이몽학은 부하들에 의해 참살되었고, 한현은 사로잡혔다.

한현은 심문을 받으며 소위 물귀신 작전으로 많은 사람들을 관련자로 거명했다. 이때도 반군과 의병의 구분이 모호해지며 수다한 의병

들이 고초를 겪어야 했다. 많은 공을 세워 '충용장군'이란 호까지 받은 의병장 김덕령金德齡도 모진 고문으로 죽었다. 더 정확히는 많은 공을 세웠기 때문에 왕과 당파가 합동해 죽였다고 할 수 있다. 함경도를 지켜낸 정문부鄭文孚도 옥에서 죽었고, 최초로 의병을 일으켜 나라를 지킨 홍의장군 곽재우郭再祐는 수차례의 투옥 후 산으로 잠적했다. 그 후 조선에서 모든 의병들이 사라졌다. 한현의 사체는 후에 능지처사되었다.

그러나 당시 이들에게 생사여탈권을 행사하는 왕과 대신들은 전혀 정의롭지도 인애롭지도 진지하지도 않았다. 의병들이 자신의 친인척도, 당파도 아니기 때문이다. 당시 대신이었던 최황崔滉과 김택룡金澤龍은 다음과 같이 말했다.

> "그는 살인을 많이 했으니 그 죄는 죽어 마땅하며 조금도 애석할 것이 없습니다."
> "국가가 차츰 편안해지는데 장수 하나쯤 무슨 대수입니까!?
> 즉시 처형하여 후환을 없애야 합니다."

조선의 왕과 조정 대신들은 이와 같이 군병과 의병의 생명을 가볍게 보았으나 이순신은 의병의 포상을 위하여 다음과 같은 내용의 장계를 올렸다.

> "수군으로 자원하여 들어온 의병장 순천 교생 성응지와 승장 수인, 의능 등이
> 이러한 난리 때에 제 몸 편안하기를 생각하지 않고,
> 의기를 발휘하여 군병들을 모집하여 각각 300여 명씩 거느리고
> 나라의 수치를 씻으려 하니 참으로 가상한 일입니다.
> 바다 위에 진 치고 있으며 2년 동안 스스로 군량을 준비하여
> 이곳저곳 나누어 대어주면서 간신히 양식을 이어대는

그 고생스런 모습은 관군보다 곱절이나 더한 터에
지금까지의 고생도 꺼리지 아니하고 더욱더 부지런할 따름입니다."
(1594년 3월 10일)

그러나 왕은 의병과 승병들에게 포상은 고사하고 전후 공신책봉에 단 한 사람의 이름도 포함시키지 않았다. 왕의 논공행상은 이뿐 아니라 여러 면에서 부당하였다. 이로부터 약 반년 후 의병장 서응지가 죽었을 때 이순신은 슬픈 마음을 달랠 수 없었다.

맑으나 북풍이 크게 불었다. 공문을 적어 보냈다.
남해 현감이 들어왔다. 의병장 성응지가 죽었다.
아-, 슬프다, 슬프다! (1594년 8월 29일)

4장

정유 재왜란

1

한산섬의 고뇌

가. "형님", "아우님"

당시 조선은 학문을 숭상한다는 구실하에 문관文官이 무관武官에 우선하여 나라의 실권을 행사하였다. 그러므로 문과, 무과 그리고 잡과로 구성된 과거 시험에서 양반집 자식들은 문과에 급제하여 벼슬길에 오르는 것을 가장 선호했다. 그렇지 않으면 무과를 통해 군관의 길을 가거나 아니면 잡과에 응시하여 법률, 건축, 의료 등에 종사하였다. 임금도 주로 문관을 주위에 두고 이들을 통해 나라를 다스렸다.

한데 당시 조정 대신들은 동인, 서인이라는 당파로 나뉘어 왕의 신임을 놓고 서로 경쟁하였다. 왕은 이 두 진영을 채찍과 당근으로 조종하며 자신의 안위를 도모했다. 이 상황에서 무인들 역시 그를 추천한 문인에 의해 어느 한쪽에 속하지 않을 수 없다. 이순신과 권율은 동인에 속하는 좌의정 유성룡의 천거를 받은 데 비해 원균은 바로 서인에 속하는 조정 대신 윤두수尹斗壽(1533~1601)의 추천을 받았다.

정1품인 윤두수는 그의 동생인 윤근수尹根壽(1537~1616)와 함께 뛰어난 문신으로 조정에 봉직했고 임진년에 왕을 의주로 호송한 호송공신이다. 이들이 원균과는 인척관계에 있었고, 이순신과의 갈등에서 원균을 적극 옹호하였다. 이에 따라 이순신과 원균도 처음부터 상호 소원할 수 있는 것이다.

더구나 이순신보다 다섯 살 많은 원균은 무과 과거도 9년이나 빠른 1567년에 월등한 성적으로 급제했다. 월등하다는 것은 이순신이 병과 4위로 29명 중 12등인데 비해 원균은 을과 2위로 전체 28명 중 5등이었다. 신체적으로도 원균은 늠름하고 위풍당당했다. 그는 한 끼에 한 말 밥과 닭, 꿩 서너 마리, 생선 다섯 마리 등등을 먹었다. 그만큼 몸집이 우람했고, 성격은 화통 활달했으나 자제력은 충분히 발달하지 못한 듯했다.

이에 비해 이순신은 아침저녁 5, 6홉의 밥만으로 소식을 하여 주위 사람들이 걱정할 정도였다. 용모도 무부가 아니라 글 읽는 선비 같았고, 조용한 성격에 말과 웃음도 적었다. 그렇다고 정말로 샌님 같은 겁쟁이가 아니라 그의 내면에는 바위 같은 침착성과 역발산의 기개가 들어차 있었다.

출신 가문에도 차이가 났다. 원균의 부친 원준량元俊良은 일찍이 을과 2위, 35명 중 3등으로 급제하여 이미 전라 좌, 우수사, 경상 좌, 우병사, 경상좌수사를 두루 역임한 군부의 막강한 실세였다. 이에 비해 이순신의 부친 이정李貞은 과거급제도 안 했고 벼슬도 없었다. 오직 자신의 부친이자 순신의 조부인 이백록李百祿의 명예회복에 몰두하였다. 조부는 그 당시 말단직인 참봉에 임명되었으나 이를 사양하고 혁신정치가인 조광조趙光祖(1482~1519)를 따르다가 기묘사화에 연루

되었고, 이로 인해 죄인명부에 포함되었다. 그러므로 부친 이정은 자손들의 출셋길이 막히지 않기 위해 조부의 명예 복권에 몰두하였다. 그러므로 자녀들의 출세에 도움을 주는 막강한 가문으로서의 후광은 기대할 수 없는 것이었다.

이뿐 아니다. 원균과 이순신은 과거의 등과 성적에 따른 초임 벼슬의 품계에서도 달랐다. 을과 출신의 원균은 8품으로, 병과인 이순신은 9품으로 출사하였다. 임진왜란 당시 지휘하던 수군의 군영 규모에서도 원균의 경상우수영이 8관 16포로 가장 컸고, 이순신의 전라좌수영은 5관 5포로 가장 작았다.

더욱 흥미로운 것은 원균과 이순신이 서울 건천동(현재의 인현동) 한 마을에서 함께 자라 어려서부터 서로 아는 사이라는 것이다. 이 마을에 순신보다 세 살 위인 유성룡도 함께 자랐으니 어린 시절 이 세 사람은 양반댁 자제들로서 서로 "형님", "아우님" 하는 지인 관계에 있었을 것이다.

그러다 유성룡은 22세에 문과, 원균은 24세에 무과에 각각 급제하여 일찍 등용되었다. 이에 비해 이순신은 한참 늦은 32세에 무과에 중간 정도의 성적으로 합격하여 함경북도 오지의 말직 종9품으로 시작하였다. 1589년 45세에 겨우 종6품의 정읍 현감에 이르렀다. 그리고 2년 뒤 유성룡의 추천으로 종3품의 전라좌수사로 발탁된 것이다. 공교롭게도 그 직전 전라좌수사가 원균이었는데 사간원의 상소로 면직된 상태였었다. 1592년 임진왜란이 발발할 때는 원균이 경상우수사였다.

정작 왜란이 발생한 당일 원균은 처음에 빼소니치다가 후에 불과

3척의 배로 이순신과 합류하였다. 그러므로 그의 역할은 이제 주도적일 수가 없다. 더구나 이순신이 삼도수군통제사로 제수되었을 때는 공식적으로 그의 부하가 되어야 했다. 원균에게는 별 볼 일 없던 새까만 후배가 조정 대신의 뒷배로 상관이 되었으니 유쾌할 수가 없다. 그렇다고 이러한 정황 때문에 두 사람이 반드시 서로 원수가 되어야 하는 것은 아니다.

더욱 근본적인 것은 각 개인의 인품이다. 마음속에 의로움과 인애와 신의를 품고 실천하려는 의지가 있는가의 여부다. 이에 따라 삶의 내용과 이웃과의 관계도 결정되기 때문이다. 이에 대한 의지가 있다면 더 높은 의를 위해 자신의 감정을 죽일 수가 있다. 또한 이웃을 내 몸과 같이 사랑하려는 의지도 발동하여 원수가 친구로 변할 수도 있다. 그러나 원균의 인품에는 이러한 요인들이 발견되지 않는다. 오히려 불의와 시기 그리고 음해와 방탕이 관찰되고 있다.

실제로 그는 왜란 초에 가장 큰 규모의 경상우수영을 지휘했음에도 왜적 앞에서 자기 부대를 버리고 뺑소니를 쳤다. 이것은 한마디로 나라에 대한 반역행위다. 그 후 이어진 조선 수군의 연합 전투들에서도 이순신의 공식적인 지휘체계를 따르지 않았다. 그뿐 아니라 임진년의 왜란 발발 후의 전투들에서도 반역적인 행위들을 서슴지 않았다. 예를 들면 다음과 같다.

첫째, 옥포해전 때 이미 우군이 나포한 왜선을 다시 빼앗으려고 달려들어 사부와 격군들이 부상을 입었다.

둘째, 한산도, 안골포해전에서는 섬에 갇힌 왜적 4백여 명을 섬멸하기 위해 섬의 포위를 지시하였으나 임의로 포위를 풀어 왜적들이 도주하게 했다. 이들이 다시 쳐들어와 많은 조선 백성을 살육하게 했다.

셋째, 계사년 2~3월의 웅포해전에서는 진도의 조선 수군 지휘선이 적에게 포위되었을 때 원균은 이를 못 본 체하고 끝내 구하지 않았다. 결국 다른 장수가 바로 들어가 구해 내었다.

평시에도 원균은 조악하고 방탕했다. 종종 술에 대취하여 술주정을 하고 일어나지도 못해 군무회의에도 불참하였다. 참석한다 해도 횡설수설하며 망언들을 쏟아 놓았다. 그리고 더욱 사악한 것은 왕과 조정에 이순신을 집요하게 음해한 것이다. 거짓 장계를 올리고 좌의정이 된 윤두수를 통해 "이순신이 머뭇거리며 앞으로 나가지 않는다"라는 허위사실을 퍼뜨렸다. 그러므로 결국 왕도 이 두 사람의 불화를 알게 되었다. 영의정이 되어 전쟁을 총괄하는 유성룡은 이순신에게 조정의 이런 분위기를 알리며 각별한 주의를 당부했다. 이순신은 홀로 깊은 고민에 빠졌다.

'나의 잘못이 무엇인가!?
어쩌다 나를 총애하는 서애西厓 형과 왕과 조정에 근심을 끼치게 되었는가!?
원균 형을 어찌 대하여야 하는가?
여느 부하들과 같이 곤장을 치고 하옥하고 참수할 수는 없는 것 아닌가!?
아, 이 답답함이여! 앞이 이렇게 어두울 수가!
아, 나는 참 무능한 사람이로구나!
내가 장수된 것이 잘못된 것인가!? 그냥 시골에서 농사나 지을 걸 그랬나!?
아무튼 더 이상 통제사직을 계속 수행하는 것은 어려워!
내가 안 해도 조선의 수군은 건재하고 우리나라도 잘 돌아갈 것이야!
암, 그렇고말고! 왜적이 아직 우리 땅에 있으나 조선이 망할 리는 없어!
우리나라는 하느님이 보우하시니까!
그래, 우선 통제사직을 벗어 놓아야 하겠구나!'

이렇게 결심한 이순신은 통제사직을 사임한다는 사직서를 수차례 조정에 제출하였다. 그러나 그때마다 반려되었다. 이순신은 『난중일기』에도 원균에 관한 일을 적어 놓았다.

새벽에 구름이 가득히 끼고 동풍이 세게 불었다.
그러나 적을 치는 일이 시급하므로 출항하였다.
발포 2선, 가리포 2선이 명령도 없이 뛰어들었다가
얕은 곳에 좌초해 적들에게 공격당했다.
원균의 경상 좌위장과 우부장은 보고도 못 본 체하고 끝내 도와주지 않았다.
괘씸하여 말하기조차 싫다. 분하고 분하도다!
이 때문에 경상도 수사 원균을 꾸짖었지만 통탄스럽다.
오늘의 분함을 어찌 다 말할 수 있으랴! 모두가 경상도 수사 때문이다.
(1593년 2월 22일)

맑다. 선전관 박진종이 왔다.
동시에 선전관 영산령 예윤도 왕의 교지를 가지고 왔다.
나도 역시 우수사의 배에 옮겨 타고 선전관과 이야기를 나누었다.
술이 여러 순배 돌자 경상 수사 원균의 술주정이 심하기 이를 데 없다.
배 안의 정병들 중 분개하지 않는 이가 없었다.
그 망령된 짓을 차마 입에 올릴 수 없다. (1593년 5월 14일)

아침에 맑았다가 저녁에는 비가 왔다.
저녁에 경상 수사의 군관인 박치공이 와서 적의 배가 물러갔다고 전하였다.
그러나 원 수사와 그의 군관은 평소에도 헛소리를 잘 하니 믿을 수가 없다.
(1593년 8월 7일)
비가 오다 개다 하였다. 원 수사가 왔다. 우수사, 정 수사도 모였다.
흥양 현감이 와서 명절 음식을 대접하는데
원균이 술을 마시자 하여 조금 주었더니 잔뜩 취하여 흉측한 말을 마구 지껄였다.
매우 해괴하였다. (1593년 8월 26일)

원균 수사가 하는 일이 매우 해괴하다.
나더러 머뭇거리며 앞으로 나아가지 않는다고 하니
천년을 두고서 한탄할 일이다. (1594년 8월 3일)

맑다. 우후 이의득이 찾아왔기에 패했던 상황에 대하여 물었다.
모든 사람이 울며 말하기를 "대장 원균이 적을 보자 먼저 뭍으로 달아나고
여러 장수들도 모두 그를 따라 뭍으로 달아나 이 지경에 이르렀습니다." 하였다.
또한 대장의 잘못은 말로 다 할 수가 없고
그 살점이라도 뜯어먹고 싶다고들 하였다.
(7월 15일의 칠천량 패전 후, 1597년 7월 21일)

그러나 유성룡과의 관계는 우정과 신뢰로 맺어져 순신에게 위로가 되었다. 뿐만 아니라 왜란을 극복하는 또 하나의 힘, 나아가 나라 전체를 살리는 요인이 되었다. 이순신은『난중일기』에 유성룡에 관한 사항도 적었다.

맑다. 동헌에 나가 일을 보았다. 군관들은 활을 쏘았다.
좌의정 유성룡이 편지와 함께『증손전수방략增損戰守方略』이란 책을 보내왔다.
수륙전과 화공전 등에 관한 것이 자세히 설명되어 있다.
참으로 만고에 보기 드문 뛰어난 저술이다. (1592년 3월 5일)

맑다. 아침에 소근포 첨사가 찾아와 화살 54개를 바쳤다.
저녁에 탐색선이 들어왔는데 어머니께서 평안하시다는 소식을 들었다.
순변사에서 유성룡 정승이 세상을 떠났다는 부음이 왔다고 한다.
이는 필시 유 정승을 질투하는 자가 말을 만들어 그를 훼손하려는 것이리라.
분한 마음을 이길 길이 없다. 저녁에 마음이 매우 어지러웠다.
혼자 빈 동헌에 앉아 있으니 마음을 걷잡을 수 없고
걱정이 더욱 심해져서 밤 깊도록 잠들지 못했다.

유 정승이 만약 돌아가셨다면 나랏일은 어찌될까, 어찌될까!?
(1594년 7월 12일)

맑다. 아침을 먹은 뒤 서울에 편지를 써 보냈다.
김희번이 장계를 가지고 나갔다. 유자 30개를 영의정 유성룡에게 보냈다.
(1595년 9월 17일)

나. 왕의 질투

당시 명과 왜는 한창 강화를 협상하고 있었다. 조선 조정은 왜적의 조속한 패퇴를 희망하며 강화를 반대했다. 왕은 강화 찬성자를 참한다고까지 했다. 그러나 대내, 대외적으로 힘없는 나라는 영향력도 없다. 어차피 조선의 의도대로 진행되는 것이 아니다. 이 상황에서 우의정 유성룡은 백성의 구제와 국력 회복을 먼저 강조했다. 그러나 서인쪽 사람들은 "강화 절대 반대!"만을 큰 목소리로 부르짖었다. 여기에는 전쟁담당관인 유성룡에 대한 비난의 의미도 있는 것이다. 왕도 어떠한 변화가 있기를 바랐으나 근래에는 조선 수군에서도 뚜렷한 실적이 보이지 않는다.

왕은 이순신도 신임할 수가 없다. 한창 경황없던 때 그를 조선 수군의 수장인 삼도수군통제사로 덜컥 임명한 것이다. 그런 그가 해전에서 승승장구하며 백성의 신망도 한 몸에 모았다. 그리고 최강의 정예군을 이끌고 남반부의 비옥한 곡창지대에 자신의 근거지를 확보했다.

그것도 이몽학의 난이 아직 정리되지 않은 상황에서 정여립의 잔당들도 은거해 있다는, '반역의 땅' 전라도다. "호남이 있으므로 조선이 있다"라는 말도 있다. 이 말은 호남이 조선 전체를 선도하고 대표한다는 것 아닌가!? 왕의 뱃속에서는 울컥 쓴 담즙이 분출되었다.

이제 이순신이 고려 말의 이성계처럼 거사를 결행한다면 속수무책이다. 조정에는 방어능력이 없고, 백성의 신망도 왕보다 이순신에 대하여 더 크다. 거기다 명나라 황제의 신임도 있다. 왕의 불신은 시기심과 연동하여 날 선 경계심으로 발전했다. 이러한 왕에게 원균의 음해는 사탕물같이 달콤했다. 그는 일찍부터 원균이 이순신을 견제, 대체할 수 있는 맞수라고 생각했다. 왕은 이순신에게 싸우지 않는다고 연일 압박을 가했다. 그러던 차에 아둔한 왕은 왜적의 간계에 따라 이순신을 다시 파직하기에 이른다.

다. 왜구의 정유 재침략

지루하게 진행되던 명과 왜의 협상은 결국 결렬되었다. 도요토미는 당초 명나라의 심유경이 제시한 사항들을 원칙적으로 수락했었다. 그것은 심유경이 처음 왜군을 방문했을 때 자신의 입지 마련을 위해 사사로이 제시한 것들이었다. 예를 들면. 명의 황제가 도요토미를 일본의 국왕으로 책봉하며 명의 황녀를 첩으로 줄 수 있고, 양국 간 자유롭게 교류할 수 있다는 것이었다. 그리고 조선의 남반부를 일본이 소유하게 할 수 있다는 것이다. 그러나 이것은 명의 공식 입장이 아니었다.

1596년 9월, 명나라 사신들은 황신黃愼 등 조선 관리들을 대동하고 왜국의 도요토미를 방문했다. 도요토미는 처음에 심유경의 말에 따라 명의 사신들을 정중하게 대우했다. 그러나 조선 관리들은 접견도 하지 않고 "더러운 미물들이 왔다"라며 욕설과 가래침을 함께 내뱉었다. 그리고 그 후에 명 황제의 공식 입장을 듣고 나서는 격노했다. 명 황제의 공식 입장은 다음과 같았다.

> "명의 황제는 명나라에게 조공을 바치는 신하의 나라로서 일본 왕을 책봉한다. 그 전에 왜국은 조선에서 즉시 철수하고 이번 침략을 사죄하라!"

도요토미는 조선에 대한 재침략을 명했다. 임진년 초기의 군사적 성과로 보아 총동원된 무력으로 조선의 절반은 무사히 점령할 수 있다고 본 것이다. 동시에 이것은 명나라와 무관하여 명나라도 개입하지 않을 것이라 생각했다. 그리고 정말로 141,500여 명의 군사를 재편성하여 1597년 정유년 1월 조선을 다시 침략했다. 먼저 고니시의 제1군단 14,700명이 부산포에 상륙했고, 뒤이어 가토의 제2군단이 울산에 가까운 서생포를 점거했다. 그리고 남원과 전주를 차례로 점령했다.

조선 왕은 재차 명나라에게 구원을 간청했다. 명은 2월 자국의 안전을 위해 부총병 양원 휘하의 8만 지원군을 다시 파병했다. 양원은 명 황제의 질책을 전하며 전시작전권을 행사했다.

> "어찌하여 그동안 몇 년 동안 휴식하면서 군사 준비를 하지 않았느냐?
> 와신상담臥薪嘗膽을 잊고 토붕와해土崩瓦解를 좌시하는가!?
> 왜적이 다시 쳐들어오니 전과 같이 장황하게 글을 올려 천조의 구원을 바라는가!?
> 짐이 약소국을 측은히 여기는 인과
> 어려움을 구해 주는 의로써 다시 군사를 보내고자 한다.
> 짐은 구원병을 보내 만 리 먼 길을 달려가 도와주는데
> 너희들은 사직을 지키는 의리에 소홀하여 한 가지 계책도 세우지 않았다.

너희들의 마음이 너무 어두워 가련할 뿐이로다!"

과연 조선의 왕과 조정은 자체적인 전략 없이 전적으로 명군에 의존하고 있었다. 그러나 명군과 왜군 간에는 전투를 회피하며 화의를 추구하였다. 이제는 서로 간에 피 흘리며 싸울 필요가 없는 것이다.

정유 재침략의 목적이 순전히 조선 땅의 획득인 만큼 도요토미는 조선 땅에서의 '인간 청소'를 명했다. 조선 사람들을 남녀노소 막론하고 모조리 죽여 쓸어낸 후에 왜놈들에게 조선의 땅을 분할해 준다는 것이다.

"군사를 내어 조선 사람을 모조리 다 쳐 죽여라!
조선을 빈 땅으로 만든 뒤에 일본 서쪽 지방 사람들을 조선으로 옮기고,
동쪽 지방 사람들을 서쪽으로 옮겨 살게 하면
10년 뒤에는 반드시 성공할 것이다."

그리고 침략에 동원된 왜적들에게는 싸움 중 살해는 물론 겁탈, 약탈, 포로사냥 등을 무제한 허용했다. 조선 사람을 죽인 후에는 칼로 그들의 코를 베어 소금에 절여 상납하게 했다. 이것이 전리품으로서 그 수량에 따라 크게 포상한다는 것이다.

이에 따라 왜적은 집과 숲을 모두 불태우며 조선인들을 남녀노소 가리지 않고 무자비하게 도륙했다. 이러한 도륙이 그들의 정의이기도 했다. 노예 감이 될 만한 조선인들은 포로로 잡아 줄줄이 엮었다. 서양의 노예 상인들이 이미 왜국에서 대기하고 있은 상태다. 이와 같이 그동안 죽이고 잡아간 조선인이 당시 인구의 1/6에 해당하는 것으로 추정되고 있다. 당시 왜적과 동행했던 의승 케이넨慶念은 살인

과 약탈의 잔혹성을 자신의 일기에 적었다.

> 들도 산도 섬도 죄다 불태우고 사람을 칼로 베고 쳐 죽인다.
> 산 사람은 쇠사슬과 대나무 통으로 목을 묶어서 끌어간다.
> 부모는 자식 걱정에 탄식하고, 자식은 부모를 찾아 헤매는
> 비참한 모습을 지금까지 살며 처음 보았다.
> 조선 아이들을 잡아서 묶고, 그 부모는 쳐 죽여 다시는 만날 수가 없게 된다.
> 남은 부모와 자식이 서로 울부짖는 모습은 마치 저승사자의 고문과도 같았다.

조선의 육지에서는 이와 같이 '인간 청소'가 계획대로 진행되었으나 조선의 바다에는 아직 조선 수군이 건재하다. 그러므로 남원을 함락한 왜구가 구례를 지나 하동으로 내려왔고, 여타 지역의 왜구들도 남쪽 해안으로 이동하였다. 육지와 바다에서 조선의 수군을 그 근거지와 함께 제거하기 위한 것이다.

그러나 고니시는 먼저 이순신을 대해로 끌어내 죽이기 위한 계책을 고안했다. 조선 왕의 우둔함과 조정의 당파싸움 그리고 이순신과 원균의 악연까지 이미 잘 알고 있는 고니시는 계책의 수행자로 요시라要時羅를 선발했다. 대마도 출신의 요시라는 조선말에 능통하고 대인관계에 있어서도 선거에 출마하는 정치인처럼 능란했다.

요시라는 우선 경상우병사 김응서金應瑞(1564~1624)에게 접근하며 친분을 쌓았다. 그가 방문할 때는 조선 옷을 입었고 조선을 칭송하며 자기도 조선 사람이 되고 싶다고 했다. 그리고 왜군 내부와 왜국 전반 그리고 국제 정세에 관해서도 여러 가지를 말해 주었다. 이러한 정보들을 처음 듣는 김응서는 자신이 이제 세계인이 된 기분이 들었다. 그러므로 김응서는 요시라를 특별 대우하여 조선군 진영도 무상출입

하게 했다. 조선의 왕과 조정도 요시라에게 속아 격려금과 함께 돈용교위敦勇校尉라는 정6품의 무관직을 수여했다. 요시라는 자못 감읍해 했고, 기회가 무르익자 김응서에게 진지하게 귓속말로 속삭였다.

"왜군 장수인 고니시와 가토는 서로 공을 다투는 경쟁관계를 넘어 원수지간이오.
두 사람의 종교도 다르고 출신 배경도 다르오.
그래서 곧 앞으로의 일본 내 패권 싸움에서 둘 중 하나는 반드시 죽게 되어 있소.
그러므로 가토가 바다를 건너올 시각을 알려줄 터이니
이순신이 출동하여 간단히 그를 제거하면 고니시와 조선 모두에게 유익하오.
그리고 앞으로 조선과 일본은 형제 국가가 될 수 있소.
대감, 우리 함께 밝고 평화로운 내일로 나아갑시다!"

이 내용은 즉시 조정에 보고되었다. 왕과 윤근수尹根壽를 비롯한 대신들은 모두 전쟁 문외한임에도 불구하고 이를 적극 지지하며 지체 없이 이순신에게 출동명령을 하달했다. 그러나 원래 전쟁 중 작전권은 책임 장수에 있어야 함을 왕도 인정해야 한다. 특히 적이 의도적으로 보내준 정보를 그대로 수용하는 바보 멍청이는 천하에 없다. 적으로부터 세워진 토적계討賊計는 원칙적으로 간계이고, 이를 따르는 것은 적의 함정에 빠지는 것이라 병법에도 적혀 있다. 그러나 1597년 1월 21일 왕의 명령은 도원수 권율을 통해 한산도의 이순신에게 전달되었다.

그러나 세기의 명장 이순신은 이 명을 따르지 않았다. 그리고 '다수의 복병이 기다리고 있는, 깊은 함정'임을 소상히 밝히는 장계를 왕과 소성에 올렸다. 그러나 이순신은 이미 자신이 왕과 당파의 제거 대상이 된 것을 인식해야 했다.

그렇다고 해서 명명백백한 왜적의 덫 안으로 제 발로 기어들어가 수군 전체를 몰살시킬 수는 없다. 조선의 수군뿐 아니라 조선 자체가 사라질 수 있기 때문이다. 아무리 왕명이라도 나라와 백성의 생명을 왜적의 아가리 속에 산 채로 밀어 넣을 수는 없다. 평소 정의를 추구하고 실천하려는 이순신은 왕에 대한 맹목적인 복종보다 나라와 백성을 보호하는 것이 옳은 것임을 알기 때문이다. 더구나 왜장 가토의 제1군단은 왕의 명령이 이순신에게 전달되기 열흘 전인 1월 12일 이미 울산 서생포에 상륙하였고, 가토 본진은 그다음 날 부산 가덕진에 도착해 있었다.

라. "한산섬 달 밝은 밤에"

이순신은 나날이 다가오는, 둔한 왕의 날 선 칼을 의식하며 밤에도 잠을 이룰 수가 없다. 이순신의 마음은 밤바다같이 검다. 검은 바다는 소용돌이치며 울부짖는다. 그동안 왕과 조정은 나라를 파멸의 구렁텅이에 몰아넣어 백성은 사람을 잡아먹는 생지옥에 떨어졌다.

'왕의 포졸들이 이곳에 와 나를 체포할 때 어찌해야 하나?
나의 가문도 역적의 오명을 쓰고, 나의 부하들도 연루된다면?
조정은 부패했고 백성의 불만은 하늘에 닿았다.
어찌해야 하나, 어찌해야 하나?'

그를 더욱 괴롭힌 것은 영혼의 상실감이다. 지금까지 추구해 온 삶의 목적과 의미가 실종된 것이다. 그것은 공맹孔盟 사상으로 조선의 최고 가치이고 교육 내용이기도 했다. 그리고 그의 삶의 내용이었다. 그런데 평생 목숨 다해 바쳐온 충성이 배신하여 파멸로 돌아온 것이다.

이순신의 조상들은 선비로서 종묘사직에 헌신했다. 고조부인 이변李邊은 대제학, 증조부인 이거李琚는 병조참의라는 관직에 종사하였다. 그러나 조부 이백록李百祿은 당시 조광조의 혁신정치에 연루되어 관직을 잃었다. 이 영향을 받았는지 부친 이정李貞은 관직을 마다했다. 이러한 가문에서 자란 이순신은 소년 때부터 철없이 나대는 경박함보다 신중히 생각하는 침착성이 몸에 배었다.

특히 이순신의 관심은 조부 이백록에게 많이 기울었다. 그 당시의 상황에서 조부의 사상과 역할도 이해하려 했다. 이순신은 '조부께서도 많은 고민을 하셨을 것'이라고 생각했다. 그리고 지금 그가 옆에 계시다면 그의 옷자락이라도 부여잡고 싶은 간절한 심정이다. 아무튼 이제 이순신에게도 현실의 정당성이 사라진 것이다. 밤바다에는 죽음의 파도가 높게 밀려온다. 그는 두려웠다. 유한한 인간에게 무한의 사망이 다가오며 가져오는 그런 두려움이다.

BC 1000년경 이스라엘의 다윗도 사망의 두려움을 체험했다. 다윗은 침략군인 블레셋의 장수 골리앗을 물리치고 일약 구국의 영웅으로 떠올랐다. 그는 단번에 백성들의 신망을 모았고, 그 신망은 당시의 왕 사울을 능가했다. 그러므로 사울 역시 시기와 질투로 다윗을 죽이려 했다. 직접 창을 던져 죽이려고 했을 때는 다윗이 용케 몸을 피해 도주했다. 그 후 왕은 산 다윗이건, 죽은 다윗이건 생사 간의 다윗 체포령을 전국에 내렸다. 잡아 오는 사람에겐 엄청난 부귀와 권세가 약속되었다. 한데 전국이라고 해야 우리나라 강원도 크기 정도밖에 안 된다. 그러므로 안전한 도피처란 있을 수가 없다. 다윗은 오랜 기간 밤과 낮을 두려움에 떨어야 했다.

사망의 줄이 나를 얽고, 불의의 창수가 나를 두렵게 하며
음부의 줄이 나를 두르고 사망의 올무가 내게 이르렀도다. (시 18:4-5)

내 마음이 내 속에서 심히 아파하며 사망의 위험이 내게 이르렀도다.
두려움과 떨림이 내게 이르고 공포가 나를 덮었도다. (시 55:4-5)

짧은 인생이 바닥없는 죽음의 구덩이 앞에서 어찌 두려워하지 않을 수가 있는가!? 불안한 이순신 역시 영혼이 흔들리며 공포에 빠졌다.

'충성을 바치니 역적의 누명으로, 죽음으로 돌아오다니!?
무엇을 위한 충성인가?
나의 부하와 가족들은 어떻게 될까?
정의는 무엇이고, 불의는 무엇인가?
이 큰 칼로 참으로 지켜야 하는 것, 그리고 베어야 하는 적은 누구인가?
왜적인가? 아니면 왕인가?
정말 이 큰 칼로 왕을 베어야 하나???

아니다, 아니로구나!
베어져야 한다면 그것은 나의 목이로구나!
그렇다. 나에게 군주에 대한 반역은 있을 수 없다!
김덕령처럼 고문으로 몸이 부서져 죽을지라도……!

하늘이시여, 어찌하여 이런 시련이 내게 미치나이까?
또 내가 감당할 수는 있겠나이까?'

예민한 이순신은 감정도 풍부하다. 만약 그가 겟세마네와 골고다의 예수에 관해 읽었더라면 분명히 눈물을 펑펑 흘렸을 것이다. 이순신은 평소에도 달빛 비치는 밤이면 잠을 이루지 못한다. 그리고 홀로 앉아 멀리 어디선가 들려오는 피리 소리에 귀를 기울인다. 또 마음에

떠오르는 감상을 글자로 옮긴다.

밤바다의 달빛은 대낮처럼 밝고 물결은 비단결 같은데
높은 다락 위에 홀로 기대 있노라니
심사가 심히 어지러워 밤이 깊어서야 잠자리에 들었다. (1594년 4월 9일)

충청 수사가 와서 활을 쏘고 함께 저녁밥을 먹었다.
달 아래 앉아 같이 이야기할 때 옥적 소리가 처량했다. (1594년 6월 11일)

오늘밤 으스름 달빛이 수루에 비치는데 잠을 이루지 못하고
시를 읊조리며 긴 밤을 지새웠다. (1595년 8월 15일)

그런 그의 혼은 지금 검은 밤바다를 배회하고 있다. 부하들과 전투를 벌였던 해안도 굽이굽이 돌았다. 달빛 교교한 수면 위에 부는 바람은 저 건너 어두운 숲으로 사라진다. 그의 생명도 이제 바람처럼 역사의 어둠 속으로 사라질 것이다. 이순신은 무엇인가 흔적이라도 남겨야 한다고 생각했다. 그리고 절제된 감정과 정제된 언어로 아픈 마음의 상태를 수채화처럼 그려냈다.

"한산섬 달 밝은 밤 수루에 혼자 앉아
큰 칼 옆에 차고 깊은 시름 하는 차에
어디서 일성호가는 남의 애를 끊나니!"

"비바람 부슬부슬 흩뿌리는 밤
생각만 오락가락 잠 못 이루고
쓸개가 찢기는 아픈 이 가슴
살가죽 저미는 쓰린 이 마음

강산은 참혹한 꼴 그냥 그대로
물고기와 날짐승도 슬피 우노라!
나라는 허둥지둥 어지럽건만
위기를 돌릴 이 아무도 없네."

"바다에 맹세하니 용이 동하고
산에 맹세하니 초목이 답하네.
이 원수 모조리 무찌른다면
내 한 몸 죽는 것 사양하리오!?"

"한바다에 가을빛 저물었는데
찬바람에 놀란 기러기 높이 떴구나.
가슴에 근심 가득 잠 못 드는 밤
새벽달 창 너머 칼과 활을 비추네."

마. 겟세마네 동산의 고뇌

죽음 앞에서 절규하며 자신을 포기하는 사례가 성서에 있다. 십자가를 지게 될 예수가 겟세마네라 하는 올리브 동산에서 올린 기도다. '겟세마네'라는 말이 무거운 돌로 눌러 '기름을 짜는 틀'이란 뜻이다. 예수는 자신에게 다가오는 끔찍한 죽음을 감지하며 체포되는 밤에 이 겟세마네 동산에 있었다. 마치 무거운 돌에 눌려 마지막 진액까지 모두 빠져나가는 올리브처럼 예수의 영혼은 처참히 짓눌렸다. 그는 죽도록 고민이 되어 제자들도 함께 깨어 있어 주기를 바랐다. 그리고 엎드려 얼굴을 땅에 대고 혼신의 힘으로 기도할 때 그의 마지막 진액은 얼굴에 땀으로 흘러 땅에 떨어지는 핏방울 같았다.

아버지여, 아버지께는 모든 일이 가능하십니다.
할 수만 있으시면 이 잔이 내게서 지나게 하소서!
그러나 나의 뜻대로 마시고 아버지의 뜻대로 하옵소서!
(마 26:39; 막 14:36; 눅 22:42)

하나님이 세상에 보낸 예수는 유일하게 죄가 없는 의인이다. 악한 행위가 없고 선행만 있을 뿐이다. 그럼에도 불구하고 이제 종교인들에 의해 역천의 죄와 국가반역이라는 천지간 최대, 최악의 죄목으로 처참한 죽임을 당할 것이다.

물리적인 저항은 무의미하고, 빽소니치는 것도 답이 아니다. 하늘 아버지께 간구한다면 천사들의 도움이 있을 것이다. 그러나 오래전 성경에 예고된 의의 길, 십자가의 길을 홀로 외롭게 가야 한다.

그렇지만 문제는 예수 한 사람의 죽음으로 끝나지 않는다는 것이다. 왜냐하면 그 후 하늘 아래의 인간들에게 엄청난 불행이 닥치기 때문이다. 예수 처형은 불의不義가 의義를 파괴하는 것으로 하나님에 대한 정면 도전이다. 땅 위의 한 왕에 대한 도전도 죽음뿐인데 하물며 하늘의 왕에 대한 도전은 어떠하랴!? 예수는 그 참담함을 예견하며 슬퍼했다.

첫째, 그 후 유대국은 철저하게 멸망당했다. 유대의 지배층은 모조리 죽임을 당했고, 나머지 백성은 모두 고향에서 쫓겨나 2,000년간 세계를 떠돌며 혹독한 시련을 겪었다. 그런데 이러한 고난은 그들의 행위에 따른 사필귀정의 응보였고, 그들이 결코 마음으로 자원했던 것은 아니었다. 그러나 유대인은 아브라함의 후손으로서 예수 자신의 동족이기도 하다. 예수에게도 자신의 죽음보다 자기 동족의 파멸이 더욱 가슴 아팠다.

비아돌로로사Via Dolorosa에서 예수는 힘겹게 십자가를 지고 가며 비틀거렸고, 또 넘어졌다. 이러한 예수를 보고 예루살렘의 여인들은 측은하여 울었다. 그러나 예수는 고통 중에서도 그들에게 울어야 하는 그 대상이 누구여야 하는지를 알려주었다.

> 예루살렘의 딸들아, 나를 위하여 울지 말고
> 너희와 너희 자녀를 위하여 울라! (눅 23:28)

둘째, 유대인뿐 아니라 예수를 믿는 그리스도인들 역시 모두 고난을 받으며 죽음의 길로 가는 것이다. 비단 순교자들뿐만 아니라 예수를 믿는 모든 신자에게 해당된다. 예수를 따름이 바로 십자가를 지고 골고다에 이르는 것이기 때문이다. 그러나 이 고난은 그들이 자초한,

피치 못할 응보가 아니다. 오히려 마음으로 자원한 것이다. 예수가 누누이 말하고, 사도 바울 역시 고난받는 자들을 격려하고 있다.

누구든지 나를 따라오려거든 자기를 부인하고
자기 십자가를 지고 나를 따를 것이라. (마 16:24; 막 8:34; 눅 9:23)

우리가 고난도 함께 받아야 할 것이라! (롬 8:17)

그 나라를 위하여 너희가 또한 고난을 받느니라. (살후 1:5)

고난받기를 잠시 죄악의 낙을 누리는 것보다 더 좋아하느니라.
그리스도를 위하여 받는 수모를 애굽의 모든 보화보다 더 큰 재물로 여겼으니
이는 상 주심을 바라봄이라. (히 11:25-26)

셋째, 하나님께서 진노하시고 절규하시는 것이다.

그때에 분을 발하시며 진노하사 그들을 놀라게 하여 이르시기를, (시 2:5)

하늘이여 들어라! 땅이여 귀를 기울여라!
내가 자식을 양육하였는데 그들이 나를 거역하였다.
슬프다~~~!
범죄한 나라요, 허물어진 백성이요, 행악의 종자요, 부패한 자식이로다.
그들이 나를 버리고 이스라엘의 거룩한 이를 만홀히 여겨 멀리 물러갔도다.
(사 1:2, 4)

예수는 무엇보다 하늘 아버지의 이 마음을 생각할 때 온몸과 영혼이 떨려 왔다. 하나님이 도대체 어떠한 분이신가!? 태초에 천지를 지으신, 전능하신 천지의 주재자시다. 또 거짓이나 변개함이나 후회

가 없으신 분 아니신가!? 결코 업신여김을 받지 아니하시는, 참으로 두려우신 분이시다. 이 하나님을 진노하시게 하다니!!!

그러므로 예수는 골고다 언덕의 십자가 위에서도 마지막 숨을 가쁘게 몰아쉬며 하늘 아버지께 간구하였다.

> 아버지여, 저들을 용서하옵소서!
> 저들은 자기들의 하는 일을 알지 못하고 있습니다. (눅 23:34)

2

혼군 선조

가. “이순신은 조금도 용서할 수가 없다.”

이순신이 한산도에서 나라와 백성을 위해 죽음과 씨름하는 그 시간에 조선의 왕 선조는 이순신의 명령 불복종이 그를 제거하는 좋은 구실이 됐다고 무릎을 쳤다.

> “나는 이순신의 사람됨을 자세히 모르지만 성품이 지혜가 적은 듯하다.
> 임진년 이후 한 번도 거사를 하지 않았고,
> 이번에도 하늘이 준 기회를 취하지 않았다.
> 이순신은 조금도 용서할 수가 없다.
> 무신武臣이 조정을 가볍게 여기는 습성을 다스리지 않을 수 없다.”
> (『조선왕조실록』 선조 30년, 1597년 1월 27일)

이렇게 말한 왕은 이순신을 파직하고 그 자리에 원균을 임명했다. 이순신은 1597년 2월 26일 한산도에서 멧돼지처럼 함거에 실려 서울로 압송되어 3월 4일 투옥되었다. 왕은 13일 직접 한 차례 심문한 후 이순신이 죽어야 한다고 말했다.

"이순신의 죄는 용서할 수 없다.
조정을 기망한 것은 임금을 무시한 죄이고,
적을 놓아주어 치지 않은 것은 나라를 저버린 죄이며,
심지어 남의 공을 가로채 남을 무함誣陷한 것은 방자한 죄이다.
마땅히 사형에 처할 것으로 이제 고문을 가하여 그 죄상을 확인하고
어떻게 처리할 것인지 대신들에게 하문하라!"
(『조선왕조실록』 선조 30년, 1597년 3월 13일)

구렁이 같은 조정 대신들은 이미 이순신에 대한 왕의 거친 질투를 간파하고, 그가 무고한 줄 알아도 변호하지 않았다. 당사자의 무고 여부는 의미가 없다. 오직 왕의 심기가 관건이다. 대신들도 모두 학문을 했다고 하나 그들의 학문은 자신의 안위를 위한 것이다. 그러므로 자기를 아프게 할 수 있는 의, 인, 신을 의식적으로 내팽개쳤다. 그러므로 6, 7차에 걸친 중신회의에서 이순신을 비호하던 중신들도 모함이 두려워 입을 다물었다.

국청에 선 이순신을 윤근수尹根壽가 세 차례 국문했다. 윤근수는 22세에 과거 급제하였고, 임진년에는 형 윤두수尹斗壽와 함께 의주까지 왕을 수행하여 호성공신에 봉해졌다. 원균과 인척인 이 두 형제는 '원균이 고금에 없는 명장'이라 높이 띄우며 이순신과의 갈등에서 원균을 두둔하였다.

윤근수는 "위급할 때 장수를 바꾸는 것이 아니지만 이순신은 파직해야 한다"라고 강하게 주장하며 이순신을 국문하였다. 국문의 목적은 이순신에게 "왜적의 뇌물을 받고 출동하지 않았다"라는 자백을 받아내는 것이다. 두 차례의 국문에서 실효가 없자 세 번째 국문에는 모진 고문을 가했다. 윤근수는 이순신의 주리를 틀었고, 얼마 후 살이

터지고 피가 흐르며 흰 정강이뼈가 드러났다. 이순신의 얼굴은 평온을 유지했으나 이미 6년간의 전쟁으로 쇠약해진 그는 형틀에서 내려지자 결국 혼절하였다.

이때 우의정 정탁鄭琢(1526~1605)이 왕에게 이순신의 구명을 위한 상소문인 신구차伸救箚를 올렸고, 이 구명 운동에 유성룡을 비롯한 이덕형 · 이원익 등이 동참하였다. 정탁은 성균관 생원시를 거쳐 32세에 과거급제한 충신으로 경제, 군사, 천문 등등에 정통한 학자기도 하다. 왜란 초기 의주까지 왕을 호종하였고, 곽재우 · 김덕령 등 명장들을 천거하여 전란 중에 공을 세우게도 했다. 1597년 정유 재왜란 때는 72세의 고령으로 직접 전장에 나가 군사들의 사기를 높이려 했으나 왕이 만류하였다. 바로 이해 3월 이순신을 적극 구명한 것이다.

윤근수와 그의 일당 역시 왕의 언질이 있다고 해서 간단히 통제사를 죽였다가는 그 칼날이 언제 자신들에게 되돌아올지 모르는 일이다. 이순신의 구명을 적극 탄원하는 대신들도 있고, 또 그간의 공적과 백성의 신망도 결코 무시할 수 없는 것이다. 숙의를 거듭한 조정은 이순신을 삭탈관직하고 백의종군에 명했다. 결과적으로 왕은 자신의 위엄과 자비를 동시에 과시하고, 당파는 왕과 타협하여 원만하게 한 위험인물을 처리한 것이 되었다.

드디어 4월 1일, 이순신은 서울 의금부 감옥을 나왔다. 그리고 고문받아 찢기고 깨진 몸으로 백의종군 길에 올라 경상남도 합천에 있는 도원수 권율權慄에게 향했다. 권율 장군은 같은 신분의 무장이고, 또 함께 유성룡의 천거를 받은 선배 장교기도 했다. 8살 많은 권 장군이 순신에게는 큰형님 같기도 했다. 고문받은 몸과 배신당한 마음은 매우 아팠지만 권 장군이 정말 큰형님 같다는 기대감에 마음 한구석이 밝아지기도 했다. 현재는 충무공의 '백의종군 길' 약 640km를 복원하기 위하여 관련 지방자치단체들이 숙의하고 있다.

아무튼 고니시를 비롯한 왜적들은 이순신이란 큰 장애물이 제거되자 오랜만에 악취 나는 입을 크게 벌려 큰 소리로 통쾌하게 웃어 젖혔다. 그리고 즉시 남해안 진출에 나섰다.

나. 칠천량의 완패

삼도수군통제사에 임명된 원균은 먼저 이순신이 시행하던 제도와 규율을 모두 폐지하고 이순신의 사람이라고 생각되는 장수들도 모두 몰아냈다. 그리고 조정에는 제도를 정비하고 인적 쇄신을 단행했다고 보고했다. 원균은 운주당을 높은 이중 울타리로 폐쇄하고, 그곳에서 첩과 함께 매일 술을 마시며 그동안 상했던 심기를 달랬다. 지금까지 자기보다 어린 후배의 부하로 있었다는 사실이 원균에게는 참을 수 없는 치욕이었다. 임명받은 그가 한 친지를 방문하여 자축 인사를 할 때도 그 속내를 숨기지 않았다.

> "어흠, 내가 이 직함을 영화롭게 생각하는 것은 아니올시다.
> 오직 순신에게 부끄러움을 설욕했다는 사실이 통쾌합니다 그려.
> 히히히히!"

눈엣가시 같던 이순신을 쫓아내고, 이제 높은 지위에 올라 여유롭게 술잔을 기울이게 되어 정말 치욕이 사라지는 기분도 들었다. 그래서 전함 위에서도 술을 마셨다. 그러나 이러한 기분이 그의 인격적 한계이기도 했다. 정의와 인애와 신의에 대한 개념은커녕 개인감정에 매몰되어 시대와 사회에 대한 안목이 열리지 못한 것이다. 우선 조선 수군의 분위기부터 급랭하고 사기가 떨어진 것도 느끼지 못했다. 자신은 스스로 여전히 의롭고 유능한, 위대한 장수라 생각하며 어떤 전투에도 이길 것 같은 기분도 들었다. 자기 앞에서 벌벌 떠는 군졸들도 자기의 인품과 위엄에 압도된 것이라 여겼다.

아무튼 왕과 조정 대신들은 이제 원균이 부산에 은거한 왜적을 속히 제거하기만을 바랐다. 그러나 원균의 장계에는 공격 전략이 아니라 전 통제사에 관한 것만 쓰여 있었다.

> "부산포 앞바다에서 전 통제사 이순신의 배가 적진 가까이 갔는데
> 조수가 물러가 물이 얕아지면서 배 밑창이 땅에 닿아
> 적에게 배를 빼앗기게 되었습니다.
> 배 위의 수졸들이 큰 소리로 구원을 요청하니
> 안골포 만호 우수禹壽가 빨리 가서
> 이순신을 등에 업고 내려와 어렵게 우수의 배로 옮겼고,
> 이순신이 탔던 배는 선미에 연결하여 간신히 안골포로 끌어왔다고 합니다."
> (1597년 2월 28일)

그러나 이러한 말은 유일하게 원균의 이 장계에만 있을 뿐 이순신의 『난중일기』나 여타 문서들에서는 발견되지 않았다. 어쨌든 이 장계를 받은 조선 조정은 원균에게 이제 통제사가 되었으니 본인의 주장처럼 적을 속히 공격하라고 독촉하였다. 그러나 원균은 다시 다음과 같은 장계를 올리고 엉뚱한 곳만 배회하고 다녔다.

"안골포와 가덕도에 있는 적을 육군이 몰아친다면
적 수군의 섬멸은 대쪽을 쪼개듯 쉬울 것입니다.
그리고 4~5월 사이에 수륙 양군을 대대적으로 출동시켜
한 번의 승부를 겨뤄야 할 것입니다." (1597년 4월 19일)

"지난번 수륙 합공을 건의했으나 시행되지 않아
적 섬멸의 기회를 놓쳐 안타깝습니다. 이번에는 수륙 병진하여
안골포의 적을 도모한 후에야 차단할 방도가 생길 것입니다.
신이 변방에 있으며 적을 헤아려 보건대
오늘의 형편으로서는 이만한 계책이 없으니
조정에서는 각별히 처치하여 조속히 지휘할 수 있도록 조치하기 바랍니다."
(1597년 6월 11일)

이에 대해 왕은 또 공격을 재촉하였고, 직속상관인 도원수 권율도 수차 출전을 명령했다. 그러던 중 1597년 7월 6일, 왜선 600여 척이 부산포로 건너와 웅포에 이르렀다. 그럼에도 원균은 움직이지 않았다. 대신 경상우수사 배설裵楔(1551~1599)을 내보냈으나 조선 수군이 피해만 입었다. 그러자 권율은 7월 11일에 곤양의 사령부로 원균을 불러들여 엄중히 말했다.

"나라가 그대에게 높은 지위와 많은 녹봉을 주어 우대하는 것이
앉아서 부귀와 쾌락만 누리라 하는 것으로 아는가!?
하늘 같은 은혜를 잊어버리는 그대의 죄를 용서할 수가 없노라!"

그럼에도 불구하고 원균은 멀뚱멀뚱 먼 산을 바라보며 출전에 대해서는 함구무언이었다. 이것은 명령 불복종이며 상관에 대한 능멸이기도 했다. 권율은 크게 노하여 원균에게 곤장을 치게 했다. 통제사의 신분으로 부하들 앞에서 곤장까지 맞게 되자 원균의 기분은

더욱 나빠지며 격한 울분이 치솟았다. 그는 한산도로 돌아오자 모든 함대를 집결시켰다.

그리고 7월 14일 아침, 268척의 함대를 몰아 무작정 부산을 향해 출발했다. 부산 앞의 절영도에 가까웠을 때 이미 해는 수평선을 넘었고, 밤바다가 험해지며 파도까지 높게 일었다. 조선 수군들의 어두운 마음도 흔들리며 공포에 빠졌다. 이러한 조선 함대의 움직임이 왜적의 돋보기 아래 있음은 말할 필요가 없다.

본영을 멀리 떠나 적군의 앞마당에 들어온 조선 수군은 이제 고양이 앞의 쥐처럼 왜적의 놀잇감이 되었다. 왜선들은 전후좌우에서 교대로 다가와 도발하며 지연작전을 구사했다. 조선의 수군들은 한산도에서부터 풍랑 속에 노를 저어 와 이미 심한 갈증과 피로에 빠져 있었다. 이윽고 어둠이 내리자 원균의 함대는 각자 밤바다에 흩어지며 길을 잃었다. 원균은 주위의 배들을 이끌고 진해 앞의 가덕도에 간신히 정박했다. 그러자 수군들은 식수를 찾아 앞다퉈 육지로 뛰어나갔다. 그러나 이미 매복해 있던 왜적들이 이들을 급습하여 400여 명을 도륙하였다. 당황한 원균은 부랴부랴 남은 군사를 이끌고 다시 거제도 북쪽 칠천량으로 뺑소니를 쳤다.

7월 15일의 날이 밝자 다시 왜선 600여 척이 포위하며 맹렬한 공격을 퍼부었다. 경상우수사 배설은 멀찍이 떨어져 관망하다가 12척의 함선을 이끌고 냅다 뺑소니를 쳤다. 그리고 한산도로 가서 모든 주거시설과 장비, 무기, 군량 등을 모조리 불태우고 백성들에게도 피난할 것을 명령했다. 이로써 이순신이 6년 동안 피땀 흘려 모으고 쌓은 한산진이 한순간에 잿더미로 변했다.

해상의 전투는 밤까지 이어지며 배설을 제외한 충청우수사 최호崔湖, 조방장 배흥립裵興立 등 수많은 장졸들이 죽었다. 최고지휘관인 원균은 포성과 비명이 어우러진, 연기 자욱한 전장을 가만히 빠져나와 고성 동쪽 해안의 춘원포로 뺑소니를 쳤다. 대장선을 탈출하여 육지에 오른 그는 물에 젖어 무거워진 대장의 갑옷을 벗어버렸다. 아직 양력 8월의 더위에서 갑옷을 벗으니 홀가분함이 날아갈 것 같다. 이제 정말 아무도 모르게 재빨리 뺑소니쳐 숲속에 숨기만 하면 된다.

그러나 숨이 차오르며 평소 대식가로서 비둔한 그의 몸이 따르질 않았다. 그러므로 어느 탐스러운 소나무 아래 앉아 일단 숨부터 고르려 했다. 그러나 조선 수군 전체뿐 아니라 그 대장의 일거수일투족은 벌써부터 왜적의 코앞에서 관찰되고 있었다. 한순간에 몰려온 왜적들은 원균의 비대한 몸을 잠깐 사이 어육으로 만들었다. 이러한 원균의 삶과 죽음은 이제 대한민국 역사의 커다란 반면교사가 되어 있다.

> 그날 밤 왜적의 배가 기습, 우리 진영은 무너져 버렸다.
> 원균은 배를 버리고 언덕으로 기어올라 뺑소니치려 했다.
> 그러나 몸이 비대하여 소나무 밑에 주저앉고 말았다.
> 수행하는 사람도 없이 혼자였다.
> 그는 왜적에게 죽었다고도 하고 도망쳐 목숨을 건졌다고도 한다.
> 전라우수사 이억기는 배에서 바다로 뛰어들어 죽었다. (『징비록』)

> 맑다. 새벽에 이덕필과 변홍달이 함께 와서 말했다.
> "16일 새벽 어둠이 걷히기 전, 수군이 기습을 당하여
> 통제사 원균과 전라우수사 이억기, 충청 수사 최호 그리고
> 여러 장수들이 많은 피해를 입었으며 수군은 크게 패배하였습니다."
> 듣고 있으니 울음이 터져 나오는 것을 막을 수가 없었다.

> 조금 있다가 도원수가 와서 말했다.
> "일이 이미 여기까지 이르렀으니 어떻게 할 수가 없소."
> 이에 대해 나는 말했다.
> "내가 직접 해안지역으로 가서 듣고 본 뒤에 방책을 정하겠습니다."
> 도원수가 매우 기뻐하였다. (『난중일기』, 1597년 7월 18일)

소위 '연안답사'라 불리는 이순신의 이 걸음은 거제, 통영, 남해, 여수, 고흥, 해남 등으로 이어진다. 그러나 이것은 결코 한가로운 답사나 유람이 아니다. 또한 누구의 명을 받은, 타의적 행위도 아니다. 바로 이순신의 가슴에서 우러난 것이다. 절대자에 대한 믿음으로 절망 중에 희망을 품고, 완전 궤멸된 조선 수군을 다시 재건하려는 것이다.

임진왜란을 미화하기 위해 왜구 강호시대江戶時代(1603~1868) 후기에 왜인인 가와구치 조주라가 『정한위략征韓偉略』이라는 역사책을 꾸몄다. 여기에 이 칠천량해전에 관한 기록이 있다.

> 일본 장수 시마즈: 160척 격파, 도도: 60척 격파, 야스하루: 16척 격파,
> 목을 벤 자만도 수천 명에 이른다.
> 물에 빠져 죽은 사람은 이루 헤아릴 수가 없다. (『정한위략』)

조선의 수군을 섬멸한 왜적은 거북선을 노획하여 전공품으로 전시했다. 정의와 평화의 상징인 거북선이 사납고 불의한 왜구의 더러운 포구에서 침묵하는 성자와 같이 모진 수모를 받은 것이다.

이렇게 바다를 차지한 왜적은 전라도로 진출하였다. 그리고 전라북도 전주를 향하여 11만 명을 나누어 동쪽과 남쪽에서 접근했다. 이

접근을 전라북도 남원에서 조명연합군이 저지하려 했으나 오히려 몰살을 당했다. 결국 8월 25일, 전주도 왜적의 마수에 떨어졌다. 왜적은 조선인 남녀노소를 가리지 않고 모두 도륙했다. 도륙한 후엔 도요토미의 명에 따라 그들의 코를 베어 소금에 절인 후 전리품으로 상납했다. 전주뿐 아니라 전주에 이르는 중도의 고을들에서도 모든 남녀노소의 머리를 '대일본의 명검 닛본도'로 잘라내고 코를 베어 갔다.

이렇게 베어 간 수십만 조선 사람들의 코는 왜구의 한 도시인 교토에 거대한 '코 무덤 산'을 이루었다. 산의 울타리는 조선 사람의 코를 베어 간 왜적들의 전공이 기록된 나무 기둥들로 되어 있다. 도요토미 신사로부터 200여 미터 거리에 있는 이 '코 무덤'은 도요토미의 혁혁한 전과이며 눈부신 업적이다. 오늘도 '찬란한 일본 역사의 위대한 증거물'로 소중히 보존되어 있다. 그리고 도요토미는 불세출의 영웅으로, 한니발, 카이사르, 나폴레옹 등을 훨씬 능가하는 엄청나게 큰 위인으로 높이 추앙받고 있다.

언젠가 이 코 무덤의 한국 이전을 제안했으나 왜국 정부는 한마디로 거절했다. 세계인들에게 널리 과시하며 후손 대대에 영원히 물려주는, '대일본제국의 무궁히 빛나는 긍지와 자랑'이라는 것이다.

다만 지금은 '코 무덤' 대신 '귀 무덤'이라 부르고 있다. 에도시대 초기 하야시라산林羅山이라는 왜구 유학자가 유학자의 맑은 양심으로 개명을 건의한 것이다. 왜냐하면 '코 무덤'이라고 호칭하면 왜인들이 세계인들에게 자칫 잔인하다는 오해를 줄 수도 있다는 것이다. 그러나 '귀 무덤'이라 한다면 품위 있고 고상한 명칭이 되어 '영원히 빛나는 대일본제국'의 명성에 부합한다는 것이다.

3

'필사즉생'의 해전

가. "아직 12척의 배가"

칠천량의 완패로 다급해진 조선의 왕 선조는 7월 22일 이순신을 다시 삼도수군통제사로 임명했다. 그 교서에는 다음과 같은 내용도 들어 있다.

> "지난번에 그대의 직함을 갈고 그대로 하여금 백의종군하도록 하였던 것은 역시 사람의 모책이 어질지 못해서 생긴 일이었도다.
> 그리하여 오늘 이같이 패전의 욕됨을 만나게 된 것이라.
> 무슨 할 말이 있으리오, 무슨 할 말이 있으리오!?" (『이충무공전서』)

둔하고 악한 왕으로부터 부당하게 파직, 투옥되어 모질게 고문당한 이순신의 몸과 마음은 이미 찢기고 깨져 있다. 보통사람이라면 당연히 왕명을 수행하지 않았을, 아니 못했을 것이다. 그러나 복직 명령을 접수한 그는 망가진 몸으로 즉시 수군 재건에 착수했다. 왕명 이전에 하늘의 음성이 마음속에 울렸기 때문이다. 수군의 재건은 남해안 각지를 돌아 군사를 비롯하여 무기와 군량, 군복 등 모두, 일일이 다시 구하는 것이다. 마치 불에 타 폭삭 내려앉은 집에서 잿더미를 헤집어 다시 쓸 것들을 하나하나 주워 담는 노파와도 같았다. 그렇게 모은 수군이 군관 9명과 군졸 6명이었다.

이순신은 이렇게 조선의 전체 수군 15명을 이끌고 8월 3일 근무지인 남쪽 바다를 향했다. 8월 18일 전라남도 장흥의 회령포에 이르러 이순신은 빼소니친 배설을 불렀으나 병을 핑계로 나오지 않았다. 다만 전선 10척이 입수되었다. 그리고 새로 임명된 전라우수사 김억추金億秋를 만나 2척을 더 얻어 모두 12척의 전선이 확보되었다. 군사들은 그동안 120명이 되었다. 그러나 이들 대부분이 칠천량에서 구사일생으로 살아남아 아직 패전의 공포에 눌려 있었다. 아무튼 이 병력으로 수만 명의 왜적과 수백 척의 왜선을 물리쳐야 한다. 이순신은 새로 꾸려진, 이 단출한 조선 수군에게 새로운 각오를 주문했다.

> "우리들이 지금 임금의 명령을 다 같이 받들었으니
> 의리상 같이 죽는 것이 마땅하다.
> 사태가 여기까지 이르렀는데
> 한번 죽음으로써 나라에 보답하는 것이 무엇이 그리 아까울 것이냐!?
> 오직 죽음이 있을 뿐이다!" (『이충무공행록』)

이것이 '죽음'을 세 번 언급한 '회령포 결의'다. 그러나 이순신 자신은 몸을 가눌 수 없어 며칠 누워 있어야 했다. 그간의 모진 고문과 겹친 격무로 갑자기 구토하고 설사하는 토사곽란이 일어난 것이다. 이 무렵 왕과 조정은 이순신에게 수군을 해체하고 육군에 복속할 것을 권했다. 철저히 궤멸된 조선 수군에게 그 본래 기능을 기대할 수 없기 때문이다.

그러나 이순신은 믿음의 사람이다. 비록 '더럽고 무지하고, 서로 속이고 싸우고 죽이는, 야비한 사람들의 나라'에서 불의한 왕의 모진 박해를 받았으나 그의 마음은 광활한 천지를 바라보며 그 주인을 앙망하였다. 그는 '이스라엘의 하나님'을 몰랐고 인간 역사에 쓰인 '성서'도 못 읽었다. 그러나 그날그날 생존하시며 사람과 함께하시는, 영원하신 하나님을 경외한 것이다. 마치 아직 성경이 없던 시절 아브라함과 욥이 절망 중에서 하나님을 앙망했던 것과 같다.

이순신은 전투에 앞서서는 하늘에 간구했고, 전투 후에는 '하느님의 도우심으로 승리하였다'는 감사의 기도를 올렸다. 그리고 아브라함이 백세나 늙었어도 믿음이 약해지지 않았던 것처럼, 이순신도 왕의 핍박과 수군의 궤멸이란 절망 속에서도 믿음이 약해지지 않았다. 그러므로 그는 대담하고 황당하기까지 한 장계를 왕에게 올릴 수 있었다.

> "임진년부터 왜적이 호남과 충청을 침범하지 못한 것은
> 우리 수군이 적의 길을 막았기 때문입니다.
> 지금 신에게는 아직 12척의 배가 있습니다尙有十二.
> 죽을힘을 다해 싸우면 적의 진격을 막을 수 있을 것입니다.
> 지금 수군을 폐지한다면 그것이야말로 적이 기뻐하는 일로서
> 호남과 충청 연해에서 한강까지 도달할 것이니 이것을 신이 두려워하는 것입니다.
> 비록 전선의 수는 적지만 신이 아직 죽지 않았으니
> 적이 우리를 감히 무시하지는 못할 것입니다." (『임진장초』)

이순신은 12척의 배와 자신의 목숨을 언급했다. 이것이 그에게 남은 마지막 병기다. 그는 최후 승리를 위해 이 병기들을 아끼지 않을 것이다. 이것은 성경이 말하는 '오병이어五餠二魚'의 믿음이고 '필사必

死'의 믿음이기도 하다. '오병이어'는 굶주린 오천 명 군중에게 달랑 보리떡 다섯 개와 물고기 두 마리를 제시한 경우다. 예수는 이것으로 군중을 배불리 먹이고 열두 광주리를 남기므로 사람 중에 임재하시며 풍성하게 일하시는 하나님을 증명하였다. 이 믿음이 이순신에게 "아직 12척의 배가 있습니다"로 나타난 것이다.

> 떡 다섯 개와 물고기 두 마리를 가지사
> 하늘을 우러러 축사하시고, 제자들이 무리에게 주니
> 다 배불리 먹고 남은 조각을 열두 바구니에 차게 거두었으며
> 먹은 사람은 여자와 아이 외에 오천 명이나 되었더라.
> (마 14:13~21; 막 6:31~44; 눅 9:10~17; 요 6:5~15)

나. 기적의 명량해전

칠천량에서 조선 수군을 궤멸시킨 왜적은 조선의 남해 전체를 장악했다. 이제 즉시 서해로 돌아 한강으로 올라가 서울을 다시 점령할 것이다. 조정은 공포에 빠졌고, 군졸은 공황에 빠져 있다.

쓸쓸한 해변에서 이순신은 빈약한 조선 수군을 둘러보았다. 부두에 매어 놓은 12척의 낡은 배가 물결에 들썩이며 흔들거린다. 그의 시선도 흔들리고, 그의 마음도 흔들리려 했다. 그는 바닷바람을 들이마시며 눈을 들어 하늘을 바라보았다. 푸른 하늘, 그곳엔 흰 구름도 보인다. 영원하신 조물주의 팔소매도 보인다. 그리고 경각에 달린 조선의 운명이 보인다. 그러자 자신의 역할에 대한 확신이 가슴 가득 차올랐다. 그는 즉시 명을 내려 전라좌수영을 진도의 벽파진으로 이전하게 했다.

진도는 조선 남해의 서쪽 끝 그리고 서해의 남쪽 끝, 그러니까 한반도의 서남쪽 끝 모서리에 인접해 있다. 그러므로 진도와 육지 사이의 해협이 남해와 서해의 통로이자 서해를 지키는 최후의 관문이 된다. 그리고 벽파진은 진도와 육지를 잇는 중요한 나루터다. 오늘도 여기서 제주도와 주변 섬에 가는 배들이 출발한다.

그런데 진도와 육지 사이 해협이 500m 내외로 좁다. 가장 좁은 곳은 300m 정도며, 수심도 얕고 물속에는 크고 작은 암초들이 솟아 있다. 그러므로 이곳의 조류가 매우 빨라 유속이 최대 11.5노트(22km/h)에 이른다. 거품까지 일으키는 이 조류의 방향은 하루 네 번 바뀌고 그 요란한 소리는 20리 밖에서도 들린다. 그러므로 누구든지 이 앞에 서면 가슴이 시리고 움츠러들어 자기도 모르게 입이 떡 벌어진다. 물론 이곳에 뛰어들어 수영을 즐길 엄두도 안 난다. 그래서 해협의 이름이 '울며 돌아가는 목'이라는 '울돌목(=鳴梁, 명량)'이다.

지금은 육지와 진도를 잇는 진도대교 근처에 '명량 해상케이블카'가 설치되어 이 희귀한 바닷길을 가까이 볼 수 있다. 그런데 이곳을 찾는 사람들은 울며 돌아가는 바닷물만 보려는 것이 아니다. 이곳에서 몰려오는 천하의 악귀 왜적을 무찌른 이순신의 정의로운 승리를 되새기려는 것이다. 그리고 이 정의의 승리를 앞으로도 반드시 이어가려는 것이다.

그러나 당시의 수영은 그 광경이 처량했다. 적은 수의 군졸들이 낡은 배 12척을 부두에 힘겹게 정박시켜 놓았으나 당당한 위세는 보이지 않는다. 왜적에 비해 절대적인 열세다. 이 상황에서 조선 수군의 서열 2위인 경상우수사 배설裵楔이 신병치료를 구실로 빼소니를 쳤다.

이순신은 이날 일기에 적었다.

> 정자에 내려가 앉았는데 포작 점세가 제주에서 와서 인사했다.
> 새벽에 배설이 뺑소니를 쳤다. (1597년 9월 2일)

배설은 성주 배씨로서 32세에 무과에 급제하고 임진왜란 때 왜적에 대항하여 합천군수가 되었었다. 그러나 의병의 요청을 무시하여 아군을 불리하게 했고, 칠천량 전투에서도 뺑소니를 쳤다. 배설은 한마디로 자신의 신념과 자질이 아니라 뇌물과 아첨으로 승진한 사람이다. 그러므로 정의와 인애와 신념을 알 수 없거니와 '필사'의 각오도 있을 수가 없다. 평소에도 침착한 장수가 아니라 필부의 모습을 보여주었다. 이순신이 한탄하며 일기에 적은 것이 있다.

> 맑다. 장계 초안을 작성하면서 그대로 유숙하였다.
> 거제 현령과 발포 만호가 들어와서 명령을 하달했다.
> 그들로부터 배설이 겁을 먹고 벌벌 떨던 모양을 전해 듣고
> 괘씸하고 한탄스러움을 이기지 못하였다.
> 권세 있는 자에게 아첨하여 능력이 미치지 못하는 자리에까지 승진하면
> 군사를 크게 그르치게 된다.
> 조정에서는 반성함이 없으니 이 일을 어찌할꼬……. (1597년 8월 12일)

조정은 배설을 잡기 위해 전국에 체포령을 내렸다. 그는 한동안 용케 숨어 살았으나 결국 1599년 3월 6일 선산에서 도원수 권율에게 잡혀 서울로 압송되었다. 그리고 곧 목이 잘렸다. 그러므로 배설은 원균과 함께 한국 역사에서 '뺑소니 장수'로서의 훌륭한(?) 반면교사가 되어 있다.

아무튼 이미 궤멸된 상태에서 한 지휘 장수의 도주는 조선 수군들에게 큰 허탈감을 안겨 주었다. 막강한 왜적과의 결전이 임박하며 군졸들의 마음은 더욱 초조와 두려움으로 위축되었다. 이처럼 장병들의 사기는 땅에 떨어졌으나 하늘의 해와 달은 운행을 계속하여 9월 9일이 되었다. 이날은 중양절重陽節 또는 중구절重九節이라는 명절이다. 이순신은 마침 보유하고 있던 소 다섯 마리를 잡아 장병들에게 푸짐한 잔칫상을 마련하였다. 초가을 벽파진 기슭의 정취와 넓은 바위가 잔치의 흥을 돋우는 데 제격이었다.

이순신 자신은 흥겨울 수가 없다. 다시 홀로 전투준비를 해야 하기 때문이다. 결전의 순간이 다가올수록 그의 마음도 초조해졌다. 오늘의 우리에게는 이순신이 흔들림 없는, 완벽한 전승 장군이지만 당시 현장에서의 본인은 완벽한 사람도, 승전 장군도 아니다. 낭패와 공포 속에 갈대처럼 흔들리는, 나약한 한 인간일 뿐이다. 그는 일기에 또 적었다.

> 흐리고 비가 왔다. 배 위에 홀로 앉아 있으니 그리운 생각에 눈물이 흘렀다. 천지간에 나 같은 사람이 어디 또 있으랴!?
> 아들 회薈가 나의 상태를 알고 몹시 불안해했다. (1597년 9월 11일)

> 비. 비가 오는데 선실에 앉아 있으니 마음이 산란했다. (1597년 9월 12일)

이순신은 흔들리는 마음을 다잡았다. 과연 그의 위대성은 왜적에 대한 승리 이전에 먼저 마음의 승리에 있다. 초조하게 흔들리는 자신의 시선도 바로잡았다. 그리고 기후와 조류를 살폈고, 현실 세계뿐 아니라 꿈의 세계도 살폈다.

> 맑다. 북풍이 크게 불었다. 꿈이 범상하지 않았다.
> 임진년에 크게 이겼을 때의 꿈과 비슷하였다.
> 꿈의 징조가 무엇인지 모르겠다. (1597년 9월 13일)

높은 가을하늘에는 북동풍이 분다. 벽파진의 건너편 산에 척후장이 피운 연기가 올랐다. 드디어 악귀 왜적의 출현을 알리는 신호다. 왜선 2백여 척이 달려오는데 그중 55척이 이미 전라남도 해남의 남서쪽 어란포에 진입했다. 9월 15일, 이순신은 조선의 전체 함대 12척을 거느리고 벽파진을 떠나 북서쪽으로 울돌목을 빠져나왔다. 그리고 멀지 않은 해안 우수영에 정박했다. 소규모의 수군이 좁은 해협을 등지고 대규모의 왜적 함대와 맞설 수 없기 때문이다. 다시 밤이 되었다.

이순신은 잠깐이라도 잠을 자려고 누웠다. 날이 밝으면 왜적과 결정적인 대결을 벌여야 한다. 양쪽 전력의 엄청난 비대칭 구도를 어떻게 대처해야 하는가? 어떻게……??? 잠이 오지를 않는다. 그렇다고 온밤을 꼬박 앉아 새울 수는 없다. 그래서도 안 된다. 그는 눈을 질끈 감고 검은 시야 속에서 천지의 주인을 찾았다. 자신도 모르게 의식이 가물거리며 어딘가 다른 공간에 있는 듯도 했다. 이미 이 세상이 아닌 것 같기도 하다. 현실처럼 그렇게 초조하지도 않다. 그는 그날 일기에 적었다.

> 어젯밤 꿈에 신인이 나타나 가르쳐 주기를
> "이렇게 하면 크게 이기고, 저렇게 하면 진다"고 하였다. (1597년 9월 15일)

드디어 9월 16일, 날이 밝자 이순신은 12척을 이끌고 좁은 명량해협으로 들어가 일자로 가로막아 섰다. 얼마 후 130여 척의 왜선이 해협 안으로 돌진해 왔다. 앞선 적장은 해전의 귀재라는 구루시마 미치후사來島通總(1561~1597)이다. 그는 이미 완전히 박살 나고 동료 장수마저 빼소니친 조선 수군에게 차가운 코웃음을 날리고 있었다. 완벽한 승전을 경험한 왜적들의 사기도 하늘을 찔렀다.

반면 조선 수군들의 어두운 얼굴에는 짙은 공포가 드리웠고, 늘어진 턱으로 허공을 향한 눈에는 초점이 없다. 이때 이순신의 사자후가 천둥같이 울렸다.

> 죽고자 하면 산다! 그러나 살고자 하면 죽는다必死則生, 必生則死!
> 한 사람이 길목을 잘 지키면 천 명도 두렵게 할 수 있다一夫當逕, 足懼千夫.
> 그러므로 너희 장수들이 조금이라도 명령을 어긴다면
> 군율대로 시행하여 작은 일도 용서치 않을 것이다!

"죽고자 하면 산다!"는 말은 만고의 진리고 하늘의 소리기도 하다. 그리고 하늘의 음성을 듣는 사람은 변화된다. 그 음성이 영혼의 빛이 되어 마음을 밝히고 심장에 새 피를 뿜어주기 때문이다. 이순신의 음성 역시 수군들의 어두운 마음속에 번개처럼 빛을 발했다. 곧 거짓말같이 조선 수군들의 어깨가 펴졌다. 입은 굳게 닫혔고 부릅뜬 눈은 이제 전방의 적을 똑바로 응시한다. 병기를 잡은 팔에는 태산을 들어 올릴 힘이 솟구쳤다.

'필사즉생'의 법칙은 인간 예수가 부활함으로써 몸소 증명한 것이다. 예수는 이 세상에 특별히 강림한 하나님의 아들이고, 그의 생애는 모두 인간에 대한 하나님의 메시지이다. 그는 자기의 제자들에게 말한다.

누구든지 자기 목숨을 구원하고자 하면 잃을 것이고必生則死,
누구든지 나와 복음을 위하여 자기 목숨을 잃으면 구원할 것이다必死則生.
(막 8:35)

이순신은 예수의 이 말을 직접 듣지도 않았고, 성경도 안 읽었다. 그럼에도 불구하고 이것을 정확히 말하고 정확히 따른 것이다. 어떻게 이런 일이 가능할 수 있는가!? 성경이 바로 이러한 경우도 설명하고 있다.

율법 없는 이방인이 본성으로 율법의 일을 행할 때는
율법이 없어도 자기가 자기에게 율법이 되므로
이런 이들은 그 양심이 증거가 되어
그 생각들이 서로 송사하고 혹은 변명하여
그 마음에 새긴 율법의 행위를 나타내는 것이라. (롬 2:14-15)

이순신의 12척 배가 해협에 들어섰을 때 조류는 왜적 쪽에서 빠르게 흘러와 조선의 배들을 자꾸 뒤로 세차게 밀어냈다. 이순신은 배들이 제자리를 지키도록 독려했다. 그러나 다른 배들은 뒤로 처지고 대장선인 이순신의 배만 저 멀리 800m 전방에 홀로 있게 되었다. 조선 배들이 뒤로 밀려간 것은 꼭 조류 때문이 아니다. 중과부적으로 위축돼 있는 조선 수군들이 상황에 따라 언제든지 뺑소니치려는 의도가 함께 작용한 것이다.

당장 위급한 전투의 전면에는 단지 이순신의 대장선만 홀로 서 있다. 그리고 그 배는 빠르게 다가오는 왜선들을 향해 정의와 화염을 내뿜었다. 그런 중에도 다행인 것은 수로가 좁아 그 많은 왜선들이 한꺼번에 사방을 에워쌀 수 없다는 것이다. 제일 앞서 달려오던 왜선이 함포에 맞아 기울어져 바닷속으로 들어가기 시작했다. 그 옆에 함께 있던 두 세척도 포화에 맞아 불타며 주춤거렸다. 그리고 빠르게 뒤따르던 왜선들이 속도를 줄이지 못해 침몰하는 왜선들과 연쇄적으로 충돌하며 혼란에 빠졌다.

이순신의 배가 이와 같이 고군분투하고 있으나 다른 배들은 한두 마장이나 뒤로 물러나 관망만 하고 있다. 중군장인 미조항 첨사 김응함金應諴의 배와 거제 현령 안위安衛의 배 그리고 전라우수사 김억추의 배도 멀리 떨어져 있다. 이순신은 당장 배를 돌려가 먼저 김응함의 목을 베어 효시하려 했으나 대장선이 머리를 돌려 후진하면 다른 배들이 더욱 멀리 물러날 것이다. 그러므로 초요기招搖旗를 올렸다. 초요기는 대장이 부하 장수들을 부르는 신호기다. 안위의 배와 김응함의 배가 다가왔다. 이들을 본 이순신의 호령이 벽력같이 울렸다.

"안위야, 군법에 죽고 싶으냐? 네가 군법에 죽고 싶으냐?
네가 물러가 뺑소니친다고 어디 가서 살 것 같으냐!?"

김응함에 대한 이순신의 명령 역시 포화 소리를 압도했다.

"너는 중군장으로 멀리 피하고 대장을 구하지 않았으니
그 죄를 어찌 면할 것이냐!?
당장 참형으로 다스릴 것이나 전세가 급하니 우선 공을 세우라!"

이순신의 호령은 하늘에서 울려온 조선의 음성이기도 했다. 이순신 한 사람의 것이 아니다. 어제 살았던 우리의 조상들, 오늘을 사는 우리 국민들, 그리고 내일을 살아갈 우리 자손들의 음성이기도 했다. 정신이 번쩍 든 안위와 김응함은 즉시 하늘의 전사로, 조선의 맹장으로 돌변했다. 그리고 포연 자욱한 적진 속으로 거침없이 돌진했다.

그때 이순신은 바다에 떨어져 허우적대는 적장 마다시 구루시마 미치후사를 건져 올려 그의 모가지를 잘라 대가리를 배 앞에 내걸었다. 이미 뒈져 버린 마다시 구루시마의 대가리가 두 눈깔을 부릅뜨고 몰려오는 왜적들을 바라보게 한 것이다. 이것을 마주 보는 왜적들의 손과 발은 움직여지지가 않았다. 마침 역류하던 조류도 동남류로 바뀌었다. 조선 함대는 이제 조류를 타고 공격하여 왜선 31척을 완파하여 왜적을 격퇴하였다.

> 적선 31척을 깨뜨리자 적선은 도망하고 다시는 우리 수군에 가까이 오지 못하였다.
> 싸움하던 바다에 그대로 정박할까 싶었으나 물결도 몹시 험하고
> 바람도 거꾸로 불어서 우리 편의 형세가 외롭고 위태로운 듯하여
> 당사도로 옮겨 가서 밤을 지냈다.
> 이번 일은 참으로 하늘이 도우셨다. (1597년 9월 16일)

> 죽고자 하여 살았으니 하늘이 도왔구나!
> 울돌목 소용돌이 백성들의 통곡이요
> 파도친 물안개는 우국충정 눈물이라.
> 열두 척 뱃머리에 함성 소리 들리네. (『이순신의 노래』, 서도소리보존회)

반년 전 이순신을 제거했다고 누런 뻐드렁니를 내보이며 낄낄대던 왜적은 이렇게 '돌아온 이순신'에게 그저 아연할 뿐이다. 이로 인해 수륙병진으로 도성을 점령한다는 작전도 무산되었다. 도성을 200여 리 앞둔 직산과 보은까지 진격했던 육지의 왜적 역시 남쪽으로 퇴각해야 했다. 그리고 남해안 일대에 왜성倭城을 쌓고 은거했다.

왜성은 왜적이 조선 침략을 위해 조선 땅에 축조한 성들이다. 울산, 부산, 진해, 창원, 사천, 순천, 거제도 등 남해안 곳곳 선박의 출입과 전술이 용이한 언덕들에 위치했다. 현재도 40여 개가 확인되어 한국 「문화재보호법」의 극진한 보호를 받으며 여전히 과거 악귀 왜적의 끔찍한 만행을 일깨워주고 있다.

한편 이순신은 천우신조였던 명량의 승리 후 왜적과의 마지막 전투를 내다보았다. 군졸이 휴식을 취한 후 목포 앞의 고하도로 옮겨 월동 준비와 수군의 재건을 시작했다. 이곳 고하도는 육지와 연접되어 내지와의 교류와 운송이 수월하다. 그리고 지형이 서북풍에 가려져 별도의 성곽 건축도 필요하지 않다. 그러나 조정의 지원이 없는 맨하늘, 맨땅에서 병력, 군선, 군량 모든 것을 홀로 맨주먹으로 마련해야 했다.

우선 병력을 모으기 위하여 연해안의 고을들을 수군에 전속시키고 병졸을 징발했다. 악귀를 피해 피난선을 타고 떠도는 피난민 중에서도 수군을 선발했다. 왜적에 부역한 사람들에겐 사형을 면한다는 면사첩免死帖을 발행하여 조선 수군이 되게 했다. 왜적 부역자들은 민족 배신자로 낙인찍혀 살해되기도 했기 때문이다. 그러나 강요된 경우도 있고, 또 조선 관리의 횡포를 피해서 간 경우도 있다. 그리고 그 원인이 무엇이건 과거를 씻고 새 마음으로 조선에 돌아오는 것을 용납한 것이다.

이와 같이 전력의 확충을 위하여 군선 40여 척을 새로 건조하고 소총, 대포 등 무기들도 제조했다. 군졸들의 의복도 조달했고, 군량미의 확보를 위해서는 해로통행첩을 발행하였다. 이것은 백성들이 일정한 곡식을 제공하고 악귀로부터 보호를 받는 것이다. 안전하게 통행하며 어획하게 하는 제도로서 백성의 환영을 받았다. 이러한 일 외에 군졸의 사기 진작을 위하여 공로자들에게는 포상을 시행하였다.

이 상황에서 군선 하나가 관리 불량으로 표류하다 바위에 부딪혀 깨지고 말았다. 이순신은 해당 군선의 담당 군관에게 곤장 80대를 쳤다. 아무튼 통제사 이순신은 잠시도 쉴 틈이 없었다. 선창에 내려가 다리 놓는 것을 감독하고, 곧이어 나무를 베어와 새로운 숙소와 창고를 짓는 곳으로 올라갔다. 이뿐 아니다. 명군 도독부를 방문하여 위로연도 베풀었다. 통제사가 매일 자기 배로 돌아오는 시간은 항상 늦은 저녁 어두울 때였다.

이런 중에도 다행스러운 것은 사방에서 군사들이 자발적으로 찾아왔고, 백성들도 기꺼이 도왔다. 그러므로 이듬해인 1598년 2월에는 병력 8천여 명과 70여 척의 판옥선을 확보하였고, 수군 진영을 전라남도 해남 동남쪽의 완도 앞 고금도로 이전했다.

> 2월 16일에 여러 장수를 거느리고 보화도에서 바다로 나아가
> 17일 강진 경내의 고금도로 진을 옮겼습니다.
> 고금도 역시 호남 좌우도의 내외양 바다를 제어할 수 있는
> 요충지로 산봉우리가 중첩되어 있고
> 후방이 잇대어져 형세가 한산도보다 배나 좋습니다.
> 남쪽에는 지도가 있고 동쪽에는 조약도가 있으며,
> 역시 농장도 많고 직업이 없는 사람들도 거의 1,500여 호나 되기에
> 그들로 하여금 농사를 짓게 했습니다. (『조선왕조실록』 선조 31년, 1598년 2월)

당시 이순신 휘하에는 8천이 넘는 병사가 모여들어 고금도에 주둔하고 있었으나 군량이 부족한 상태였다. 그는 해로통행첩을 발행하며

명령을 내렸다.

> "삼도 연안 지방을 통행하는 모든 배 가운데 통행첩이 없는 것은 간첩선으로 간주하고 통행을 금지한다!"
> 그러자 모든 백성들이 와서 통행첩의 발급을 요청했다.
> 이순신은 큰 배는 세 석, 중간 배는 두 석, 작은 배는 한 석을 받았다.
> 당시 피난을 떠나는 배들은 양식을 싣고 다녔으므로 그 정도의 쌀 바치는 것은 어렵지 않았고, 오히려 안전하게 다닐 수 있음을 기쁘게 생각했다.
> 이같이 하여 이순신은 10여 일 만에 1만여 석의 군량을 모을 수 있었다.
> 또한 백성들이 가지고 있던 구리, 쇠를 모아 대포를 만들고 나무를 베어 배를 건조했다.
> 그가 추진하는 일은 순조롭게 진행되었으며,
> 먼 곳에 있는 사람들도 그에게 의지하기 위해 모여들었다.
> 그들이 집을 짓고 막사를 만들며 장사를 하게 되자 그들을 수용하기에 섬이 모자랄 지경이었다. (『징비록』)

제해권도 회복되어 이제 조선의 바다는 다시 '조선의 바다'가 되었다. 그러나 이러한 수군의 부활을 바라보는 둔한 왕의 좁은 가슴에는 재차 이순신에 대한 질투가 타오르며 경계심의 불길을 더해 갔다.

4

'필사즉생'의 성경 사례

'필사즉생'의 원리는 하나님이 인간에게 제시하신 구원의 방법이다. 예수의 죽음과 부활이 그 원안이다. 한마디로 살기則生 위해서는 먼저 죽어야必死 한다. 하나님의 아들인 예수가 친히 십자가를 짊어짐으로써 목숨을 버렸다. 죽지 않을 수도 있었으나 목숨을 버린 것이다. 그런 그에게 하나님께서 다시 생명을 주시어 부활하였다. 그러므로 기독교 신자들도 반드시 자신의 십자가에서 죽고, 그 후 부활에 참여하는 것이다. 십자가의 죽음이 없는 부활은 존재하지 않는다. 바로 '필사즉생'의 원리인 것이다.

400여 년 전 비기독교 지역인 조선 땅에서 충무공 이순신이 이 '필사즉생'을 꼭 집어 언급하고, 또 실천한 것은 매우 놀랍다. 그런데 이 '필사즉생'의 원리는 예수 이전의 구약시대서부터 현재까지 동서양에서 믿음의 사람들에 의해 줄곧 실천되어 왔다. 이 사람들은 또 모두 개인적으로는 약하고 무기력했다. 그러나 이순신처럼 미련스럽게 목숨 내놓고 정의와 인애와 신념의 길을 간 것이다. 성경에는 이러한 믿음의 사람들이 적지 않게 등장하여 오늘의 우리에게 귀감이 되고 있다. 아브라함과 이삭을 비롯한 많은 믿음의 사람들이 그들이다.

가. 아브라함

아브라함은 75세에 메소포타미아 우르 지방을 떠났다. 우르 지역은 그의 부모가 살던 고향으로 안정적이고 풍요로웠다. 그러나 70을 넘어 80세를 바라보는 그의 삶은 공허했다. 자신의 안전과 풍요도 어디까지나 상대적인 것이고, 주위에는 배고픔과 피 흘림이 항상 끊이지 않았다. 그의 마음은 공허하고 불안했다. 그는 거친 광야를 바라보며 조상들의 말을 생각했다.

> '아득한 옛날 하나님이 천지와 사람을 지으셨다.
> 그리고 우리의 조상을 사랑하신다. 그래서 우리는 그분께 제사를 드리고 있다.
> 그런데 그 하나님은 지금 어디에, 어떻게 계실까?
> 우리의 첫 조상이라는 아담을 만드신 곳에 계실까?
> 그 장소가 어디일까?'

거친 광야에는 바람이 불고 티끌이 날린다. 아브라함은 자신도 티끌처럼 허공에 날리다 곧 사라질 것을 알고 있다. 이것이 명백한 사실이다. 그러나 그는 이 사실을 그대로 수용할 수가 없다. 그는 하나님의 계심을 믿고 그분을 찾아 떠나기로 결심했다. 당장 목숨이 위태할 수 있으나 떠나기로 했다. '필사'의 각오를 한 것이다. 이러한 아브라함의 심중에 한 음성이 분명하게 들려왔다.

> "너는 너의 고향과 친척과 아버지의 집을 떠나 내가 네게 보여줄 땅으로 가라!"
> (창 12:1)

당시는 고대 족장사회로서 왕국이나 영토의 분명한 개념이 없었고, 개인의 안전도 전혀 보장되지 않았다. 각 지방에 군웅이 할거하며 사람들에게 무자비한 생사여탈권을 행사하였다. 이 상황에서 아브라함은 안정과 안전을 뒤로하고 '필사'의 길로 나아간 것이다.

> 믿음으로 아브라함은 갈 바를 알지 못하고 나아갔으며 (히 11:8)

이때 아브라함과 함께 떠난 아내 사라는 그의 이복동생이기도 했다. 그런데 그녀가 사내들의 눈을 번쩍 뜨이게 할, 천하일색의 미녀다. 그러므로 지역의 권력자들이 아브라함을 죽이고 사라를 취할 것은 명약관화했다. 이러한 상황에서 그는 가는 곳마다 자기 아내를 동생으로 소개하며 다른 남자들에게 주어야 했다.

> "그대는 아름다운 여인이오. 이집트 사람들이 그대를 보면
> 나를 죽이고 그대를 살릴 것이오. 그러므로 그대는 나의 누이라고 하시오.
> 그러면 내 목숨이 보존될 것이오." (창 12:11-13)

> 아브라함이 네게브 땅으로 옮겨가 그랄에 거류하며
> 그의 아내를 자기 누이라 하였으므로
> 그랄 왕 아비멜렉이 사람을 보내 사라를 데려갔더니 (창 20:1-2)

이와 같이 백주대낮에 두 눈을 멀쩡히 뜨고 자기 아내를 다른 남자에게 내어주어야 하는 아브라함은 이미 한 남자, 한 인간으로서의 생명이 죽은 바와 같다. 오히려 죽음보다 더욱 치욕스러웠을 것이다. 그러나 그의 믿음을 보신 하나님께서 아브라함과 그의 아내를 지키시어 그는 대가족을 이루며 큰 거부와 족장이 되었다. 뿐만 아니라 믿음의 조상이 되어 오늘의 우리들에게 '필사즉생'의 본이 되었다.

나. 이삭

아브라함의 아들 이삭은 단시간에 가장 극적으로 '필사즉생'을 경험한 경우라 할 수 있다. 20대 청년 시절 아버지와 함께 골고다 언덕에서 드린 그 번제가 그에게는 압축된 '필사즉생'으로서 평생 잊을 수 없는 값진 경험이다.

모든 것이 풍족하여 태평하고 즐겁기만 하던 청년 이삭, 어느 날 그는 아버지로부터 사흘 길의 번제를 위하여 급히 여행을 준비하라는 말을 들었다. 이미 120세를 넘긴 아버지는 항상 온화하였으나 근엄하였다. 물론 치매 기운도 없고 허튼소리도 안 했다. 그러므로 이삭은 하나님을 신뢰하는 만큼 아버지를 깊이 신뢰하였고, 사흘 길을 가야 한다는 말에 의문도 들었지만 즉시 두 명의 종과 함께 여행 준비를 마쳤다.

그리고 당일 골고다의 제단 앞에 이르렀을 때, 그리고 아버지로부터 번제물이 바로 자기 자신이라는 말을 들었을 때, 먼저 그는 충격을 받아 혼란스러웠다. 그러나 그 충격은 이 세상이 아니라 저 하늘로부터 오는 것이었다. 원망과 저주로 가득한, 이 세상의 충격은 낭패와 죽음을 가져온다. 그러나 축복이 가득한 저 하늘로부터의 충격은 생명과 환희를 가져온다. 그러므로 이삭은 마음을 새롭게 하며 세상일을 정리해야 했다.

이삭은 먼저 마음으로 하늘의 아버지께 감사를 드렸다. 그리고 오히려 이삭 자신보다 더욱 슬프고 혼란스러울 수 있는 아버지 아브라함에게 위로를 드려야 했다. 그래서 그는 맑은 목소리로 아버지에게 말했다.

> "아버지, 제가 하나님과 아버지의 기쁘신 뜻에 따르지 않는다면
> 저는 태어날 가치조차 없었을 것입니다."

그는 즉시 제단 위로 올라가 몸을 바로 누우므로 '필사'의 과정을 마쳤다. 그러나 아버지 아브라함의 마음은 불안할 수밖에 없다. 마지막 순간 아브라함이 하늘의 음성으로 제사를 중단하고 '여호와 이레'의 은총으로 번제를 완료했을 때 이삭은 '즉생'을 경험한 것이다.

다. 야곱

이삭의 아들이 야곱이다. 야곱에겐 에서라는 쌍둥이 형이 있다. 이 쌍둥이는 모태에서부터 서로 싸웠고, 출생할 때는 야곱이 형 에서의 발뒤꿈치를 움켜잡고 나왔다. 야곱이라는 이름도 '뒤꿈치를 움켜잡다'는 뜻이다. 아무튼 두 형제는 모두 건강하게 성장하였다. 그런데 형 에서는 씩씩하고 사내다워 들에서 사냥하는 것을 좋아했으나 동생 야곱은 조용한 성격으로 집안에서 요리를 하며 생각하기를 좋아했다.

그러던 어느 날 야곱이 집에서 팥죽을 끓이고 있었다. 이때 들에서 사냥을 하고 들어온 에서가 몹시 허기져 그 팥죽을 먹고자 했다. 이 순간에 야곱은 그 대가로 엄청난 것을 요구했다. 바로 장자권이다. 당장 배고픈 에서는 별생각 없이 가볍게 수긍했다. 이뿐 아니다. 세월이 흘러 아버지 이삭이 늙어 눈이 어두워졌을 때는 야곱이 형 에서로 변장을 하고 와서 장자의 축복을 가로챘다.

그 후 에서가 직접 축복을 받기 위해 왔을 때는 장자의 축복은 이미 야곱의 소유로 되어 있었다. 분노한 에서는 아버지가 곧 숨을 거두면 동생 야곱을 죽일 것이라 굳게 결심했다. 과연 '필사'의 행위를 저지른 야곱은 또 그에 따른 '필사'의 길을 떠나야 했다. 목숨의 위험을 느낀 야곱은 하란에 있는 외삼촌 라반의 집으로 빵소니를 쳤다. 빵소니의 길은 멀고 험했다. 밤의 추위는 물론 짐승과 강도의 위험에 그대로 노출되어 있다. 고리탑탑한 샌님이기도 한 그는 무섭고 두려웠다.

허허벌판의 들에 어둠이 내리자 야곱은 돌 하나를 베고 웅크리고 누웠다. 잠깐 잠이 들었는지 말았는지, 비몽사몽간에 하늘에 닿은 한 사다리를 보았다. 그 위에는 여호와가 계셨고, 천사들이 왕래하고 있었다. 놀랍게 바라보는 야곱에게 계시의 말씀이 들렸다.

> "네가 누워 있는 땅을 너와 네 자손에게 주리라.
> 네 자손이 번성할 것이고
> 내가 너를 떠나지 않고 지킬 것이다." (창 28:13-15)

축복에 따른 하늘의 섭리가 통고되며 '즉생'의 길이 열린 것이다. 그 후 야곱은 외삼촌 라반의 가업을 도왔고, 그의 두 딸과 결혼하여 12아들을 얻었다. 이 야곱의 새 이름이 '이스라엘'로서 '하나님과 겨루어 이겼다'는 뜻이다. 그의 12아들은 각각 12지파의 족장이 되었다. 이 중 넷째가 유다이고, 이 유다가 하나님의 언약을 이어받은 적통으로서 그의 후손이 현재 유대인이라 불리고 있다.

라. 다말

유다는 아들 3형제를 낳았고, 장남을 위해 다말이란 여인을 며느리로 데려왔다. 그런데 이 장남이 죽었다. 그러므로 당시의 관례에 따라 차남인 오난Onan으로 하여금 형의 대를 잇게 하였다. 그러나 오난은 자신의 정액으로 형의 대가 이어지는 것을 원치 않았다. 그러므로 결정적인 순간에 자신의 물건을 뽑아서 땅에 설정을 했다. 이 일로 인해 현재 질외사정을 오나니즘onanism이라 부른다. 아무튼 이 불의한 행위로 인해 하나님은 그의 생명도 회수하셨다.

차남도 죽는 것을 본 유다는 다말에게 어떤 액운이 끼었다고 생각했다. 그러므로 막내아들을 보호하기 위해 다말을 친정으로 보내 버렸다. 공식적인 이유는 막내가 아직 어리므로 장성할 때까지 기다리라는 것이다.

시댁에서 추방된 다말은 과부였으나 관례상 아직 막내아들과 약혼관계에 있다. 하지만 친정에서 아무런 연락도 받지 못한 채 십여 년이 훌쩍 지나며 세월이 무작정 흘렀다. 다말은 잊혀지고, 버림받았음이 명백해졌다. 다말의 피부도 이미 젊음의 윤기를 잃었고, 시부인 유다도 벌써 초로의 노인이 되었다.

다말은 어느 날 저녁 거리의 성매매 여성으로 위장을 했다. 그리고 그동안 시모도 잃고 홀로된 시부 유다에게 자신의 요염한 자태를 보였다. 취중의 유다는 자부를 알아보지 못하고 들어가 동침을 했다. 미리 화대를 준비할 경황도 없었다. 오랜만에 시원하게 회포를 푼 유다는 염소 한 마리를 화대로 약속하며 먼저 그의 인장과 끈과 지팡

이를 담보로 맡겼다.

그렇게 일상의 생활이 계속되는 듯했다. 그러나 3개월 후 그녀의 임신 사실이 밝혀졌다. 당시의 관습에 따라 이러한 음행은 죽어야 한다. 이것이 다말의 '필사' 과정이었다.

"당신의 며느리 다말이 행음하여 임신하였소."
"뭣이라!? 당장 그녀를 끌어내어 불사르라!" (창 38:24)

무거운 몸으로 화형장으로 끌려가며 그녀는 유다의 담보물을 제시하였다.

"이 물건의 임자로 인해 임신하였습니다. 누구의 것인지 보십시오!"

유다도 의로운 사람이다. 그는 그녀가 옳음을 인정하였다. 화형은 취소되었다.

"그녀는 나보다 옳다. 내가 그녀를 내 아들에게 주지 않았다." (창 38:26)

그 후 다말은 건강한 쌍둥이 아들 베레스와 세라를 낳았다. 유다가 이 쌍둥이를 또 얼마나 사랑했는지는 말할 필요가 없다. 베레스는 다윗왕의 직계 조상이 되었다. 결국 쫓겨나 성매매 여성으로 전락하며 죽음에 임했던 다말은 화려하게 '즉생'한 것이다.

마. 라합

BC 1250년경 이스라엘 백성은 4백여 년간의 이집트 노예 신분을 벗어 버리고 '약속의 땅' 가나안으로 향했다. 그리고 40여 년간의 광야 행군을 마치고 드디어 가나안 진입을 눈앞에 두고 있다. 바로 앞의 요단강 너머 여리고 성이 차지해야 할 첫 목표다. 이스라엘의 영도자인 여호수아는 살몬과 또 한 명을 정탐꾼으로 파견했다.

정탐꾼들은 작전의 근거지로 여리고 성벽 위의 한 주막집을 선택했다. 그곳의 지리적 조건이 유리했고, 숙식도 편했다. 더구나 기녀인 여주인 라합은 친절하고 우아했다. 그러나 이들의 신분을 간파한 라합은 사태의 심각성을 인식했다. 이집트를 탈출한 히브리인들의 침투를 철저히 경계하라는 여리고 왕의 특별 명령이 하달되었고, 체포병력까지 이미 출동된 상태다. 라합은 여리고 성의 주민으로서 당연히 이들을 고발해야 한다.

그러나 라합은 이스라엘의 여호와 하나님을 알고 있었다. 여호와는 이스라엘뿐 아니라 모든 민족의 하나님이시다. 다만 하나님은 모든 사람들에게 다가오시기 위해 먼저 아브라함과 그의 후손을 통로로 사용하신 것뿐이다. 세상의 사람들은 누구나 어디에 있든지 이제 일어나 찾아오신 하나님을 영접해야 한다. 그러므로 라합은 하나님의 사람들을 보호하여 지붕 위에 숨겼다. 그러자 곧 정보를 입수한 여리고 왕의 체포조가 주막에 들이닥쳤다.

"네 집에 들어온 그 사람들을 끌어내라! 그들은 정탐꾼들이다."
"과연 그들이 내게 왔었으나 나는 그들이 어디서 왔는지 몰랐습니다.

그리고 그들은 성문을 닫을 때쯤 나갔는데 어디로 갔는지 모르나
지금 급히 따라가면 잡을 수도 있을 것입니다." (수 2:3-5)

이 진술의 거짓이 드러나면 라합은 죽어야 한다. 죽음을 무릅쓴 라합은 하늘 백성을 위하여 '필사'의 결단을 내린 것이다. 이것은 하나님을 아는 모든 사람들의 결단이기도 하다. 체포조가 떠난 후 라합은 정탐꾼들에게 말했다.

"내가 그대들을 도왔으니 그대들도 우리 가족을 도우시오!
나의 부모님을 비롯한 모든 가족이 죽음을 면하게 하시오!"

"그대가 우리의 일을 누설하지 않는다면
우리의 목숨을 담보로 그대들을 보호할 것이고,
여호와께서 우리에게 이 땅을 주실 때에 그대들을 선대할 것이오." (수 2:12-14)

그 후 라합은 살몬과 혼인하여 아들 보아스를 낳았다. 보아스는 바로 다윗왕의 3대 조상이다. 이와 같이 이방 여자인 기녀 라합은 '필사'의 결단과 행위로 그녀의 가족과 함께 하나님의 백성이 되어 영광스럽게 '즉생'한 것이다.

바. 룻

룻은 BC 1050년경 이스라엘의 사해 동편에 살던 모압 족속의 한 처녀였다. 모압 족속은 아브라함의 조카 롯이 멸망하는 소돔 성을 탈출한 후 자기 딸에게서 낳은 아들 모압의 후손이다. 이러한 모압 여인인 룻이 기근을 피해 모압 땅으로 이주해 온 한 이스라엘 남자와

혼인을 하였다.

시댁에는 시부 엘리멜렉과 시모 나오미 그리고 두 아들이 있었다. 이 두 아들이 각각 모압 여인과 결혼을 한 것이다. 그런데 불행하게도 시부와 두 아들이 모두 죽어 집에는 늙은 시어머니와 두 며느리 룻과 오르바만 남게 되었다. 그러자 나오미는 젊은 며느리들에게 각자 친정으로 돌아가 새 출발 할 것을 권했다. 시댁에서 생과부로 늙어 죽을 필요가 없다는 것이다.

그러나 그동안 시모의 보살핌 속에 그녀를 존경하며 정이 깊이 든 며느리들은 떠나기를 원치 않았다. 그러나 나오미는 아직 젊은 그들에게 새 삶을 시작할 것을 다시 강권하였다. 시어머니의 강권에 오르바는 울면서 떠나갔다. 그러나 룻은 오히려 시모를 만류하며 떠나지 않았다.

"어머니, 제게 어머니를 떠나 돌아가라 강권하지 마세요!
어머니 가시는 곳에 저도 가고, 어머니 머무시는 곳에 저도 머물겠습니다.
어머니의 백성이 나의 백성이 되고,
어머니의 하나님이 나의 하나님이 되실 것이니
어머니께서 죽으시는 곳에 나도 죽어 거기 묻힐 것입니다.
내가 죽는 일 외에는
결단코 어머니를 떠나는 일이 없을 것입니다." (룻 1:16-17)

룻은 이와 같이 죽음을 불사하며 '필사'의 길을 따랐다. 나오미는 이러한 룻과 함께 고향 베들레헴으로 돌아왔다. 그리고 룻에게 '즉생'의 길이 열리기를 기원했다.

베들레헴에는 시댁의 친족으로 보아스라 하는 한 유력한 족장이 살고 있었다. 보아스는 바로 살몬과 라합의 아들로서 유대 가문의 정통 후계자다. 나오미는 바로 이 보아스를 룻의 새 남편으로 천거하며 그에게 다가가는 방법도 제시하였다. 그런데 보아스에게 접근하는 그 방법이 매우 특이했다.

때는 마침 추수철이었다. 당시 유대에서는 모든 남자들이 타작마당에서 추수하며 밤을 보냈다. 보아스도 예외가 아니다. 그런데 나오미는 룻에게 보아스의 잠자리를 보아 두었다가 저녁에 그가 자리에 눕거든 그 발치의 이불을 들고 들어가 누우라는 것이다. 그러면 그가 다음 일을 알려줄 것이라 했다. 룻은 시모의 말에 따라 정말로 그의 이불 속으로 들어가 발치에 누웠다. 마침 잠을 자려던 보아스는 자신의 이불 밑에 한 여인을 발견하고 순간 매우 놀랐다. 그러나 곧 상황을 파악한 그는 룻을 위로하며 안심시켰다.

그 후 보아스는 관례에 따라 룻을 아내로 맞아 그녀의 새 남편이 되었다. 룻은 과연 하나님의 백성이 되어 '즉생'한 것이다. 뿐만 아니라 다윗의 조부인 오벳을 낳아 오늘도 예수의 족보에서 별처럼 영롱하게 빛나고 있다.

사. 다니엘의 세 친구

BC 605년경 바벨론 왕 느부갓네살은 유대와 이집트까지 정복하여 많은 나라와 민족들을 통치했다. 그러므로 그는 통치력 강화를 위해 자신의 권위를 과시할 필요성을 느꼈다. 이를 위해 그는 바벨론 성

인근 평야에 30m에 육박하는 거대한 금 신상과 그 옆에 큰 용광로 하나를 건립했다. 대규모의 호화 낙성식에는 그 큰 용광로가 화염을 내뿜어댔다. 여기에 모든 피지배 민족들이 빠짐없이 참석하게 하였다. 이에 따라 각 민족의 수많은 고관대작들과 백성들이 평야를 가득 메웠다.

큰 나팔과 북들이 울리고 거창한 낙성식이 개최되자 느부갓네살 왕은 한 명령을 선포했다. 그것은 일정한 나팔 신호가 울리면 모든 백성들이 일제히 금 신상에게 엎드려 절을 하라는 것이다. 혹 절하지 않는 사람이 있다면 지위 고하를 막론하고 누구든지 불타는 용광로 속에 던져 넣는다고 했다.

드디어 낙성식이 개막되었고, 얼마 후 신상에게 절하라는 큰 나팔 소리가 울렸다. 이에 따라 모든 사람들이 땅바닥에 납작 엎드렸다. 그런데 이게 웬일인가!? 어떤 사람 셋이 엎드리지 않고 꼿꼿이 서 있는 것이다. 그러므로 그들은 단박 눈에 띄었고, 즉시 왕 앞으로 끌려갔다.

그들은 포로로 잡혀 온 유대국 청년들로서 사드락과 메삭과 아벳느고였다. 유대의 마지막 왕인 시드기야의 친족이기도 하다. 그들은 바벨론에 잡혀 온 후 함께 특별교육을 받고 왕궁에서 왕의 시중을 들고 있었다. 그들은 총명하고 민첩하여 왕도 이들에게 만족하고 있었다. 그러나 결정적인 순간에 명을 거역하자 왕은 격노했다. 분을 누르는 왕은 눈을 부릅뜨고 엄하게 추궁했다.

"너희가 절하지 않은 것이 사실이냐!?

이번에도 절하지 않으면
맹렬히 타는 용광로 속에 너희를 던져 넣을 것이야!!!
너희를 내 손에서 능히 건져낼 신이 누구이겠느냐!?" (단 3:14-15)

그러나 유대의 이 세 청년은 조금도 동요됨 없이 낭랑한 목소리로 왕께 아뢰었다.

"왕이시여, 우리가 섬기는 하나님이 계시다면
우리를 맹렬히 타는 용광로 불 가운데서 능히 건져내시겠고
왕의 손에서도 구하실 것입니다.
혹 하나님이 그렇게 하지 아니하실지라도,
왕이시여!
우리가 왕의 신들을 섬기지도 아니하고
왕이 세우신 금 신상에 절하지도 않을 줄 아옵소서!" (단 3:16-18)

이 말에 더욱 격분한 왕의 부릅뜬 눈에는 굵은 핏줄이 서며 얼굴이 대춧빛이 되었다. 곧 왕은 용광로를 평소보다 일곱 배나 더 뜨겁게 했다. 그리고 이 세 청년을 결박한 채 던져 넣으라고 명했다. 명에 따라 이들은 불 속에 던져지며 '필사'의 과정에 떨어졌다. 그런데 그 불이 얼마나 뜨거웠던지 이들을 던져 넣은 사람들이 타서 죽었다.

그런데 분을 삭이려고 씨근거리며 활활 타오르는 불길을 바라보던 왕은 순간 소스라쳐 놀랐다. 화염 속에 네 사람이 거닐고 있기 때문이다. 그리고 그 넷째는 세상 사람이 아니었다. 왕이 가까이 가서 그들을 불러내었다. 세 청년이 불 속에서 나왔다. 그러나 그들의 몸에서는 불탄 냄새도 나지 않았다. 왕은 이 세 청년의 하나님을 찬양하였다.

"사드락과 메삭과 아벳느고의 하나님을 찬송할지로다!
그가 천사를 보내어 자기를 의뢰하는 종들을 구원하셨도다!" (단 3:28)

이 세 친구 역시 왕의 지엄한 명을 거스르고 선뜻 불길 속으로, '필사'의 길로 나갔으나 '즉생'한 것이다.

아. 다니엘

BC 540년경 패권국이었던 바벨론도 부패하여 마지막 왕이 암살되며 나라도 종말을 고했다. 그리고 메데 족속의 다리오라는 새 왕이 등장했다. 메데 족속은 노아의 셋째 아들 야벳의 후손들로서 현재는 나라 없이 떠돌아다니는 '중동의 집시'라 불리는 쿠르드족이다.

당시 다리오 왕은 조선의 삼정승처럼 총리 셋을 두었는데 그중 하나가 다니엘이었다. 왕은 즉위 오래전부터 다니엘의 경륜과 지혜를 충분히 경험했던 것이다. 그러나 음모와 암투가 난무하는 왕궁에는 다니엘의 대적들도 있었다.

그들은 다니엘을 제거하기 위해 그의 신앙 습관을 구실로 삼았다. 그는 하루 세 번 예루살렘을 향한 창문을 열고 무릎 꿇고 기도하였다. 이것을 알고 있는 대적들은 새로 등극한 왕의 위엄을 높인다는 명목으로 30일간 누구든지 왕 외의 어떤 신에게 기도하는 행위를 금하게 했다. 그리고 이를 위반하면 사자 굴에 던져 넣기로 했다. 왕은 이 조서에 도장을 찍었다. 다니엘이 이 사실을 모를 수가 없다. 그러나 그는 평소와 같이 창문을 열고 예루살렘을 향한 기도를 계속했다.

대적들은 다니엘이 자신들의 올가미에 걸렸다고 손뼉을 치며 즉시 고발하였다. 그리고 다니엘도 예외 없이 사자 굴속에 던져졌다. '필사'의 과정에 떨어진 것이다. 그러나 평소 마음속으로 다니엘을 아끼던 왕은 안절부절못했다. 법과 제도가 엄연히 작동하는 제국에서 왕이라 하더라도 사사로운 개인감정을 억제해야 한다. 그러나 왕 자신은 식욕이 떨어져 음식도 물렸다. 궁중 내의 오락도 금했다. 왕은 히브리 민족의 신을 믿지 않아도 왕이 되기 전부터 다니엘을 알고 그의 충성심과 인품에 깊이 감동되었던 것이다. 밤이 깊었으나 왕은 잠을 이룰 수 없었다. 밤새 뒤척이던 왕은 새벽이 되자 급히 굴 문 앞으로 달려가 다니엘을 불렀다.

> "다니엘아, 다니엘아,
> 네가 항상 섬기는 네 하나님이 사자들에게서 너를 능히 구원하셨느냐!?"
> (단 6:20)

다리오 왕의 음성은 평소의 위엄 있는 왕의 음성이 아니다. 그의 목소리는 간구와 기대로 가늘게 떨렸고, 그의 시선 역시 초조하게 흔들렸다. 그때 굴 안에서 평소의 침착하고 부드러운 다니엘의 음성이 울려 나왔다.

> "왕이시여, 왕은 만수무강하옵소서!
> 나의 하나님이 이미 그의 천사를 보내 사자들의 입을 봉하시어
> 사자들이 나를 상해하지 못하였나이다.
> 이는 나의 무죄함이 명백함이오며
> 또 나는 왕에게도 해를 끼치지 아니하였나이다." (단 6:21-22)

왕은 몹시 기뻐하며 다니엘을 건져 올렸다. 다니엘 역시 사자 굴에

떨어지는 '필사'의 과정과 그곳에서 무사히 나오는 '즉생'의 과정을 몸소 체험한 것이다. 다니엘의 무죄가 이렇게 증명된 후 이번에는 다니엘을 참소하던 사람들이 고발되어 가족들과 함께 사자 굴에 던져졌다. 그들은 굴 바닥에 닿기도 전에 사자들에게 움키어 뼈까지 부서졌다.

자. 에스더

BC 485년경에는 페르시아가 새로운 패권국이 되었고, 유대 민족은 다시 페르시아의 아하수에로 왕에게 예속되었다. 그는 다리오 왕의 아들로서 페르시아어로 크세르크세스Xerxes인데 원래 성격이 조급하고, 또 여색을 밝혔다. 그는 아버지 다리오가 이루지 못한 그리스 정복을 위해 BC 480년 170만의 대군을 몰아 기세 좋게 그리스를 침공했었다. 그러나 저항이 만만치 않았다. 우선 스파르타 왕 레오니다스의 300명 용사가 지키는 험준한 협곡에서 전진이 일차 막혔고, 결국엔 살라미스해전에서 대패하였다. 그 후 실의와 주색에 빠져 헤매다가 후궁들의 암투 속에 살해당했다.

이 아하수에로 왕이 아직 승승장구할 때 그의 측근에는 하만이란 한 아말렉 사람이 시중들며 총애를 받고 있었다. 아말렉 족속은 야곱의 형인 에서의 후손으로서 유대 민족과는 견원지간이다. 원래 쌍둥이인 에서와 야곱은 모태에서부터 싸워 태어날 때는 야곱이 형 에서의 발뒤꿈치를 잡고 나왔다. 그 후 아말렉 족속은 야곱 족속이 광야의 고난 속에 있을 때도 공격하며 괴롭혔다. 그런데 이 하만이 다시 왕에게 유대 민족을 음해하여 제비(=부림, Purim) 뽑힌 날에 제국 내의 모든 유대인들을 학살하도록 한 것이다.

이때의 왕비가 마침 유대인인 베냐민 지파 출신의 에스더였다. 에스더는 페르시아어로 별이란 뜻이다. 그러나 당시 궁중에는 왕비라 하더라도 임의로 왕에게 나아갈 수 없는 엄격한 규례가 있었다. 그것은 누구든지 사전 허가 없이 왕에게 접근하면 지위 고하를 막론하고 현장에서 참살되는 것이다. 이를 위해 이미 도끼를 손에 든 병사들이 왕 주위에 배치되어 있었다. 당시 음모와 암살이 난무하여 왕의 안전도 전혀 보장되지 않았기 때문이다. 얼마 전에도 왕의 측근 두 명이 왕을 타살하려 한 사건이 있었다.

이러한 상황에서 피정복 민족 출신인 에스더 역시 임의로 왕에게 접근할 수 없었다. 또 그녀가 비록 왕비라도 수십, 수백 명의 왕비들 중에 언제 왕의 부름을 받을지도 모르는 일이다. 그렇다고 공식적으로 왕을 알현하려면 그 이유를 시시콜콜 밝혀야 하고, 이번의 경우는 받아들여질 수가 없는 것이다. 이 상황에서 에스더는 죽음을 각오하고 왕에게 나아가기로 결심했다. 그리고 자기의 삼촌인 모르드개에게 기도의 응원을 부탁했다.

> "당신은 가서 유대인을 모으고 나를 위하여 밤낮 삼일을 금식하소서!
> 나도 나의 시녀와 함께 이렇게 금식한 후에 규례를 어기고 왕에게 나아갈 것이니 죽으면 죽으리이다!" (에 4:16)

이와 같이 에스더는 '필사'의 각오로 왕의 앞으로 나아갔다. 왕은 자기에게 다가오는 에스더를 보고 이유를 물었다. 에스더는 단호한 표정으로 자신의 용건을 말했다.

"왕이시어, 만일 내가 왕의 눈에 은혜를 입었고 왕이 좋게 여기신다면 나의 소원대로 내 생명을 내게 주시고 내 민족을 내게 주소서!" (에 7:3)

왕은 내심 크게 놀랐다. 평소 별처럼 맑고, 잔잔한 호수와 그 가에 핀 백합처럼 고요하고 정숙한 그녀다. 그런데 지금 그녀에게서 부드러우나 강력한 카리스마가 발산되기 때문이다. 왕은 즉시 명을 내려 그녀의 청원을 조사하게 하였다. 그 결과 하만의 사악한 음해와 그에 따른 유대인 무차별 학살계획이 드러났다. 그러므로 왕은 유대 민족 대신에 하만을 처형하게 했다. 현재도 이스라엘에서는 매년 2~3월에 '부림Purim절'이라는 축제를 거행하여 에스더의 이 '필사즉생'의 쾌거를 기념하고 있다.

차. 사도 바울

사도 바울의 회심 전 이름은 사울이었다. '큰 자'라는 뜻의 사울Saul에서 '작은 자'라는 바울Paul로 변화된 것이다. 이 변화는 사람이 하나님을 알기 전에는 자기 자신이 절대적인 존재로서 '큰 자', 그것도 '가장 큰 자'이지만 하나님을 뵌 뒤에는 '작은 자', 그것도 '가장 작은 자'임을 스스로 인식하는, 필연적인 과정이기도 하다.

AD 5년에 시리아의 다소에서 출생한 사울은 원래 철저한 골수 유대교인으로서 신흥 종교인 예수교를 인정하지 않았다. 더구나 예수교는 악성 역병이라 생각하고 그 신도들을 멸절하는 것이 하나님의 뜻이라 생각했다. 그러므로 예수교의 스데반 집사를 돌로 쳐 죽이는 데도 동참하며 그 죽음이 타당하다고 확신했다.

이러한 열정은 그로 하여금 국경을 넘어 외국까지 가게 했다. 하나님의 존재와 뜻이 온 천하에 알려져야 하기 때문이다. 그러므로 먼저 이스라엘 북쪽 시리아의 예수교인들을 박멸하기 위해 나섰다. 그는 성전 친위대를 친히 인솔하여 시리아의 수도 다마스쿠스로 향했다. 이때 그는 28세의 열혈 청년이었다.

그런 그가 한낮 정오쯤 대로에서 부활한 예수를 직접 만난 것이다. 이때 그는 변화되어 철저한 유대교인에서 또 철저한 기독교인으로 다시 태어났다. 그 후 선교하며 처절한 십자가의 길을 걸었고, 67년 로마에서 모진 채찍을 맞은 후 참수되어 순교하였다. 그도 골고다에 선 것이다. 그는 '필사'의 각오로 선교의 길을 달려가 유대의 기독교가 세계의 기독교가 되게 하였다. 그 역시 '즉생'한 것이다. 신약성서에 수록된 그의 13개 서신들에서도 '필사즉생'의 원리를 강조하고 있다.

"형제들이여,
우리가 빚진 자로서 육신에게 져서 육신대로 살 것이 아니오!
우리가 육신대로 살면 반드시 죽을 것이고,
영으로써 몸의 행실을 죽이면 살 것이오!" (롬 8:12-13)

"누가 우리를 그리스도의 사랑에서 끊을 수 있겠소!?
환난이나 곤고나 핍박이나 기근이나 적신이나 위험이나 칼이오?
기록된 바 우리가 종일 주를 위하여 죽임을 당케 되며
도살할 양같이 여김을 받았다 함과 같소.
그러나 이 모든 일에 우리를 사랑하시는 이로 말미암아
우리가 넉넉히 이길 수 있는 것이오!!!" (롬 8:35-37)

"나는 지극히 크다는 사도들보다 부족한 것이 조금도 없다고 생각하오."

(고후 1:5)

"그들이 그리스도의 일군이오?
정신없이 말을 한다면 나는 더욱 그렇소.
내가 수고를 넘치도록 하고, 옥에 갇히기도 더 많이 하고,
매도 수없이 맞고, 여러 번 죽을 뻔했소.
유대인들에게 사십에 하나 감한 매를 다섯 번 맞았으며
세 번 태장으로 맞고, 한 번 돌로 맞고,
세 번 파선하여 일주야를 깊은 바다에서 지냈소.
여러 번 여행하면서 강의 위험과 강도의 위험과
동족의 위험과 이방인의 위험과 시내의 위험과 광야의 위험과
바다의 위험과 거짓 형제 중의 위험을 당하고,
또 수고하며 애쓰고, 여러 번 자지 못하고, 주리며 목마르고,
여러 번 굶고 춥고 헐벗었소.
이 외의 사건들은 내가 더 이야기하지 않겠소.
그러나 내가 지금도 고통스러워하는 것은 모든 교회를 위한 나의 걱정이오."
(고후 11:23-28)

5

불멸의 노량해전

가. 왜적의 철수

칠천량의 완패로 왜적의 수중에 떨어졌던 조선의 바다는 명량의 승전으로 다시 '조선의 바다'가 되었다. 그러나 육상에서는 전주를 점령한 왜적이 계속 북상하여 도성 한양을 장악하려 했다. 그래야만 조선의 절반을 확실하게 소유할 수 있다고 본 것이다. 과연 왜적은 거침없이 북으로 전진하여 충청남도 천안에 이르렀다. 그러나 1597년 9월 천안의 북단 직산에서 명군과 조선군에 의해 저지되었다. 명나라는 이 직산전투를 평양성 탈환, 행주산성 전투와 함께 '조선 왜란의 3대전'이라 부른다.

왜적은 해전의 패배와 직산의 패퇴 후 다시 순천, 사천, 울산 등 남해안의 왜성으로 쫓겨 갔다. 12월에는 조명연합군 47,500명이 울산 성에 은거한 왜적 가토 기요마사의 15,000명을 공격하였으나 왜적은 지원군과 합세하여 완강히 저항하였다. 명나라는 전투력의 보강을 위하여 수군 5천을 광둥성 진린陳璘의 지휘하에 조선 수군과 합류케 했다.

그렇게 해가 바뀌어 1598년이 밝자 조명연합군은 소위 사로병진책四路竝進策이라는 대대적인 군사작전을 수립했다. 명의 총사령관 유정劉綎의 지휘 아래 11만 3천여 명의 육군은 동로, 중로, 서로로 진격하고, 수군은 수로에서 지원 공격한다는 것이다. 이에 따라 유정 자신의 서로군은 순천, 명의 장수 동일원董一元의 중로군은 사천, 마귀麻貴의 동로군은 울산의 왜성을 각각 공격했다.

연합군 총사령관 유정은 말 위에서 무게 70kg의 큰 칼을 휘두르는 용장으로서 부하에겐 엄격하고 백성은 철저히 보호하는 덕장이기도 했다. 그러나 그의 지휘체계는 일사불란하지 못했다. 처음 왜적 두목 유기나가를 유인하려던 작전도 사전에 노출되어 실패했다. 그 후 유정은 전투를 회피했고, 심지어 왜적의 뇌물을 받으며 그들의 안전한 철수를 도모했다. 명군의 입장에서는 반드시 피 흘리며 싸울 필요가 없다. 어떻든 왜적이 물러가기만 하면 되는 것이다. 사천을 공격한 동일원 군대의 군기도 문란했다. 부대 내의 화약고가 폭발하여 부대원 7, 8천 명이 죽어 정상적으로 전투에 임할 수가 없었다. 아무튼 이 작전이 성공했더라면 전쟁은 완벽한 승리로 끝났을 것이다.

이러한 중에 8월 18일, 드디어 왜적의 원흉 도요토미의 숨통이 끊어졌다. 그는 호언했었다. 조선의 왕은 무능하고 관리들은 포악하여 왜적은 백성에게 환영을 받는다는 것이다. 그러나 이것은 무지의 소치였다. 조선의 왕은 무능하고 관리들은 포악해도 백성에게는 민족의 자존심과 무궁한 잠재력이 내재함을 몰랐던 것이다. 잘 쓰러지기도 하지만 질기고 강하여 다시 일어나는 풀잎과도 같다. 자발적으로 일어난 의병들도 그 예다.

갑작스러운 침략의 초기 승전은 진정한 승리가 아니다. 이것은 마치 전염병의 초기 확산과도 같다. 나치 독일도 인접국들을 갑자기 침공한 후 승리했다고, 그리고 자신들이 세계에서 가장 위대하고 우수한 민족 '게르만'이라고 크게 선전했었다. 그러나 실제로 나치독일과 왜구는 동일하게 정의와 인애와 신의를 모르는 비열한 강도떼에 불과했다.

강도의 수괴 도요토미가 죽자 강도질도 무의미해졌다. 그리고 오직 칼에 의해 일시적으로 봉합되었던 왜구의 내부도 다시 분열했다. 왜구의 영주들이 지금까지 도요토미에게 속았었다는 사실도 분명해졌다. 당시는 도요토미의 위세하에 강요된 것이었으므로 그들도 강도행각의 또 다른 피해자라 할 수도 있다. 결국 왜적들에게 공식적인 철수 명령이 하달되었다. 이에 따라 왜적은 명군에게 공식 철군을 통고하고 협상에 들어갔다. 철수 예정일은 11월 중순이었다.

왜적의 철군에 대한 조선의 입장은 애매하다. 철군이 조선의 역할과 무관한 자발적 행위이기 때문이다. 그동안 조선 인구 1/6에 해당하는 백만 명의 사상자가 났고, 농토 1/3이 유실되었다. 이 상황에서 조선 왕은 아무 대책 없이 백성을 버리고 제일 먼저 빽소니치고 제일 늦게 돌아왔다. 왜란에 대한 사전 대비는 물론 사후 처리 그리고 후속 조치도 진지하게 논의한 바가 없다. 그러므로 이러한 왕이 직접 남쪽에 내려가 군사와 백성을 위로한다고 했을 때 당시 사관들도 비웃었다.

> 지난 7년 동안 구차하게 움츠려 자기만 살려고 했고
> 쇄신 분발하여 적을 섬멸하며 죽음을 두려워하지 않는 의리를 내팽개쳤다.
> 지금 비록 남쪽으로 간다 해도 군문이 허락하지 않았고

신하들이 동의하지 않았다. (『조선왕조실록』 선조 31년, 1598년 11월 7일)

결국 왕은 11월 16일, 전쟁 사령관으로서 일등 공신이었던 영의정 유성룡을 탄핵하여 파직했다. 왕은 이처럼 충신을 희생시킴으로 자기 책임을 다했다고 생각했다. 그러나 자신은 영원히 무능하고 불의한 왕의 역사적 표본이 됨은 몰랐다.

나. 이순신의 골고다: 노량

명의 총사령관 유정은 교전 없이 왜교성을 접수하며 왜적의 안전한 철수를 약조했다. 그러나 이순신은 그들만의 약조를 수용할 수가 없다. 그는 단독으로 순천 왜교성에 주둔한 왜적 고니시의 철군 통로를 차단했다. 이에 대해 고니시는 명의 수군 장수 진린에게도 은밀하게 뇌물을 보냈다. 전쟁 작전권이 명의 사령관에게 있기 때문이다. 진린도 명나라의 장수로서 뇌물 수수 여부를 떠나 이순신의 출병을 공식적으로 허가할 수 없는 입장이다. 조선의 육군도 이미 추격을 중단한 상태다. 그러나 이순신은 눈물로 간청하며 출병을 단행했다. 왜냐하면 이번 전투가 천하의 강도떼, 왜적을 응징하는 마지막 기회기 때문이다. 그동안 이순신을 측근에서 깊이 이해하게 된 진린 역시 함께 출병하기로 했다.

상황을 주시한 고니시는 11월 17일 통신선을 보내 지원을 요청하고 저녁에 횃불을 높이 올렸다. 저편 쪽에서도 호응의 횃불들이 올랐다. 이순신도 이 횃불들을 보았다. 고성, 사천, 남해 등지에 있던 왜적 6만여 명이 500여 척의 왜선으로 모두 노량 앞바다에 집결하여 귀환할 것이다.

18일 저녁 이미 어두워진 밤 10시 1만 7천여 명의 수군과 200여 척의 조명연합함대는 노량을 향해 출동했다. 자정이 되자 이순신은 손을 씻고 홀로 갑판 위에 올랐다. 그리고 무릎을 꿇고 밤하늘을 응시하며 천지의 주인께 간절한 기도를 올렸다. 그것은 민족의 제단에 자신을 산 제물로 드리려는, 또 하나 '필사'의 서원이기도 했다.

'하늘이여, 이 원수를 무찌른다면 지금 죽어도 유한이 없겠습니다此讐若除 死卽無憾.'

그리고 병정들에게 '하무'를 물리고 북들을 옆으로 뉘어 놓고 어두운 노량 바다로 나아갔다. 하무는 군사들의 침묵을 위해 입에 물리던 나무 막대기다. 두 대로 편성된 조명연합군은 소리 없이 접근하여 일시에 좌우에서 포격을 가했다. 당황한 왜적들은 우왕좌왕하며 저항하기 시작했다.

본격적인 전투가 시작되자 쌍방의 전함들이 뒤섞였다. 근접전이므로 조선 수군은 소형대포를 쏘고 불붙은 나무를 던져 적선들을 불태웠다. 적들이 밀리며 관음포로 도망쳐 들어간 것이 여명이 시작될 때였다. 그러나 그곳은 남해도 북서쪽의 포구이고 바다로 나가는 길이 아니었다. 왜적들은 다시 돌아 나와 대응할 수밖에 없었다. 통제사 이순신은 선두에 서서 손수 힘차게 북을 치며 전군을 지휘했다. 둥둥둥…….

왜적 전함들이 통제사 이순신의 배를 겹겹이 둘러싸 포위하기 시작했다. 이를 본 진린의 편대가 다가왔다. 그즈음 70세 노장인 명의 장수 등자룡鄧子龍이 전사했다. 명나라 군사들이 그의 배에 잘못 불을 던져 군사들이 소동하며 배가 기울어질 때 왜적들이 엄습한 것이다.

등자룡의 전사와 함께 그 배도 전소되었다. 또한 가리포 첨사 이영남李英男, 낙안 군수 방덕룡方德龍도 목숨을 잃었다.

이순신의 지휘 아래 아군의 공세는 맹렬하게 이어져 파괴된 적선만 이미 2백여 척이다. 그러나 지휘선 상판에서 장군복을 입고 북을 치는 통제사가 왜적들에게 집중사격의 표적이 안 될 수가 없다. 그리고 이러한 사실을 이순신 자신도 모를 수가 없다. 그러나 순신은 자신의 목숨에 연연하지 않았다. 악귀 왜적을 무찌르기 위해 죽기로 싸울 뿐이다. 자고로 전쟁은 하늘에 속한 것, 자신의 운명도 하늘에 의탁한 것이다. 조선군은 왜적에게 정의와 화염을 아낌없이 내뿜었다. 이미 전의를 상실한 왜적은 해협과 해안으로 빽소니를 쳤고, 이에 대한 추격은 19일 새벽에도 이어졌다.

포성과 포연 속에 바다의 아침 해는 조용히 떠올랐다. 우군의 압도적 승세로 전투가 곧 끝날 것이다. 그러면 이 만세에 천인공노할 왜란도 끝날 것이다. 6년 전 왜적이 침범해 왔다. 조선의 바다는 빼앗기지 않았으나 조선의 땅과 백성은 이미 깊은 상처를 입었다. 이것을 어떻게 위로하고 보전하며 언제나 치유될 수 있을 것인가!?

충성심 하나로 혼신을 다해 전쟁을 치러 온 이순신은 그 끝이 다가올수록 가슴이 답답해졌다. 충성의 현실적 대상인 왕이 둔하고 악하다. 조정은 당파로 나뉘어져 있다. 이제 전쟁이 끝나면 자신의 역할도 끝나고, 왕과 조정이 적극 나설 것이다. 그러나 왕과 조정 관료들은 정의와 인애와 신념의 개념이 없고 백성을 불신하며 자신들의 안위를 도모할 뿐이다. 전쟁의 끝이 다가올수록 이순신의 가슴은 더욱 답답해졌다.

'내가 이 전투에 패하면 당연히 패장으로서 죽을 것이다.
승리해도 나에 대한 왕의 적대감으로 죽을 것이다.
하늘이시여, 나의 앞길을 인도하소서!'

순간 이순신은 정말로 가슴에 예리한 통증을 느꼈다. 허공을 나르던 적탄 하나가 이순신의 가슴을 꿰뚫었기 때문이다. 이순신은 급히 함께 있던 장남 회薈와 조카 면莬에게 명하여 방패로 자신을 가리게 했다. 행여 왜적이 볼까 염려한 것이다. 그러나 동시에 모든 불안과 근심이 사라지며 한없는 평온이 찾아옴을 느꼈다.

놀란 아들과 조카가 이순신을 급히 선실로 부축해 왔을 때 그는 분명한 음성으로 조용하게 마지막 명령이자 유언을 내렸다.

"싸움이 아직 한창이니 나의 죽음을 알리지 말라!戰方急 愼勿言我死"

이것은 당시 부하들이 낙담하거나 당황하지 말고 끝까지 싸워 승리하라는 마지막 격려이기도 했다. 그뿐 아니다. 더욱 큰 본래의 뜻은 오늘을 살고, 내일을 살아갈 후손들에 대한 충무공의 마지막 당부인 것이다.

"너희의 삶이 아직 한창이니 나의 죽음을 이야기하지 말라!
나의 삶과 정신을 이야기하라!"

1598년 11월 19일, 이렇게 이순신은 미련 없이 눈을 감고 불멸의 세계로 건너갔다. 만일 그의 의식이 조금이라도 연장되었었더라면 그는 이 순간에 자신을 부르신 천지의 주인께 감사의 기도를 올렸을 것이다. 나라에 대한 임무를 완수하였고, 동시에 무거웠던 삶의 질곡

이 풀리며 영광스러운 골고다의 언덕에 서게 되었기 때문이다.

그러나 아직 한창 전투 중에 갑자기 장군의 임종을 맞은 아들과 조카는 몹시 당황스러웠다.

"일이 이렇게 되었으니, 망극, 망극하구나!"
"그렇지만 만일 지금 곡성을 내었다가는 군졸이 모두 놀라고,
적들이 또한 이 틈을 타서 기세를 올리게 될지도 모른다.
그리고 시체를 온전히 보전하여 돌아갈 수 없게 될지도 모른다."
"그렇다, 아버님 말씀대로 전쟁이 끝나기까지 참는 수밖에 없다!"

강도 왜적에 대한 응징은 오정까지 이어졌다. 나머지 왜적이 남쪽으로 완전히 도주하고 전쟁은 끝이 났다. 전체 수군은 그제야 충무공의 순국을 알고 통곡하기 시작했다. 이순신의 전사 소식에 백성들도 통곡했다. 명나라 군사들도 고기 음식을 물리치며 명군 진영 안에 빈소를 설치하고 깊이 애도하였다.

한 고결한 인격이 참혹한 삶의 현장을 떠나 불사조가 되어 영원한 지평에 새롭게 등장한 것이다. 골고다에서 처형된 예수가 인류의 구주로 새롭게 등장한 것과도 같다. 이순신도 진정한 의미의 '필사즉생'을 이루어 한국인의 영원한 표상이자 대표 인물이 되었다.

왕 선조는 명군 주둔하에 왜적의 철수가 공식화되자 비로소 안심할 수 있었다. 더 이상 쫓기고, 죽을 염려가 없기 때문이다. 그러나 이순신에 대한 백성의 신망은 자신의 위엄에 대치된다고 보여 가슴에 큰 돌이 들어 있는 듯했다. 그런 그가 이순신의 순국 소식에 '그놈 참 잘~ 죽었다!'고 큰 소리로 외치지는 않았다. 그러나 자신의 소회는 밝혔다.

"알았다. 오늘은 밤이 깊었으니 어쩔 수 없다.
해상의 승리는 왜적의 간담을 서늘하게 함에 충분하였으니
이는 조금 위안도 되고 분도 풀린다."
"그러나 중국 군대의 힘이 아니면 왜적을 어떻게 물리쳤겠는가!?
강토를 회복한 것이 모두 중국 군대의 공이다.
우리나라 사람은 한 일이 없다.
이는 내가 사실에 근거하여 한 말이다."
(『조선왕조실록』 선조 34년, 1601년 3월 17일)

왕의 이 말에 신임 영의정 윤근수는 지당한 말씀이라며 머리를 조아렸다. 영의정 유성룡은 모든 전쟁의 책임을 지고 파직되었다. 여타 전후 공신들에 대한 유공자 책봉도 편파적이었다. 왕의 뺑소니를 도운 호종扈從 공신을 우대하여 86명이 책봉되었으나 목숨 바쳐 왜적과 싸운 정왜征倭 공신은 폄하하여 18명만 인정되었다. 이 외 이몽학李夢鶴의 난을 토벌한 청난공신清難功臣 5명이 책훈되었다. 의병들의 활약도 부정되었다. 왜적에 맞서 목숨과 재산을 바쳐 싸운 김덕령, 곽재우 등도 포상은커녕 비참한 최후를 맞았다.

백성은 이러한 조정에 결코 우호적일 수 없다. 그러므로 왕과 사대부는 자체적인 조선군의 양성을 반대하며 명군이 계속 조선에 주둔하여 자신들을 보호해 주기를 요청했다. 아무튼 사악한 왜구에 의한 7년의 대참사는 일단 끝이 나고, 천지의 운행과 인류의 역사는 오늘에 이르렀다.

Ⅳ

충무공 이순신의 오늘과 내일

1장

충무공에 관한 오늘의 기억

1598년 11월 19일(양력 12월 16일), 남해 노량의 찬 바다에서 이순신이 왜적의 유탄을 맞고 세상을 떠났다. 그의 유해는 남해 고현면의 관음포에서 뭍으로 내려졌다. 전사 소식을 보고받은 선조는 관원을 보내 조상하며 이순신을 우의정에 봉했고, 후에 좌의정에 증직했다.

백성들은 이듬해인 1599년 통영 착량에 그의 영정과 위패를 모신 사당을 세웠고, 조정에서는 1601년 여수에 최초의 사액 사당 충민사忠愍祠를 건립했다. 1643년에 인조는 충무忠武의 시호를 내렸고, 1706년 숙종은 아산에 현충사를 건립하였다. 1793년에는 정조가 영의정에 추증하였고, 또 규장각의 문신 윤행임尹行恁에게 『이충무공전서』를 간행토록 했다.

아무튼 1592년 임진년의 왜란에서 나라를 구한 것은 충무공 이순신이었다. 그러나 그 후 300여 년이 지나며 조선의 왕과 관리들은 다시 나라에 대한 개념을 상실했고, 이순신도 망각했다. 결국 1907년 조선의 왕 고종은 왜국에 의해 강제 퇴위되며 왕과 함께 조선 백성은 왜국의 천민이 되었다. 조선이란 나라는 없어지고, 충무공이 지켜낸 조선의 한반도는 왜국의 소유가 된 것이다.

그러나 조선의 백성들은 이순신을 잊지 않았다. 1932년 동아일보사의 협력으로 민족 성금을 모아 현충사를 보수하였다. 또한 조선 후기의 문신 홍양호洪良浩, 교육자 현채玄采, 독립운동가 단재 신채호丹齋 申采浩 등이 이순신에 관한 글을 발표했다. 그 후 현재까지 이순신에 관한 많은 문헌과 작품들이 출현하고 있다. 1962년에는『난중일기』가 국보 76호로 지정되었고, 1966년에는 현충사 성역화 사업이 추진되며 장군 탄신일인 4월 28일이 기념일로 지정되었다. 2011년에는 현충사에 '충무공이순신기념관'이 개관되었고, 2013년에는『난중일기』가 유네스코의 세계기록유산에 등재되었다.

정부에 의해서는 지폐와 동전 그리고 우표에도 이순신과 거북선이 등장했고, '충무공훈장'도 제정되었다. 각 도시에는 '충무로'라는 거리가 생기고, 경상남도의 통영읍은 '통영시'로 개편되었다. '충무공이순신함'이란 구축함도 진수되었다.

충무공의 동상들도 서울 광화문광장을 비롯하여 전국 곳곳에 건립되었다. 여수 자산공원의 동상 하단에는 '민족의 태양'이라 새겨져 있다. 과연 '민족의 태양'이라 할 만큼 한국인에게 그의 의미는 크다.

그는 옛날 옛적에 왜적을 물리친 수군 장수로 그치지 않는다. 그의 활약은 불의하고 호전적인 왜국에 대하여 한국의 정의와 입지를 분명하게 증명한 것이다. 그리고 그의 정신과 인품이 오늘도 모든 사람에게 귀감이 되고 있다. 이순신의 업적은 변치 않는 한국인의 정체성을 국내외적으로 확인한 피의 선언이기도 하다. 과연 그의 출현은 하나님의 섭리에 의한 것으로 오늘의 한국인이 존속하는 토대가 되었다.

그러므로 현재 충무공의 삶과 정신을 연구하고 계승하려는 단체와 개인들이 적지 않다. 예를 들면, 영남 이순신연구소, 전남 이순신연구소, 순천향대 이순신연구소, 이순신 전략연구소, 이순신 리더십연구회, 이순신 국제리더십 센터, 21세기 이순신연구소, 이순신문학연구소, 이순신 정신문화함양과 충무공 시, 시조 보존연구회, 서도西道소리보존회, 서울여해재단, 부산여해재단, 여해정가연구회 등등이 있다. 여해汝諧는 앞에 언급한 대로 이순신의 자字다.

이 중 서도소리보존회는 2022년 임인년 기획공연으로 "서도소리와 충무공"이란 주제로『이순신의 노래』를 2022년 가을 충주에서 공연할 예정이다. 무대는 그 당시 임진년으로 돌아가 〈적벽부 송서〉로 시작하여 〈청사초롱〉, 〈뱃노래〉, 〈시조: 바다에 맹세하니〉, 〈한산도가〉, 〈진도아리랑〉 등등 구성진 노랫가락으로 당시의 조선 백성과 충무공 그리고 오늘 우리들의 흉금을 터놓을 것이다.

서울여해재단의 경우는 기업체 임직원을 대상으로 '이순신학교'를 운영하여 매년 '작은 이순신'들을 배출하고『이충무공전서』의 현대어 번역 작업을 진행하고 있다. 뿐만 아니라 대구가톨릭대학교와 협력하여 이순신학과를 신설하고 2022년 11월부터 신입생을 모집할 예정이다.

이들 외에 이미 한국의 각 도시에서는 이순신을 배우려는 많은 사람들이 '이배사(=이순신을 배우는 사람들)'라는 명칭으로 자유롭게 교류하며 활동하고 있다.

이러한 단체와 연구가들에 의해 오늘날까지 충무공에 관한 많은 문헌과 작품들이 발표되고 있다. 근래 서울 국립중앙도서관의 검색창 '이순신'만 보아도 도서 1,428건, 신문 266건, 멀티미디어 444건 등이 올라와 있다.

2장

충무공에 관한 내일의 조망

지금까지의 충무공 연구와 선양 운동도 괄목할 만하다. 그러나 보다 밝은 한국의 내일을 위하여 더욱 개선되고 확대되어야 할 것이다. 이에 대한 한 방안으로서, 이순신 배우기의 포괄적인 체계를 이루기 위하여 현재의 많은 이순신 관련 단체와 개인들이 연대할 수 있을 것이다. 하나의 전국적인 대변 기구가 등장하여 범국민적인 이순신 배우기 운동을 종합적으로 관찰 연구하고 보다 효과적인 방법들을 강구할 수 있는 것이다.

이순신 배우기, 또는 이순신 체험 국민운동은 또 그 형태와 내용상 다음과 같은 구체적인 활동으로 분류되어 국민 모두가 참여할 수 있을 것이다. 예를 들어, 이순신 체험을 위한 ① 읽기, 쓰기, ② 노래하기, 연극하기, ③ 유적 및 현지답사, ④ 활쏘기, ⑤ 배타기, ⑥ 말타기 등등이다. 이러한 다양한 활동에 남녀노소를 아우르는 국민 전체가 몸과 마음으로 참여할 수 있는 것이다.

① 이순신 체험 읽기, 쓰기는 가장 기본적인 활동이라 할 수 있다. 이를 위해서는 이미 문화재청 현충사관리소도 『난중일기』의 2013년

유네스코 세계기록유산 등재를 기념하여 이해부터 매년 초 · 중 · 고등학생과 일반인을 대상으로 '『난중일기』 독후감 · 이충무공 유적답사기'를 공모하고 있다. 그리고 지금까지 수상집 발간이 제8회(2020년)에 이르렀다. 이러한 사업이 더욱 홍보되어 보다 많은 사람들이 참여하면 좋을 것이다.

② 이순신 체험 노래하기, 연극하기의 경우도 이미 서도소리보존회 충북지회가 2022년 가을 충주에서 공연『이순신의 노래』를 준비하고 있다. 이것이 전국에 홍보되어 크게 흥행함은 물론 다른 지역에서도 다양한 예술의 형태로 확산 진행되는 것을 기대해 볼 수 있다.

③ 현재 각 개인들이 개별적으로 떠나고 있는 이충무공 유적 및 현지답사도 각자 방치된 상태를 개선할 수 있을 것이다. 이동의 동선과 숙식은 물론 유적 현장에 관한 안내를 제공하므로 더욱 충실하고 즐거운 답사가 가능할 것이다.

④ 이순신 체험 활쏘기를 위해서는 이미 전국에 운영되고 있는 활터들이 참여하여 '단순한 활쏘기'에서 한민족의 얼이 담긴 '이순신 체험 활쏘기'로 진화 발전할 수 있을 것이다.

⑤ 이순신 체험 배타기를 위해서도 기존의 선주船主와 선박회사들이 참여하여 한반도를 둘러싼 넓은 바다와 하천에 숭고한 민족혼이 돛을 다시 넓게 펴게 할 수 있을 것이다. 이순신과 왜란 극복의 상징인 거북선도 실제 운행 가능한 현대식 모형으로 재개발되어 한반도의 강과 바다에서 그 모습을 드러내면 좋을 것 같다.

⑥ 이순신 체험 말타기를 위해서도 각 지역의 경마競馬 단체와 말 사육자들이 함께 참여하여 과거 차가 없던 조선의 환경 속에 이순신의 정신이 다시 말을 타고 강산을 달리게 할 수 있을 것이다. 이를 위해서는 반드시 경마에 출주하는 대형 경주마뿐 아니라 몸집이 작은 조랑말이 보다 제격일 것도 같다. 예를 들어 우리나라 제주마가 이에 안성맞춤이다. 120cm 미만의 키에 성격이 온순하고 영리하여 어린이와 부녀자들과도 쉽게 친숙할 수 있다. 산이 많은 한국의 지형과 아담한 한국인의 체형, 그리고 정서에도 순박한 우리나라 토종 조랑말이 더 어울릴 것 같다.

21세기가 시작된 현재의 한반도에서 이순신을 배우고 익히는 일이 반드시 필요하다. 오늘도 한국은 국내외의 지속적인 도전에 직면해 있기 때문이다. 우선 분단된 한반도에서 수많은 이산가족들의 한과 신음이 하늘에 닿아 있고, 남북은 군사적으로 첨예하게 대치해 있다. 또 자유주의와 사회주의로 나뉜 세계의 거칠고 살벌한 지평에서 언제 또다시 한반도에 6.25와 월남과 같은 내분이나 현재 우크라이나와 같은 외세 침략이 발생할지 모른다. 이러한 비상사태에 우수한 무기만 보유한다고 안전과 평화가 보장되는 것이 아니다. 그보다 먼저 건전한 인간의 정신이 필요하다. 이러한 건전한 정신을 우리는 충무공 이순신에게서 보고 배우는 것이다.

| 참고문헌 |

김경은, 「경제시조와 석암제시조의 비교분석 - 평시조 한산도가를 중심으로」, 한양대학교 대학원 석사학위논문, 2020

김동철, 『광화문으로 진격하라, 이순신의 항명』, 소락원, 2021

김산호, 『이순신(김산호 화백의 역사회화): 전승 불멸의 기록』, 한울, 2014

김연수, 『임진왜란, 비겁한 승리』, 앨피, 2013

김재권, 『요세푸스 1』, 생명의 말씀사, 2015

김종대, 『이순신, 신은 이미 준비를 마치었나이다』, 가디언, 2012

김탁환, 『불멸의 이순신: 김탁환 장편소설. 1: 의협의 나날, 2: 활을 든 사림, 3: 폭풍 전야, 4: 조선의 칼, 조선의 방패, 5: 아, 한산대첩, 6: 삼도 수군통제사, 7: 백의종군, 8: 불멸의 길』, 서울: 황금가지, 2004

김태훈, 『이순신의 두 얼굴: '평범'에서 '비범'으로 나아간 진정한 영웅』, 창해, 2005

김 훈, 『칼의 노래: 김훈 장편소설』, 생각의나무, 2010

대한성서공회, 『성경전서, 개역개정판』, 대한성서공회, 2005

도현신, 『이순신의 조일전쟁: 장군의 눈으로 전란을 기록하다』, 행복한미래, 2012

박경식, 『이순신과 원균: 갈등과 리더십』, 행림출판, 2005

박성순, 『성웅 이순신(한 권으로 읽는)』, 해남, 2013

박종화, 『임진왜란: 월탄 박종화 대하 역사소설. 1: 꽃바람 칼바람 일고, 2: 불타는 산하, 3: 승패의 갈림길, 4: 그 향기 그 힘으로, 5: 불멸의 영웅들, 6: 세치 혀로 전쟁을 멈추다, 7: 꽃보다 붉은 죽음, 8: 전쟁은 잠시 멈추었지만, 9: 적은 언제나 안에 있으니, 10: 신에게는 아직 열두 척이 있습니다』, 파주: 달궁, 2004

박천홍, 이상규 그림, 『난중일기: 여행하며 읽는 우리고전』, 서울문화사, 2004

배상열, 『난중일기 외전』, 비봉, 2007

설민석, 『이순신(전쟁의 신): 기적의 승리, 명량』, 문학동네, 2014
송 복, 『류성룡, 나라를 다시 만들 때가 되었나이다』, 가디언, 2015
신호영, 『이순신의 전쟁: 임진왜란 이후 4백여 년, 그의 전쟁은 아직 끝나지 않았다』, 돋을새김, 2012
오희문 저, 신병주 해설, 『쇄미록(한 권으로 읽는): 또 하나의 임진왜란 기록, 오희문의 난중일기』, 사회평론 아카데미, 2020
______, 채현정 옮김, 『쇄미록 2: 계사일록』, 사회평론 아카데미, 2018
______, 황교은 옮김, 『쇄미록 1: 임진남행 일록』, 사회평론 아카데미, 2018
오희연, 『이순신의 노래, 서도소리와 충무공』, ㈔서도소리보존회 충북지회, 2022
유광남, 『이순신의 반역: 유광남 장편소설』, 스타북스, 2012
유성룡 저, 구태훈 역주, 『징비록』(국역정본), 히스토리 메이커, 2018
유인일, 『이순신 그는 누구인가: 쉽게 읽는 이순신傳』, 노드미디어, 2013
이석희 · 김용옥, 『충무공 이순신 장군 시 시조창보, 석암제 선율선 시조보에 의한』, 청주: 정문사, 2016
이순신 역사연구회, 『이순신과 임진왜란 1, 2, 3, 4: 신에게는 아직도 열두 척의 배가 남아있나이다』, 비봉, 2005, 2006
이순신 저, 노승석 옮김, 『난중일기』(교감완역), 민음사, 2010
이재윤, 『이순신』(장편소설), 책이있는마을, 2014
______, 『징비록: 이재운 정통 역사소설』(소설), 책이있는마을, 2015
이종수, 『류성룡, 7년의 전쟁: 징비록이 말하는 또 하나의 임진왜란』, 생각정원, 2015
이진이, 『이순신을 찾아 떠난 여행: 여행하는 방송작가 이진이의 인물유적답사기』, 책과함께, 2008
장한식, 『이순신 수국(水國) 프로젝트: 경제를 일으켜 조선을 구하다』, 행복한나무, 2009
정순태, 『이순신의 절대고독: 붓의 시대를 칼로 버틴 한 조선 武人의 처절한 美學』, 조갑제닷컴, 2014
제장명, 『이순신 백의종군: 하늘의 뜻을 알다』, 행복한나무, 2011
현충사관리소, 『충무공 이순신과 임진왜란』, 문화재청 현충사관리소, 2011